权威·前沿·原创

皮书系列为
"十二五""十三五""十四五"时期国家重点出版物出版专项规划项目

B

BLUE BOOK

智库成果出版与传播平台

中国大运河蓝皮书

BLUE BOOK OF CHINA GRAND CANAL

中国大运河发展报告（2022）

ANNUAL REPORT ON DEVELOPMENT OF CHINA GRAND CANAL (2022)

主　编／吴　欣

副主编／吴金甲　郑民德　裴一璞

社会科学文献出版社

SOCIAL SCIENCES ACADEMIC PRESS（CHINA）

图书在版编目(CIP)数据

中国大运河发展报告.2022/吴欣主编；吴金甲，
郑民德，裴一璞副主编.--北京：社会科学文献出版社，
2022.10
　(中国大运河蓝皮书)
　ISBN 978-7-5228-0625-9

　Ⅰ.①中…　Ⅱ.①吴…②吴…③郑…④裴…　Ⅲ.
①大运河-研究报告-中国-2022　Ⅳ.①K928.42

　中国版本图书馆CIP数据核字（2022）第157714号

中国大运河蓝皮书

中国大运河发展报告（2022）

主　　编／吴　欣
副 主 编／吴金甲　郑民德　裴一璞

出 版 人／王利民
组稿编辑／宋月华
责任编辑／韩莹莹
文稿编辑／王红平
责任印制／王京美

出　　版／社会科学文献出版社·人文分社（010）59367215
　　　　　地址：北京市北三环中路甲29号院华龙大厦　邮编：100029
　　　　　网址：www.ssap.com.cn
发　　行／社会科学文献出版社（010）59367028
印　　装／三河市东方印刷有限公司

规　　格／开本：787mm×1092mm　1/16
　　　　　印 张：19　字 数：313千字
版　　次／2022年10月第1版　2022年10月第1次印刷
书　　号／ISBN 978-7-5228-0625-9
定　　价／168.00元

读者服务电话：4008918866

中国大运河蓝皮书编委会

编撰机构简介

聊城大学运河学研究院

聊城大学运河学研究院是全国高校中最早以运河为研究对象的科研机构，现拥有两个省级科研平台："运河文化"研究基地和"运河与区域经济社会发展"研究基地。研究领域涵盖历史学、文学、地理学、社会学、艺术学等多个学科门类，形成了"运河学"研究体系；建立了"大运河文化数据平台"与"中国运河文物文献展览馆"，在建"运河民间文献数据库"；先后承担多项国家社会科学基金、自然科学基金项目，取得丰硕的研究成果。研究院目前已经发展成为全国运河学研究重镇，建立了大运河研究与文化带建设的智库咨询平台。

世界运河历史文化城市合作组织

世界运河历史文化城市合作组织（World Historic and Cultural Canal Cities Cooperation Organization，WCCO）成立于 2009 年，目前秘书处设在江苏省扬州市，是由世界各国运河城市和相关经济文化机构自愿结成的非营利性国际组织。成立 13 年来，WCCO 以促进运河城市共同发展和繁荣为宗旨，每年举办世界运河城市论坛，致力于探讨运河遗产保护利用之道，寻找运河文化促进城市发展之路，推动世界运河城市增进友谊、加强合作、共同进步，已逐步成长为一家规范化、国际化、有一定影响力的国际城市交流合作机构。

主要编撰者简介

吴　欣　历史学博士，烟台大学教授，山东省人文社会科学研究基地——运河文化研究基地首席专家，山东省"有突出贡献的中青年专家"。学术兼职有香港中文大学—中山大学历史人类学研究中心特聘研究员，中国社会史学会常务理事，世界运河历史文化城市合作组织（WCCO）特聘专家，江苏大运河文化带建设研究院特聘顾问，中国地理信息产业协会大运河工作委员会顾问。目前主要研究方向为运河史、明清社会史，尤其在运河区域社会组织、区域社会秩序及运河文化研究等方面成果显著，同时注重运河学理论研究与运河文献资料库的建设，主持完成了"大运河文化数据平台"建设。学术研究获得山东省社会科学优秀成果一等奖1项、二等奖1项。主持国家社科基金项目2项，其中重点项目1项，即"民间文献与京杭运河区域社会研究"；一般项目1项，即"明清时期京杭运河区域社会组织研究"（已结项，成果免于鉴定）。

主要学术成果包括发表于《光明日报》《文史哲》《文史杂志》《学海》《运河学研究》等报刊的《大运河文化的内涵与价值》《从"制度"到"生活"：运河研究的新维度》《村落与宗族：明清山东运河区域宗族社会研究》《运河学研究的理论、方法与知识体系》《京杭大运河纤夫的生计与制度》《"大运河"研究的学术进程及问题意识（2014～2018）》等。学术著作主要有《清代民事诉讼与社会秩序》（中华书局2007年版）、《大运河商业市镇地名》（中国社会出版社2016年版）等。所授课程"古往今来话运河"被评为2015年教育部"精品视频公开课"。

吴金甲　自然地理学博士，聊城大学运河学研究院讲师。主要从事黄运地区生态环境研究。在 *Sustainability*、《生态经济》、《湿地科学》、《人民黄河》、

《干旱区地理》、《生态与农村环境学报》等学术刊物上发表论文多篇。主持地市级科研项目1项，参与国家重点研发计划2项、国家社科基金项目2项。

郑民德　历史学博士，聊城大学运河学研究院副院长、副教授、硕士生导师，入选聊城市"羡林学者培育工程"、聊城大学"百人计划"与"光岳英才"等人才工程，兼任中国商业史学会中国大运河专业委员会副主任委员。主持国家社科基金、教育部人文社科基金、山东省高等学校青创发展项目等课题多项，在人民出版社、中国社会科学出版社出版专著两部，在《明清小说研究》《北京社会科学》《城市史研究》《中国道教》《中华文化论坛》等刊物上发表论文80余篇，获山东省社会科学优秀成果二等奖2项、聊城大学社科优秀成果一等奖2项、聊城市社科优秀成果二等奖3项、其他社科奖励10余项。

裴一璞　历史学博士，聊城大学运河学研究院副教授。主要从事盐业史与运河交通史研究。学术兼职有四川省哲学社会科学重点研究基地"中国盐文化研究中心"客座研究员等。著有《宋元四川盐业地理与区域社会研究》，参著《宋代巴蜀政治与社会研究》《聊城市志（1997—2015）》《中国运河志·人物卷》等书。在《文献》《中国边疆史地研究》《中国社会经济史研究》《思想战线》《四川师范大学学报》《盐业史研究》等学术刊物上发表论文30余篇，多篇被人大复印报刊资料或中国社会科学网全文转载。主持国家社科基金项目1项、省部级项目3项、厅级项目5项，获省级优秀博士学位论文及多项地市级优秀科研成果奖。

摘 要

本书为第五本中国大运河年度发展报告，共分为七部分，第一部分为总报告，第二部分为黄运地区高质量发展篇，第三部分为大运河国家文化公园建设篇，第四部分为文旅融合篇，第五部分为运河城镇与乡村振兴篇，第六部分为运河交通及港口建设篇，第七部分为世界运河篇，共计18篇研究报告。

总报告对大运河文化带建设、大运河国家文化公园建设的总体推进状况进行了高度概括与归纳，对国家及沿运各省市发布的各项政策与措施进行了解读，并就建设现状、存在的问题与原因、解决的路径与策略进行了深层次的分析与研究，从而起到统揽全局的作用。

黄河与大运河交汇区域高质量发展也是2020~2021年社会与学界关注的热点与焦点。大运河国家文化公园、黄河国家文化公园的提出，有利于促进黄运地区历史文化的挖掘、文旅融合、文化遗产的保护传承与利用、乡村振兴等，以国家战略为契机，同时结合地方发展规划，通过对黄运地区产业的科学布局、合理统筹、逐步推进，实现区域文化、经济与生态、民众生活水平提高的协同发展。

大运河国家文化公园建设稳步推进，初见成效。随着沿运各省市大运河国家文化公园建设规划、法规等各项保障措施的制定与落地，大运河总体战略布局不断完善，形成了重要遗产管控保护区、文化主题展示区、文化和旅游融合区、沿线传统利用区四类主体功能区，并根据各分区的特点、现状、产业布局分别制定有针对性的发展策略，通过核心展示园、集中展示带、特色展示点的合理布局，充分发挥大运河国家文化公园带动全局的作用。

大运河文旅融合是促进大运河区域文化、经济协同发展的重要推动力。大运河沿线文物古迹资源十分丰富，通过制定相关保护、利用规划，充分挖掘大运河历史文化资源，发挥线性文化遗产优势，将河道、工程、衙署等物质文化遗产与饮食、舞蹈、杂技、音乐、民俗等非物质文化遗产相结合，推进文旅产业全方位、多领域、深层次融合，以文促旅，以旅丰文，在打造大运河沿线省市旅游联合体的基础上，加强文旅交流与合作，建构大运河旅游廊道。

大运河沿线分布有大量的历史文化名城、名镇及村落，要将大运河文化挖掘与区域社会发展相结合。一方面要加强对大运河沿线历史文化名城、名镇的保护与修复工作，深刻认识到大运河沿线名城和名镇经济、文化、生态的全面发展有助于大运河文化带建设、大运河国家文化公园建设的整体推进，对于实现大运河文化的振兴及"千年运河"品牌的打造有着重要意义。另一方面大运河沿线乡村振兴要以大运河文化为基础，将大运河文化内涵与乡村自然风光、非遗传承与产品开发、居民日常生活相结合，打造大运河线路、大运河庙会、大运河博物馆等旅游体系，使大运河成为新时期乡村社会发展的金名片。

大运河最直接的功能为交通运输。2020～2021年大运河交通持续发展，基础设施不断完善，港口与码头的布局日趋合理，京杭大运河济宁以南航段2021年运输量达5亿吨左右，居长江、珠江之后，排第三位。尽管大运河航运具有绿色、环保、运载量大等优势，但目前仍存在缺少整体制度设计、南北运量不均衡、运营结构不合理等问题，因此仍需根据航运发展的实际情况，统一布局、因地制宜、发挥优势，进一步强化交通带动经济、文化发展的作用。

世界运河的航运、经济、生态、文化功能对于中国大运河的发展也具有启示与借鉴作用。位于扬州的"世界运河历史文化城市合作组织"（WCCO）致力于推动世界运河城市之间的沟通与交流，分享经济、文化、生态建设的经验，这对于加强运河文化遗产的保护、促进世界运河城市的互利共赢、实现运河城市的协同发展有着重要的意义与价值。

关键词： 大运河文化带　国家文化公园　交通运输　文旅融合　乡村振兴

目 录 ↖

Ⅰ 总报告

Ⅱ 黄运地区高质量发展篇

Ⅲ 大运河国家文化公园建设篇

Ⅶ 世界运河篇

皮书数据库阅读 **使用指南**

CONTENTS ⟲

I General Report

II High-quality Development of Yellow River and Grand Canal Junction Zone

III Construction of the Grand Canal National Cultural Park

IV Integration of Culture and Tourism

V   Canal Cities and Rural Revitalization

VI   Grand Canal Transportation and Port Construction

VII   World Canals

总 报 告

General Report

B.1

2020～2021年大运河文化带建设报告

吴 欣　郑民德*

摘　要： 2020年9月至2021年9月，大运河文化带建设贯彻落实习近平总书记关于大运河文化保护传承利用的一系列指示精神，不断推进落实相关决议。本报告重点围绕"大运河文化带建设"和"大运河国家文化公园建设"，持续推进具体项目落地实施。"顶层设计"与"具体方案"成为沿线地区加快推进大运河文化带和大运河国家文化公园建设的决策依据和行动指南。在彰显大运河城市文化特色和魅力、展现大运河城市文化遗产价值和文化精神、增强居民的文化认同方面取得重要进展。受新冠肺炎疫情影响，2020～2021年相关学术研究、非遗展示、文旅活动受到一定限制，但线上活动相对活跃，不仅丰富了交流形式，也拓展了展示空间。

关键词： 大运河　文化带建设　国家文化公园　文旅融合

* 吴欣，历史学博士，烟台大学教授，主要研究方向为运河史、明清社会史。郑民德，历史学博士，聊城大学运河学研究院副院长、副教授、硕士生导师，主要研究方向为运河文化史、社会史。

2020~2021年，在疫情防控常态化时期，中央各部委、沿运各省市及社会层面高效统筹疫情防控和经济社会发展，推动大运河文化带建设进入新的发展阶段，大运河文化带建设持续推进。2020~2021年大运河文化带建设主要表现在以下几个方面：大运河文化带建设的影响力不断提升，竞争力持续增强，驱动力切实增强，支撑力加速形成，辐射力全面提升；大运河国家文化公园建设全面展开，逐步推进；黄河与大运河的文化建设、研究结合日益紧密。但受疫情影响，大运河文化带和大运河国家文化公园建设的社会参与度、宣传力度和区域协调性仍有待提升。

一　大运河文化带建设进程与成果

（一）大运河文化带政策与建设现状

为贯彻落实习近平总书记关于大运河文化带建设的重要指示精神和《大运河文化保护传承利用规划纲要》（简称《纲要》）的相关要求，2020年9月，文化和旅游部与国家发改委联合印发《大运河文化和旅游融合发展规划》（简称《规划》）。《规划》成为落实《纲要》的一个重要专项规划。《规划》强调，要坚持保护优先和合理利用并举，以大运河国家文化公园建设为统领，构建文化和旅游发展新格局，以更好地带动大运河沿线地区经济社会高质量发展。根据规划目标，到2025年，大运河文旅融合发展初见成效，大运河国家文化公园建设基本完成。

习近平总书记指出，"千百年来，运河滋养两岸城市和人民，是运河两岸人民的致富河、幸福河。希望大家共同保护好大运河，使运河永远造福人民。生态文明建设关系经济社会发展，关系人民生活幸福，关系青少年健康成长。加强生态文明建设，是推动经济社会高质量发展的必然要求，也是广大群众的共识和呼声"①。习近平总书记为大运河文化带建设指明了新的方向。全面深刻理解习近平总书记有关大运河文化带建设的最新指示精神，对做好大运河文

---

① 《总书记刚刚来过这里｜运河三湾，未来更美》，人民网，2020年11月15日，http：//js.people.com.cn/n2/2020/1115/c360300-34415789.html，最后访问日期：2022年3月10日。

化带建设和大运河国家文化公园建设工作具有重要的理论和现实意义。如何借助大运河文化带建设契机，做好大运河文化保护传承利用工作，以及大运河国家文化公园建设工作，把大运河建设成为沿岸人民的致富河、幸福河，成为新时代沿运地区的重要任务与目标。

2021年7月，国家发展改革委会同相关部门发布的《大运河文化保护传承利用"十四五"实施方案》（简称《实施方案》），分别编制了"文化遗产保护传承""河道水系治理管护""生态环境保护修复""文化和旅游融合发展"4个专项规划，着重强化文化遗产保护传承、开展生态环境保护修复、推进运河航运转型提升、促进文化旅游融合发展，力争2025年打造出"千年运河"统一品牌，使大运河国家文化公园成为向世界传播中华文化的重要标志。随着《实施方案》的发布，大运河文化带建设也进入加速期。2020～2021年，大运河题材的文艺作品大量涌现，举办的"京杭对话""大运河文化艺术节"等文旅品牌活动丰富多彩，不仅传播、展现了大运河的文化内涵，也提升了大运河文化品牌的影响力，推动了千年文脉的传承与保护。

2021年8月，国家文化公园建设工作领导小组印发《大运河国家文化公园建设保护规划》（简称《保护规划》），通过阐释大运河的文化价值，提出大力弘扬大运河文化的时代精神，加强大运河文化保护力度，丰富主题展示功能，不断提升大运河文旅融合的带动作用，提升传统文化的利用水平；通过重点工程实施，将大运河国家文化公园建设成为新时代宣传中国形象、展示中华文明、彰显文化自信的亮丽名片。2021年，"建设大运河国家文化公园"被纳入大运河沿线各省市政府工作报告及其"十四五"规划和2035年远景目标纲要中，并相继出台相关具体举措。截至2021年9月，大运河沿线各省市共出台与大运河文化带建设相关的文件20余份，涉及大运河文化保护传承利用、大运河国家文化公园建设、大运河文旅融合等诸多方面，基本涵盖了当前大运河文化保护传承的各个方面。

（二）大运河文化带建设向多领域、深层次发展

大运河的交通、航运、生态功能推动了国家经济社会的发展，是文化传播的重要推动力量。在大运河文化保护与传承背景下，大运河文化带成为以大运河为主轴、带动区域整体高质量发展的带状发展战略地带。统筹好沿线各种资

源与力量，保护好、传承好、利用好大运河，推进大运河文化带建设，带动周边区域经济社会高质量发展，成为当前大运河文化带建设的重要目标。随着大运河文化带理论研究的深入，在实际操作层面，各地区多结合区域实际开展规划建设，建设层次有了质的提升，建设领域也有了大幅扩展。

大运河在历史上作为京津冀地区经济和人文社会交流的重要纽带，积累了深厚的文化旅游底蕴。京津冀协同发展战略奠定了京津冀段大运河文化带建设的高起点。京津冀三地除了首推各自的大运河文化带建设项目（包括大运河国家文化公园建设、5A 大运河旅游景区、大运河博物馆或大运河文化遗产展示中心、大运河文旅融合发展示范段、大运河系列景点、大运河特色小镇）外，还分别推出具有三地地域文化特色的大运河文旅项目，如京津冀大运河文化广场、京津冀大运河博物馆、京津冀大运河文化旅游景观、京津冀大运河文化旅游精品线路等。此外，北京市通州区与天津市武清区、河北省廊坊市三地已经形成"通武廊"全线通航联合工作机制，建设京津冀大运河旅游通航工程。京津冀三地联手，不断挖掘大运河文化资源，提炼大运河文化主题，充分发挥多领域的资源优势，建设大运河文化旅游精品线路和全域旅游产品体系，协同打造多元一体的"千年运河"文化品牌。

山东大运河文化带建设主要集中在大运河文化内涵挖掘和大运河文化带遗产保护等方面。在大运河文旅产业建设推动之下，山东省以台儿庄古城、聊城古城为轴线，串联济宁微山岛、南阳古镇、微山湖湿地、运河古城、太白湖景区、汶上南旺分水枢纽遗址，东平古州城，聊城临清中洲古城，德州四女寺、苏禄王墓等大运河旅游景区，打造成了沿运地区耀眼的风景线。台儿庄区以建设"枣庄市沿运文旅发展新轴线、大运河城市文旅会客厅"为总体目标，构建区域联动的文旅融合发展格局，打造鲁风运河文化展示"第一窗口"。聊城以"江北水城·运河古都"而著名，为凸显大运河文化特色，聊城市规划建设了京杭大运河古船闸遗址和滨水码头、四河头船闸公园。济宁市依托大运河优势资源，统筹推进大运河文化遗产保护、河道水系治理、生态环境修复等工作，主要实施了河道总督府遗址博物馆项目、"运河记忆"文化街区、运河水上旅游线路项目、微山湖旅游区创建国家 5A 级景区项目和南阳古镇旅游综合提升工程五个项目。德州市以水为媒，高标准推动大运河文化带建设，先后建成夏津黄河故道森林公园、苏禄文化博物馆、大运河文化广场等项目，以传统与现代交融的方式再现古老大运河深厚的文化积淀。

江苏在大运河文化带建设中处于领先地位。沿运各市深入贯彻习近平总书记关于大运河文化带建设的系列重要指示批示精神，以"争当表率、争做示范、走在前列"的要求，结合区域优良的大运河资源、地域文化和生态特色，充分发挥区域优势，已率先将大运河文化带江苏段建成示范段和样板段。大运河文化带建设以大运河为主线，统筹规划扬州、泰州、淮安、宿迁和徐州等沿运城市，在优势资源共享的前提下共建大运河文化生态大走廊。如率先将世界文化遗产监测预警平台运用并推广到沿运城市；统筹规划扬州古城与古运河文化景观资源，打造大运河文化博览城。扬州还积极推动世界运河历史文化城市合作组织（WCCO）实现规范化、专业化和国际化，现已在大运河文化国际交流中发挥着重要的引领和带动作用，受到政府和相关国际组织的高度肯定。淮安将持续加强运河生态环境保护和修复工作，以"运河之都""漕运之都"为建设口号与目标，规划建设了中国漕运文化核心展示区、运河生态文旅江淮经典体验区和运河保护开发综合示范区等多个运河文化主题区，并兴建了多个与运河主题相关的博物馆。

近年来，浙江在大运河文化带建设中"干在实处、走在前列、勇立潮头"，成为新时代展示大运河文化带建设的重要窗口。浙东运河至今仍发挥着航运、水利、生态、旅游等功能，尤其是航运功能使其成为活态大运河的代表之一。杭州港、嘉兴港和湖州港属于全国内河主要港口，宁波港和绍兴港为地方重要港口。浙江在重点做好以绿色航道、绿色港口、绿色船舶、绿色运输组织方式为核心的绿色航运体系建设的同时，不断加快港口节能环保技术改造。此外，浙东运河沿线还密集串联着众多文化遗产节点，如民居、历史街区、古建村落等，在浙东区域呈现聚集状态。为实现大运河文化保护传承和文创产业集聚发展的互促共进，浙江着力打造文化创意产业的重要集聚区，如建设杭州大兜路历史文化街区、大运河杭钢工业旧址综保项目、大运河音乐公园等文化地标性项目，推进大运河（杭州段）水岸互动文旅融合提升工程及大运河国家文化公园杭州项目群的建设；拱墅区实施"一址两街两园三馆两中心"。此外，浙江还大力推动"大运河诗路文化带"建设，以"文史研究+文艺创作"的多领域联动，以诗词、书画、影像、设计等媒介为依托开展艺术创作，用丝绸、青瓷、茶叶、古琴等非物质文化遗产参与展示，实现了大运河文化的保护、传承与利用的结合。

河南大运河主要包括隋唐大运河通济渠、永济渠及京杭大运河会通河台前段，包括洛河、汴河、卫河、会通河 4 个遗产段落，已探明河道长度为 686 公里，遗产面积约 200 平方公里；拥有世界文化遗产 5 项、全国重点文物保护单位 229 处，沿线分布有郑州、开封、洛阳、安阳四大古都和 7 座国家级历史文化名城。目前，永济渠（卫河）仍在发挥防洪灌溉和生态景观作用；通济渠洛河段仍是黄河重要支流。河南地处隋唐大运河的中心，是大运河文化带与"一带一路"融合区。围绕"国运、城运、水运、物运、文运"五大篇章，河南省提出将大运河河南段打造成遗址活化最有效、历史体验最丰富、文化旅游融合最深入的大运河缤纷旅游带。当前，河南践行"两山"理论，以传承中华文明的文化带、承接国家战略的产业带及展示文化自信的交流带为目标。在空间布局上，构建大运河文化带建设的"两轴三极七片区"空间布局（"两轴"是以隋唐大运河南北两段运河为依托，结合大运河沿线城镇的历史地位与文化资源等，打造沿通济渠古都发展轴与沿永济渠古城发展轴；"三极"是指充分发挥洛阳、开封、郑州三大古都的历史文化资源优势和辐射带动作用，打造大运河沿线示范城市；"七片区"是指充分发挥大运河沿线文化地理特征优势，推动形成文化资源要素分类集聚、错位互补、特色鲜明、联动发展的区域空间布局，通过打造通济渠洛阳片区、通济渠郑州片区等七大片区，构筑大运河实体与地域文化伴生共荣的集中展示空间）。

安徽大运河全段处于淮河流域（属大运河中间地段），流经现淮北市濉溪县，宿州市埇桥区、灵璧县、泗县。安徽省通过对皖北地区大运河历史文化资源活化，以"汴河遗珍·水韵皖北"为引领，打破行政区划的壁垒，实现协同错位发展。通过与中原经济区之间的全方位合作，促进大运河安徽段融入河南段隋唐大运河（通济渠/汴河）轴线，助推中华历史文明传承创新区建设。

区域联动对促进大运河文化带建设的作用凸显。2020 年 9 月，在北京举办的中国大运河文化带京杭对话（简称"2020 京杭对话"）以"运河上的京杭对话，共建共享新未来"为主题，通过京杭两地之间的合作实现优势互补。具体包括签署合作协议、推出文化金融产品、发布共建共享倡议等措施，联动包括北京市、浙江省在内的各地力量，深入挖掘大运河文化的时代价值。尤其是举办"鉴古藏今 共建共享千年运河"系列主题展，不仅展出了珍贵的历史文物、档案，还展现了大运河国家文化公园建设的成果。

（三）大运河文旅融合与遗产保护水平不断提升

文化和旅游融合发展与遗产保护是彰显大运河遗产价值和功能的系统工程，是推进大运河文化带和大运河国家文化公园建设的两大重要任务。2020年9月，文化和旅游部与国家发改委联合印发的《规划》从多个方面推动大运河文旅融合发展，以带动沿线地区经济社会高质量发展。2021年7月，由国家发改委牵头编制的《实施方案》将目标节点设置在2023年和2025年。其中2025年目标为大运河文化和旅游实现深度融合，"千年运河"统一品牌基本形成，大运河国家文化公园成为向世界传播中华文化的重要标志。在强化大运河文化遗产保护传承方面，加强文化遗产系统保护；在促进大运河文化和旅游融合发展方面，打造精品旅游线路和统一的大运河文化品牌、推动文化旅游与相关产业融合等任务。沿运各地结合实际情况也相继出台了一系列促进大运河文旅融合与遗产保护的文件（见表1）。这些政策措施和发展规划形成了系统化的"顶层设计"与基层落实的"具体方案"，成为沿线地区加快推进大运河文化带和大运河国家文化公园建设的决策依据和行动指南。2020～2021年大运河文旅融合在彰显城市大运河文化特色和魅力、展现城市大运河文化遗产价值和文化精神、增强居民的文化认同方面取得重要进展。

表1　2020～2021年国家部委关于大运河文旅融合与遗产保护的文件

发布时间	发布部门	文件	主要内容
2020年9月	文化和旅游部、国家发展改革委等	《大运河文化和旅游融合发展规划》	着力发展大运河文旅融合新业态,内容包括:加快发展数字文旅、因地制宜发展特色民宿等;打造"千年运河"品牌体系,促进品牌传播推广;培育一批精品文化旅游线路
2021年4月	文化和旅游部	《"十四五"文化和旅游发展规划》	推进大运河文化带、生态带、旅游带建设,将大运河沿线打造成为文旅融合发展示范区域
2021年7月	国家发展改革委等	《大运河文化保护传承利用"十四五"实施方案》	促进文旅融合发展是重要任务之一,并明确了打造精品线路和统一品牌等3个领域9项任务
2021年8月	国家文化公园建设工作领导小组	《大运河国家文化公园建设保护规划》	阐释大运河文化价值,弘扬大运河时代精神,加大保护力度,加强主题展示功能,促进文旅融合,提升传统文化的利用水平

　　为贯彻落实相关文件，2021年5月，国家发改委牵头中央宣传部、生态环境部和国家文物局等召开大运河国家文化公园建设现场会暨第三次文化保护传承利用工作省部际联席会议（"23+8"省部际联席会议）。该会议就注重跨界协同，通过出台分省规划、实施标志性项目、加强遗产保护和内涵发掘、保护沿线名城名镇、打造文旅融合精品、改善生态环境等问题达成全面共识。随着大运河文化带及大运河国家文化公园建设的不断推进，大运河遗产的文化价值获得广泛的关注和认可，沿运省市作为有效衔接中央部委的顶层规划者，通过召集相关的会议、举办论坛，不断推进落实相关的项目规划，使众多文旅项目在大运河沿线城市落地。

　　2020年9月，第二届大运河文化旅游博览会在无锡开幕，内容包括夜游古运河、开幕仪式、主题演出、展览展示、主题论坛、非遗分会场和互动联动等。在北京举办的"2020京杭对话"活动，不仅密切了沿运城市的协作关系，也对汇聚大运河沿线地区智慧和力量以加强大运河保护、传承大运河文化具有良好的带动示范作用。9月28日，2020世界运河城市论坛在扬州举行。该论坛以"世界运河城市文旅产业持续繁荣发展"为主题，通过交流与展示运河城市文旅产业发展的"中国行动"与"国际案例"，探讨了在疫情防控常态化时期运河城市文旅产业持续繁荣发展的路径与对策，为当前疫情防控常态化下世界运河城市发展与运河文化交融提供现实案例。

　　此外，随着文旅融合理念的深入，地方性、区域性的非遗主题展示、文旅融合项目也相继开展。2021年中国（宿州）大运河非遗美食展，通过展示中国（宿州）大运河非遗美食、举办安徽省传统戏剧扶持项目会演比赛，公众在完成非遗保护与传承的同时，还品尝、了解了"舌尖上的非遗"；2021年"国际滨湖度假大会·湖州大运河之约论坛"推介了沿运古镇及著名景点（嘉兴海宁长安古镇、京杭大运河杭州景区、绍兴上虞丰惠古镇、宁波余姚阳明古镇等）；第六届京津冀非遗联展集中展示了北京的景泰蓝、六必居的酱菜，天津的泥人张彩塑、杨柳青木版年画，河北的蔚县剪纸、吴桥石影雕等非遗文化项目；第二届苏州"夜泊枫桥·诗韵江南"分文化诗会和文化沙龙两个部分，以传统诗词文化为载体，充分利用大运河"最精彩一段"，深度挖掘"江南第一诗境"的资源优势，全方位展现江南诗词文化，呈现充满江南诗韵的视听盛宴。

　　2021 年，国家发改委等出台的《实施方案》进一步明确围绕大运河遗址遗迹考古发掘展示、特色公园建设、古镇保护和非遗活化传承等任务。依托北京（通州）大运河文化旅游 5A 级景区建设，打造大运河两岸经典景观的水上休闲观光带和北京段全程体验的示范带；京津冀三地通过协同治理京杭大运河，大运河北京段计划与河北省廊坊段连通，预计 2023 年实现乘船至河北的目标，实现京津冀互联互通。山东省集中开展的运河印象文旅小镇项目、临清运河老街工程项目入选了"2020 年省新旧动能转换重大项目库第二批优选项目名单"，成为山东省精品旅游项目。江苏省通过打造扬州中国大运河博物馆、镇江西津渡历史文化街区、常州"运河五号"创意街区等，促进江苏文化和旅游高水平融合、高质量发展。浙江省通过培育杭州运河广告产业园等文化产业园，借助大运河（浙江段）剧院联盟、《浙江日报》（海外版）、浙江电视台国际频道推介大运河文化风采，不仅培育了一批富有大运河文化内涵的景区和遗产廊道，也打造出世界著名的大运河文化旅游目的地。

　　大运河文化遗产是以传统大运河为核心，以"运"为载体，在历史中积淀形成并遗留下来的各种物质和非物质文化遗产的总和。大运河线性文化遗产的性质促使其在管理上大多采取属地为界、分段保护管理的模式。区域民众或到访者的认同感成为大运河文化遗产保护，尤其是民众参与保护的重要前提。但杭州段遗产保护意愿研究结果显示，人口素质提升、地方依恋并不会增强群众的遗产保护意愿，只有到访者对遗产地提高现实评价、增强未来愿景产生的地方认同才会影响受访者的保护意愿。因此，如何将保护大运河文化遗产的措施和成果完整地呈现给群众，引导全民认同并理解相关的遗产保护措施成为重要的现实问题。当前大力开展的以民俗、节事、文旅展示等为载体的活动提升了群众对大运河文化遗产的认知度，也提高了群众对大运河文化遗产的现实评价，逐渐形成并巩固地方认同，将对促进大运河文化遗产的传承与保护具有重要的现实意义。

　　文旅融合发展及文化遗产保护是推进大运河文化带建设和大运河国家文化公园建设的具体举措，也是服务于区域高质量发展、实现可持续发展的必然选择。通过大运河文化资源的表达、展现和传播，形成吸引力，以满足旅游者学习与深度体验大运河文化的需求。当前的大运河文化和旅游融合发展多侧重于自上而下推进，这在把握市场变化、谋求文旅融合发展路径的创新上尚有一定的短板。而会议交流、文旅展示、重点项目推介将有效补齐相关的短板，双重效应的叠加使大运河文旅融合及文化遗产保护工作的决策机制和政策环境不断优化。沿运地区在加快文旅融合发展及文化遗产保护过程中，对大运河文化的认识、认同和融入力度也在不断增强。通过融合文化、旅游、商业等更多元素，形成一条有益于大运河文化传承、传播的多元业态生态链。

（四）大运河国家文化公园建设持续推进

为深入贯彻落实习近平总书记关于国家文化公园建设的重要指示精神，加快推进大运河国家文化公园建设，2021年8月国家文化公园建设工作领导小组印发《保护规划》，要求各相关部门和沿线省市结合实际抓好贯彻落实。《保护规划》印发后，国家文化公园建设工作领导小组着力推动6项重点任务（优化总体功能布局、阐释文化价值内涵、加大管控保护力度、加强主题展示功能、促进文旅融合带动与提升传统利用水平）和五大工程（保护传承工程、研究发掘工程、环境配套工程、文旅融合工程与数字再现工程）等的落实和实施，从五个维度系统阐释了持续推动大运河国家文化公园建设的发展格局，包括生态优先系统、文化引领系统、文旅产业系统、社会共享的文化传播系统、制度规范系统。目前，沿运各省市正按照党中央、国务院总体部署和具体要求，结合区域大运河特色，通过一系列政策、会议、工程措施等加快建设大运河国家文化公园（见表2、表3）。截至2021年下半年，大运河国家文化公园建设管理机制全面建立，相关重点任务、重大工程、重要项目大部分顺利启动，尤其是江苏省大运河国家文化公园建设推进迅速，重点建设区基本完成。

表2　2020～2021年大运河国家文化公园相关活动

时间	省/市	相关活动	侧重点/主题
2020年7月30日	浙江杭州	召开《杭州大运河国家文化公园建设空间专题研究》研讨会	划定杭州大运河国家文化公园建设的四至边界以及四大主体功能区块
2020年8月18日	江苏南京	成立大运河文化带建设研究院国家文化公园研究分院	搭建江苏省大运河国家文化公园研究与成果转化推广的智库平台
2020年9月19日	山东聊城	山东省大运河国家文化公园建设路径及对策座谈会	围绕山东省大运河国家文化公园建设的现状及问题、建设路径和对策等议题，积极建言献策

时间	省/市	相关活动	侧重点/主题
2020年10月16日	江苏苏州	"四位一体高质量打造具有苏州特色大运河国家文化公园"学术沙龙	探索大运河苏州段文旅融合创新发展路径及大运河国家文化公园建设举措
2020年12月10日	浙江	成立大运河国家文化公园建设工作专家咨询委员会	为综合组、文化文物组、发展规划组、空间建设规划组、水利交通组和生态环境组6个组35位专家授予聘书,助力大运河国家文化公园建设
2021年5月31日	浙江	《大运河(宁波段)文化保护传承利用实施规划》	综合规划大运河(宁波段)的长远目标和近期任务
2021年7月29日	山东聊城	"千年运河·齐鲁华章"大运河国家文化公园文旅融合集中宣传活动	集中展示大运河沿线8省市和山东省运河沿线5市国家文化公园建设成果,举办大运河非遗展演、"运河绘事"作品展览

表3　大运河国家文化公园主要类型阐释

文化公园类型	主要特征	案例
综合类	利用大运河本体及沿运附属文化遗产、现代设施等满足居民生活休闲活动	大运河带状健康公园、航运设施主题公园、运河水街主题公园等
历史遗址类	历史文化民居遗址	如苏州全晋会馆、汀州会馆,河南百泉书院、卫源庙、合河石桥,山东聊城山陕会馆等建筑遗址
历史名人类	为纪念大运河开凿、文化传承、艺术创作等方面做出杰出贡献的历史人物而打造大运河国家文化公园	如郭守敬纪念馆、汶上白老人祠等,以及大运河沿线著名历史人物留下的诗文、乐曲、技术、舞蹈、历史建筑等
非遗文化类	该类型是以民间文学、舞蹈、手工艺等为主题的文化公园	苏州宋锦织造技艺、缂丝织造技艺、御窑金砖制作技艺等非物质文化遗产,中国大运河(沧州)非物质文化遗产公园

江苏省通过认真贯彻落实习近平总书记重要指示精神,加快推进大运河国家文化公园建设,着力打造江苏"美丽中轴",不仅推动了大运河江苏段建设走在全国前列,也为大运河国家文化公园建设提供了成熟案例。江苏省是大运

河国家文化公园建设的唯一重点建设区,《大运河国家文化公园(江苏省)建设保护规划》成为全国首个编制完成的此类规划,对当前大运河国家文化公园建设的基本属性、研究方法和建设理念等都具有开创性贡献,被国家级规划整体采用。2020年成立专门的智库机构——大运河文化带建设研究院国家文化公园研究分院,高质量打造大运河国家文化公园的"扬州样板"、深化打造京杭大运河绿色现代航运示范区及其一批展示园。此外,江苏省文投集团构建的大运河国家文化公园数字云平台,使大运河国家文化公园形成线上与线下协同展示的格局。

河南省在文旅融合背景下就大运河(河南)国家文化公园空间布局、项目策划、线路设计等方面提出规划设想。结合河南大运河文化遗产现状,构建"一核一带四区"空间布局。通过文旅特色城镇培育工程,打造洛阳国际人文交往中心,开展开封宋都文化旅游品质提升工程、安阳殷商文化旅游培育工程;通过文旅融合供给优化工程,开展大运河城市绿肺工程、大运河小镇风韵工程、大运河田园人家工程;通过文化标识系统建设工程,推进隋唐大运河国家文化公园、北宋东京城大运河国家文化公园、惠济大运河国家文化公园建设。

博物馆是历史文化的集中展示区,大运河文化主题博物馆成为大运河文化的集中展示窗口,也成为大运河文化与大运河相关史料的收藏中心、研究中心,逐渐成为大运河国家文化公园建设的标志性项目。当前已有聊城中国运河文化博物馆、杭州京杭大运河博物馆、淮北市博物馆(又名淮北市中国隋唐大运河博物馆)等作为大运河文化的集中展示博物馆。通过解读大运河文化,挖掘、利用大运河文物和文化资源,推动大运河优秀传统文化的创造性转化和创新性发展。尤其是2021年6月开馆的扬州中国大运河博物馆,以大运河文化融入景观设计、文旅融合促进文化遗产开发、美育课程讲述大运河历史、艺术创作解读大运河文化,成为大运河文化带建设及大运河国家文化公园建设的样板工程。2020年11月14日,大运河沿线的32家博物馆成立"大运河博物馆联盟",签署了《大运河博物馆联盟协同发展协议》,为协调大运河沿线文教资源展览,深化大运河文化品牌的国际影响力,实现信息互通、资源互换和机制互联,打破地缘阻隔,促进文物合理利用提供了新的协作机制。

研学旅行作为集教育活动与旅游体验于一体的新兴游学形式，逐渐受到重视。大运河国家文化公园研学以大运河文化及资源为依托，将弘扬中国大运河文化与提升学生素质相结合，将大运河国家文化公园建设与研学旅游相结合，有助于推动大运河文化保护与活化，尤其对提升中小学生民族文化自信、自豪感，增进研学旅行者的大运河知识素养，实现文旅融合，带动区域经济协调发展具有重要意义。当前开展较好的研学活动主要有"中国运河江南游学之旅""苏州古运河—苏州研学旅行"等。当前，国内研学市场潜在需求巨大，大运河国家文化公园研学活动需要在教育性、实践性、安全性和公益性的原则下开展（见表4）。通过政府政策与市场调节相结合为大运河国家文化公园建设拓展思路，对推进大运河国家文化公园高质量建设，整合大运河沿线文旅资源具有突出意义。

表4　大运河国家文化公园研学活动原则

原则	主要内容
教育性	结合研学者身心特点、接受能力和实际需要,注重大运河文化的大运河知识科普、大运河励志拓展等
实践性	要因地制宜,呈现地域文化特色,引导研学者拓宽大运河文化视野、丰富大运河文化相关知识
安全性	安全第一,建立并完善安全保障机制,落实安全保障措施,确保安全
公益性	以非营利性研学活动为主,对学生研学者推出专项照顾措施

二　存在的问题与原因

（一）管理条块分割，协同推进缓慢

大运河遗产线路长、遗产点多面广，不仅涉及沿线水文水质、文物古迹、水上运输等自然生态以及人文环境等内容，还涉及文物、水利、城建、交通、土地等多个部门，具有保护步调不一、开发利用不平衡等特点。在实际的操作中更存在多头管理、部门利益纠葛的状况，虽然由国家部委牵头出台了一系列政策文件、召开了如"23+8"省部际联席会议、部委牵头推进大运河重点项

目投融资对接活动等，但当前的大运河文化带建设总体上处于管理条块分割状态，协同管理体系尚未打通。以大运河文化遗产保护为例，物质文化遗产由文物部门管理，非物质文化遗产则由文化部门管理，河道、水工设施划归水利部门，大运河航道则由交通部门管理等。因此，大运河文化带建设亟须在国家层面设立具有统一领导权限的协调机构，建立协调机制，以确保大运河文化带建设过程中组织有保障、协调有机制、职责有落实。

大运河沿线地区大部分大运河文化的传承和保护工作局限于本区域，按照区域发展目标和资源开展规划，导致大运河文化带整体的建设水平参差不齐，降低了大运河文化带及大运河国家文化公园建设的推进效率。此外，实体项目建设是推进大运河文化带建设的重要支撑。近年来，大运河国家文化公园开发项目显著增加，沿线各类特色小镇以及基础设施建设全面展开，但如何统筹保护、协同推进也存在一定困难。因此，如何打破狭隘的地域文化束缚，在地域平等的基础上寻找共通的大运河文化基因，打造符合大运河文化一体化发展要求的文化高地成为当前急需解决的现实问题。

（二）文旅融合水平有待提升

文旅开发是大运河文化带建设的主要途径与可持续发展的必由之路，文化和旅游部也明确了大运河文旅融合发展"宜融则融，能融尽融，以文促旅，以旅彰文"的基本原则。如何以大运河文化资源助力经济高质量发展，统筹协调文化与旅游发展，进而提升文化与旅游服务的质量，成为沿运省市需要思考的现实问题。在具体文旅融合开发中，沿运景区、景点、展示场馆相关建设中包含哪些大运河文化还存在疑义。哪些文化属于大运河文化？哪些是核心文化资源或重点文化资源？这些问题在等级判定上仍然不太清晰。当前已推出的文旅融合产品主要依托自然与文化资源，类型较为单一，同时大运河文化内涵挖掘深度不足，且体验性、互动性与参与度较低，低层次、同质化的开发仍大量存在；文旅融合仅仅停留在口号上或理念上，难以在实践中落地。相关问题均会弱化文旅融合的大运河特色。

在大运河文化带建设过程中，还存在注重城镇文旅融合产品开发、忽视乡村地区文旅融合的现象。大运河文化带建设为乡村振兴提供了机遇，但忽视乡村地区将导致文旅融合与乡村振兴两大战略呈现相互割裂的状态。其主要原因有以下几点：地方保护资金不足，古村镇、古建筑和非物质文化遗产处于不断消失的境况，文旅融合开发存在一定困难；大运河沿线遗存的古镇、古村落长期处于保护不力的状态，部分地区过度开发尤其是房地产开发对大运河沿线古镇、古村落造成不可逆转的影响；大运河济宁以南地区仍具有水运的功能，运输污染、农村生产生活垃圾造成大运河河道污染，影响了乡村文旅融合的开发进程。

（三）宣传质量与水平有待提升

大运河是积蓄千年文化势能的"超级 IP"，对坚定文化自信，实现中华民族伟大复兴的中国梦具有重要的引领示范带动作用。开创与国际接轨、有中国特色和大运河底蕴的国际传播模式，成就"中华民族精神的载体""中国文化荟萃""人类遗产明珠"的国际形象，是当前大运河文化带建设国际宣传的目标定位。近年来，各省市结合大运河文化带建设在顶层设计、文化自信、舆论导向等方面已取得一定的成效，大运河文化带的标志和名片逐渐成为区域的亮点。

在宣传上如何突出大运河文化特色，并在保证传播效果的同时体现中国特色还存在一定的问题。一方面是在大运河文化遗产的保护、传承和利用之间存在的条块分割，主体和路径存在的差异导致"各自为政"的现实困境；另一方面是大运河文化带建设与国际传播之间"自说自话"的问题。因此，大运河文化带建设的国际传播需要建立"多元一体"的宣传策略，在国际传播中突出大运河文化的活态特色。明晰、灵活地规划和设计"由谁传播""经何传播"大运河文化特色的问题，真实、持续、互动地加以传播，以避免国际传播中出现千篇一律、空洞乏味、效果变异的现象，实现大运河文化对外宣称"家国天下与人间烟火的有机融合"。

（四）大运河国家文化公园理论研究有待深入

当前学术界出现部分学者对大运河文化带及大运河国家文化公园概念混用的现象，或将大运河国家文化公园建设等同于大运河文化带建设。"大运河国家文化公园"是国家为保护大运河文化生态系统的完整性，为大运河生态旅游、科学研究和文化教育提供场所而划定的需要特殊保护、管理和利用的区域。"大运河文化带建设"是通过大运河文化建设、生态建设和经济建设的有机结合，将文化资源转化为经济和社会效益，侧重大运河沿线区域文化资源的挖掘、整理和研究。而大运河国家文化公园则侧重通过国家文化公园的形式，以具体化、开放式的公共载体，实现对大运河文化遗产的保护和展示，使大运河文化成为彰显中华文明的重要标识。因此，大运河文化带建设的意义较为宽泛和抽象，大运河国家文化公园建设的意义较为具象。

当前，尚需加强大运河国家文化公园理论和实践研究，对当前建设过程中已发现的问题及未来运营管理中可能出现的问题加以深入探究，并提出切实可行的路径和策略。如大运河国家文化公园建设过程中存在不合规、不合理的情况，建设重点不突出，部分难点未解决；建设中以分散、重复性设计居多，原创性作品较少，总体上不足以体现大运河文化品牌高定位；等等。在投融资体制上，以中央财政预算为引领，存在社会资本引入还相对欠缺、部分地区建设资金缺口较大等问题。如将财政支持与民营企业的社会投入结合起来，结合形式及手段等尚需深入探讨。在人力资源上，如何吸引更多的投资人、艺术家、管理人才以及高校、科研院所等人才投入大运河国家文化公园建设，并做好人力资源使用和管理等，都是需要研究解决的现实问题。

三　解决的路径与策略

（一）强化顶层设计，提升协作水平

针对大运河文化带建设过程中条块分割等问题，不仅需要建设者与管理者之间在理念、政策、实践上的协同，也需要智库机构和研究机构的智慧协同。建立以大运河文化保护传承利用为基础的政府间、行业间、社会组织间以及学术界的多层次合作机制，有效发挥不同资源的优势，形成大运河城市之间的文化资源优势互补，充分挖掘不同地区的文化资源，将文化资源优势转化为文化产业优势，构筑大运河文化产业共同体。在管理方面，协同大运河文化带建设相关的环保、城管、古城保护等部门形成合力，构建长效机制。具体建议如下。

完善管理体制，打破区域界线。成立省部级协调机构，构筑河段和主要文保、旅游单位参与的"大运河国家文化公园"联合体，全面深化大运河管理

改革，建立规范、协调、统一、高效的大运河管理体制，推动大运河整体保护、分段建设、分级负责的河长制工作，不断强化大运河沿线生态环境联合治理。在协同治理、协同保护的大框架下，充分实现资源共享，完善大运河文化数据库，梳理大运河文脉。

（二）注重创新，深化文旅融合

文旅融合发展是大运河文化带建设《纲要》提出的六大重点任务之一。快速的城镇化建设给大运河沿线的历史街区、文物建筑等遗产保护和管理工作造成了不良的影响，也影响了大运河文旅融合发展。因此，要协调好大运河沿线区域文化遗产的保护、传承、利用。大运河文化需要在传承发展的基础上进行活态保护和创新利用。在文旅融合的大背景下，围绕大运河文化推出相关的旅游产品，让游人与古运河展开对话，引入智能科技，提升展示效果。以文塑旅、以旅彰文，充分唤醒受众的大运河文化记忆，深入推动文旅融合发展。如结合不同区域大运河文化旅游资源的空间组合特征，开展民俗技艺体验、博物馆研学与休闲度假等多种类型活动。结合乡村振兴战略，不断完善文化旅游产品供给体系，这不仅能将历史文化和现代生活相结合，还可以实现大运河文化的永续传承与利用。

坚持文旅"项目集群化、品质精致化"的开发思路。通过做大做强文旅产业，推动大运河全域文旅融合。不仅需要扩展融资渠道，还需要扩展思路，加强调查研究，探究以群众喜闻乐见的方式积极引入实景演艺、展会展览等多业态开发项目，丰富旅游产品，形成"全域、全业态"的旅游发展模式。通过培育省级大运河文化旅游强乡镇、旅游特色村、高水平农家乐采摘园等乡村旅游精品线路，实现"百花齐放、多点开花"，加快由"景点游"向"全域游"转变，不断创建国家级全域旅游示范区。

（三）提升文化带建设的辐射带动力

高标准建设大运河文化带和大运河国家文化公园，系统推进沿线生态治理、改善大运河交通水利、促进沿线产业转型升级和助力乡村振兴提速等，促进大运河成为助力沿线地区高质量发展的致富河、人民追求高质量生活的幸福河。充分发挥区域带动作用，推动大运河文化带成为中国经济增长的"新引擎"、文化建设的"新高地"。需要在充分发挥区域中心城市作为文化中心、交往中心的引领和示范作用的前提下，不断推动大运河沿线城镇协同发展，实现城市带动乡镇，引领区域发展，进而打造统一协调的大运河品牌，提升大运河文化的国际影响力。

山东、河北等省份向大运河文旅融合先进省份（如江苏、浙江等）开展学习，统筹兼顾、整合资源，如采取尝试减免相关企业税收、发放大运河文旅消费券，以及文旅景区在一定时段内向抗疫一线人员免费开放等措施，以实现致敬医务人员与振兴疫情防控常态化时期文旅产业相统一，促进市场激活。充分发挥市场的基础性作用，推动大运河沿线地区新型工业化、农业现代化同步发展，培育新的经济增长点，激发中小城镇文化产业活力。

（四）拓展融资渠道，增强发展动力

疫情发生以来，国内外经济形势严峻，大运河文化带建设融资也遇到一定的困难。面对困难，沿运地区可以结合自身不同的发展阶段、资源禀赋和产业结构等开展调查研究，确定适宜合作的产业和行业领域。从政府、企业、社会三方入手，合力破解融资问题。

政府需要综合运用各种财税、金融、政策手段，完善融资、优化融资，打通融资渠道，加大融资扶持力度，解决大运河文化带及大运河国家文化公园建设中的融资问题。开展建立大运河保护传承发展基金的论证工作，引导大运河沿线城市和企业进行深度合作、拓展合作领域，抓住大运河沿线区域转型升级的发展机遇，实现科学分工、优势互补、错位发展。相关企业也需要转变观念，加快产业结构调整，提高自身素质，优化内部财务管理，不断开发新产品和改善营销模式，在疫情防控常态化时期走出一条新道路。

（五）树立品牌意识，提升宣传水平

建设大运河文化带与大运河国家文化公园，是推动中华优秀传统文化创造性转化、创新性发展，传承发展中国特色先进文化的重要举措，在对外宣传上仍需科学谋划、加速推进、树立品牌、突出特色。在借鉴国内外世界文化遗产成功传播经验的同时，创新传播理念和多元传播模式，制定国际传播的高质量模式。在国内公众参与的基础之上，着力吸引、引导国际性参与，面向世界受

众，把握已有的参与群体，大力吸引潜在群体参与大运河文化国际化宣传。充分利用各种展示交流平台，发挥大运河文化在世界文明交流和经济全球化中的纽带作用。如发挥世界运河历史文化城市合作组织的作用，加强与世界运河城市之间的交流合作。结合实际需要举办系列大运河文化嘉年华、大运河城市论坛、大运河文化展览等活动，多形式、多手段相结合，开展多样化的大运河文化主题活动。

在具体的对外传播实践中，需要杜绝区段性割裂传播，以大运河廊道式传播为主导，强调"带系建设"的整体传播，增强大运河的"文化自觉"意识。以大运河文化发展的渊源、形成历程、发展特色徐徐展开，对外传播。以整体化、协同化和网格化的方式，突出大运河文化在时间、空间和质感上的交流，建设和传播大运河文化传承之带、文化交融之带和文化底蕴之带，体现大运河作为世界文化遗产的珍稀性、独特性。在对外传播过程中还需要注意提升大运河文化作为中国精神代表、中国价值体现和中国力量展示的地位，使之成为世界文化遗产传播的高品位代表、活态文化标志的国际映像。

参考文献

车俊：《坚决扛起大运河文化带建设的浙江担当》，《今日浙江》2019 年第 7 期。

陈述知：《运河流域非遗策展与运营探索——以"大运河非物质文化遗产"展为例》，《东南文化》2021 年第 3 期。

侯兵、金阳、胡美娟：《文旅融合发展视域下大运河文化建设的地方响应研究——以中国大运河江浙段沿线城市为例》，《中国名城》2021 年第 9 期。

胡梦飞：《山东省大运河国家文化公园建设路径与策略研究》，《华北水利水电大学学报》（社会科学版）2021 年第 6 期。

胡梦飞：《山东运河文化遗产保护、传承与利用研究》，中国社会科学出版社，2021。

黄杰、包振宇：《以"两河理论"推动大运河文化带高质量建设》，《美术观察》2021 年第 10 期。

蒋惠凤、刘益平：《基于演化博弈的大运河文化带城市间合作发展策略研究》，《运筹与管理》2021 年第 10 期。

金苗：《国际传播中的大运河文化带建设：定位、路径与策略》，《未来传播》2021 年第 5 期。

蓝杰：《中国大运河（杭州段）文化带文史档案利用思考》，《中国档案》2020 年第
　　7 期。

梅耀林、姚秀利、刘小钊：《文化价值视角下的国家文化公园认知探析——基于大运河
　　国家文化公园实践的思考》，《现代城市研究》2021 年第 7 期。

秦宗财：《大运河国家文化公园系统性建设的五个维度》，《南京社会科学》2022 年第
　　3 期。

丘萍、张鹏：《地方认同与世界遗产保护意愿研究——以京杭大运河杭州段为例》，《首
　　都师范大学学报》（自然科学版）2020 年第 2 期。

任唤麟、余敏辉：《大运河长三角中心区段文旅融合现状与发展路径》，《淮北师范大学
　　学报》（哲学社会科学版）2021 年第 5 期。

邰子君、祁迪、陶李等：《传承运河文化遗产　建设致富河幸福河》，《中国旅游报》
　　2021 年 11 月 2 日。

王秀伟：《大运河文化带文旅融合水平测度与发展态势分析》，《深圳大学学报》（人文
　　社会科学版）2020 年第 3 期。

望灿、刘冲：《大运河文化带下浙江内河水运高质量发展策略》，《中国水运》2020 年第
　　6 期。

吴殿廷、刘锋、卢亚等：《大运河国家文化公园旅游开发和文化传承研究》，《中国软科
　　学》2021 年第 12 期。

张卫、樊佩佩、马岚：《大运河文化带建设国际性传播发展状况及策略——以江苏段为
　　例》，《艺术百家》2019 年第 2 期。

赵艳、卞广萌：《文旅融合视域下大运河沿线乡村产业升级路径研究》，《农业经济》
　　2021 年第 9 期。

郑晶：《大运河文化如何开发？——以扬州中国大运河博物馆为例》，《美术观察》2021
　　年第 10 期。

黄运地区高质量发展篇

High-quality Development of Yellow River
and Grand Canal Junction Zone

B.2

鲁西"两河"特色文旅资源廊道
高质量发展路径研究*

康建军**

摘　要： 鲁西地区的黄河、大运河沿线，有着隐形的特色文旅资源廊道。本区域具有齐鲁文化、黄河文化、大运河文化和红色文化等交叉融合的共同基础，一方面在文明特征上形成了一条以"两河"特色为主体的文旅资源廊道，另一方面也在黄河沿线和大运河沿线这一地理空间内形成了具有带状、连续性的文化资源廊道，目前本区域文旅资源的开发尚处于各自为营的建设阶段。本报告通过分析鲁西地区黄河文化与大运河文化特色文旅资源廊道的超地域性、跨地域性，以地方"八景"文旅资源廊道建设和红色文

* 本报告系山东省青少年工作研究（重大课题 NO.22SAQ045、大学生专项 NO.22BSH048）、聊城市横向课题基金项目（R22WD10、R22WD11）、聊城市社会科学研究课题文化传承创新研究专项（NO.NDYB2022118）、聊城大学冀鲁豫边区红色文化研究专项的阶段性成果。
** 康建军，历史地理学博士，文艺学（文学地理学）博士后，硕士生导师，聊城大学地理与环境学院讲师，主要研究方向为文化地理学、运河学。

旅资源廊道建设为例，建议鲁西地区五地市应致力于贯通"两河"特色文旅资源廊道，打通地市之间旅游资源发展与整合的障碍，采取尽快融入省际共建范畴、抓住红色文旅廊道这一新亮点、引导社会力量积极参与文化创新，以及区域特色旅游项目等具体措施，从而实现区域各项事业的高质量发展。

关键词： 鲁西地区　文旅资源廊道　区域高质量发展

黄河和大运河在山东省西部交汇，形成一个纵横交叉的"大十字"，这个"大十字"又把鲁西地区切割成更小的、紧密相连的地理单元。鲁西地区的大运河文化、黄河文化可以概称为"两河"文化，如聊城市第十四次党代会（2022年）报告就提出，用好、用活"两河双城、十七镇村"历史文化载体，一体化推进大运河、黄河国家文化公园聊城段规划建设；鲁西地区"两河"沿线的枣庄、济宁、菏泽、聊城、德州五地市都有贯通"两河"特色文旅资源廊道的现实需要，并且在省级层面的宏观勾画里，也要求鲁西地区"两河"沿线的城市贯通建设，进一步活化利用历史文化街区、历史建筑和传统村落，促进文化遗产的传承发展，延续城市历史文脉。鲁西地区各地市都要进一步支持创建国家历史文化名城和全域旅游示范区，并进行相关规划与统筹。统筹"两河"文化，贯通特色文旅共享的资源廊道，既是鲁西沿黄、沿运地区进行全域旅游、实现区域高质量发展的路径，也是鲁西地区实现区域高质量发展的必由之路。

引　言

本报告所指的鲁西黄河、大运河"两河"区域特色文旅资源廊道，是在鲁西黄河沿线和大运河沿线两侧的区域空间内，以某些共同的文化特征为基础，并利用这些文化特征及历史文化资源的地域优势，构建形成具有连续性的文化区域地带，以带状区域存在于鲁西大地的"特色廊道"。鲁西"两河"区域的文化属性、精神属性是区域的内在核心，而衍生的社会属性、经济属性是

"两河"文化带构建的主要依托和最终目的，即通过对传统文化、价值观的传承弘扬与历史文化资源的保护活化，最终实现地域文化与人们的生产生活、区域经济、社会发展的融合，从而实现"两河"特色文旅资源廊道的整合与共建。

山东大运河可以黄河南岸的济宁为分界点，济宁以北地区的大运河早已丧失河运功能，低洼的河道或者被改造为南水北调输水干渠，或者以闸坝、浅铺等考古文旅景点的形式而存在，继续向世人讲述着大运河的故事。在济宁以南地区的大运河仍保持着可观的航运能力，将山东大运河段两岸沿线区域的特产和工业制成品等与江苏、浙江的物产进行交流。整条山东大运河有其自身的特点，作为一条人工河道，大运河与山东的自然地理环境密切联系，也留下了种类众多、内容丰富的文化遗产，因其所具有的历史、文化、科学和艺术价值而形成了一条以历史文化为主、自然地理环境为辅的叠加的特色文旅资源廊道。

黄河在鲁西地区有几千年的历史，历经齐鲁文化发展的重要时期。鲁西地区的黄河故道支流紊乱、极难查索，但是大部分古河道在现代黄河南岸的菏泽、曹县、单县境内的低洼地带，以及现代黄河北岸的马颊河、徒骇河区域移动，这种历史时期的黄河泛滥形成了比较厚重的黄土堆积层，也造就了本区以农耕生产为主的农业生产模式。本区内南部的东明县、曹县、单县、定陶区、菏泽牡丹区、鄄城一带的古河道高地与决口扇地形较为明显，而在北部的堂邑古河道高地之外，有着众多的串珠状洼地，如聊城洼地、莘县洼地、临邑洼地、商河洼地、高唐洼地、平原洼地、乐陵洼地等，形成了独特的地貌特点，从而塑造了农耕文化的独特性。

一 鲁西"两河"特色文旅资源廊道的基本情况

（一）鲁西"两河"特色遗产廊道的独特价值

遗产廊道（heritage-corridors）是拥有特殊文化资源集合的线性景观，是"大型遗产区域性、整体性保护与开发的新理念、新方法"，是区域内具有共性文旅特征的带状资源廊道。鲁西"两河"是大河沿线中最具特点的遗产廊道之一，文化遗产资源的种类、层次、内容丰富，具有较高通用性的历史、社会、文化、艺术和科学价值，但保护现状不容乐观。我们知道，保护性开发、先保护再开发、保护和开发并举等方式是遗产保护的基本思路。在大数据支撑、高质量发展背景下遗产廊道保护与开发问题引起了学者的思考，并认为在大数据时代，文化遗产的数量化统计、数字化保护成为一个重要的发展趋势，利用数字化的方式进行文旅资源的计量，进而建立资源数据库，统筹整体的文旅资源。摸清家底对于鲁西"两河"地区而言非常重要，只有在此基础上才可以利用大数据方法，把大河沿线各县市区这些点的文化遗产串联成一条可感可知的主线，并且通过内在关联，由点到线形成辐射，进而形成推动旅游文化、经济社会发展的强大合力。

遗产廊道在本区域的具体实践中，应该以遗产保护理念为视角，将文献解读与实证考察相结合，对鲁西"两河"文化遗产进行综合考评，从整体上重新审视和挖掘遗产内涵、提升遗产价值。应该看到，鲁西"两河"文化遗产类型多、分布广、节点清晰、技术含量高，但也面临真实性和完整性遭到损坏、遗产内涵不清和价值亟待提升等问题，鲁西"两河"文化遗产急需整体保护开发的战略对策与高效有力的地方政府决策行为。

广义的鲁西地区包括枣庄、济宁、菏泽、聊城、德州五地市，以及泰安、济南西部的部分县区。本报告所指的鲁西"两河"区域，重点指紧密邻接黄河、大运河沿线的枣庄、济宁、菏泽、聊城、德州五地市。鲁西"两河"区域面临的首要问题就是有待实现生态保护与文化繁荣的联动。鲁西"两河"文化带建设的目的，一方面在于传承地域文化的特质，是对地方文化的保护性继承；另一方面是通过文化搭台，来促进地方经济和社会各项事业的发展。在传承地方优秀传统文化、重塑区域文化价值观、增强区域文化凝聚力和情感认同等方面，能够发挥生态保护与文化繁荣的叠加优势。在推动地方发展的问题上，生态保护、经济发展、文化繁荣三个方面相辅相成，是鲁西"两河"流域生态保护和高质量发展战略实施的有力支撑。

（二）鲁西"两河"遗产廊道建设的实际问题

第一，本区域遗产廊道建设应该要注意凸显黄河文化与大运河文化交相辉映、共融共生的特点，该特色旅游廊道呈现超地域性与跨地域性。在遗产廊道资源的整合视野下，特色区域文化是旅游文化发展的基础要素，如本区域的"八景"文化和红色文化，使旅游更有意义。本区域特色文旅资源的开发，一方面要承载和传播特色地域文化，另一方面要能够实现文化与旅游的双赢发展。特色文旅资源廊道使处在同一个地区的地理、历史、文化、经济和社会的共同特点得以彰显，这些特色文化在长期的历史发展过程中，形成了具有浓郁地方特色并突出代表地方特色的文化内容和重要的旅游特色。

第二，本区域资源带状分布的具体"家底"尚待尽快摸清。对鲁西"两河"文化资源深入挖掘，打好鲁西"两河"文化的传承牌、保护牌和利用牌，有利于打造富有地方特色的鲁西"两河"文化线路，弘扬鲁西"两河"文明和"两河"精神。深入挖掘和整合鲁西"两河"在漕运、商业、文艺、码头、历史等方面的文化资源，对其内涵进行深入研究，以进一步传承鲁西"两河"地域文化、推动地方发展。如以枣庄、济宁、菏泽、聊城、德州五地市最突出的特色——"八景"文化为例，根据鲁西"两河"区域地方"八景"文旅廊道图可以看出，要进行地方文旅资源的重建、恢复、比较、挖掘，要看地方"八景"与"两河"文明的重合度，然后据此进行资源的路线设计和开发。

鲁西"两河"区域地方"八景"文旅廊道图（见图1）就是向游客展示一个独具特色和魅力的鲁西"两河"遗产廊道，地方"八景"都是游客认识历史风貌、体验在地文化的最好素材，但地方的自然景观和人文景观都在历史的长河中发生着变化。从现代的眼光看古"八景"不免有些距离感，打通遗产廊道能够提高实地旅游的体验。各地的"八景"都有一部分已经成为遗迹，有些景观已经受到不同程度的损坏，甚至早已不复存在。只有恢复和重建地方"八景"、保持鲁西"两河"遗产廊道的鲜活，才能保证地方旅游资源的标志性活力和动力。

第三，鲁西"两河"区域亟须延续独具特色的农耕文化和城乡历史文脉。乡村文明、农业文明作为中华文明的重要组成部分，在鲁西"两河"沿线区域体现得更为明显。鲁西"两河"沿线农村的历史文化，更多地体现为农耕文化，广袤的田园和悠久的历史都为鲁西"两河"文旅提供了宝贵的在地资源。十里八村的鸡鸣犬吠、日出而作的生产生活、日落而息的熟人社会、乡村耆老的村民自治、经世致用的文化信仰等，都渲染着浓墨

鲁西"两河"区域地方"八景"文旅廊道图

枣庄八景	济宁八景	德州十景	聊城八景	菏泽八景
抱犊秋韵 冠世榴园 龙泉塔影 世纪中兴 台城寻梦 铁道传奇 微湖观荷 翼云石语	白楼晚眺 凤台夕照 行宫春树 麟渡秋帆 墨华泉碧 南池荷净 西苇渔歌 峄岫晴云	八里荒塘 梵语晨钟 方山暮雪 高海朝烟 古堤芳草 剑冢秋风 九河流息 空营夜月 书台夕照 漳水轻帆	巢父遗牧 崇武连樯 古甃铺琼 光岳晓晴 绿云春曙 圣泉携雨 铁塔烟霏 仙阁云护	桂陵柿叶 华驿归骑 雷泽秋风 历山春雨 清邱烟柳 双河晓月 兴化晨钟 瀣水荷花

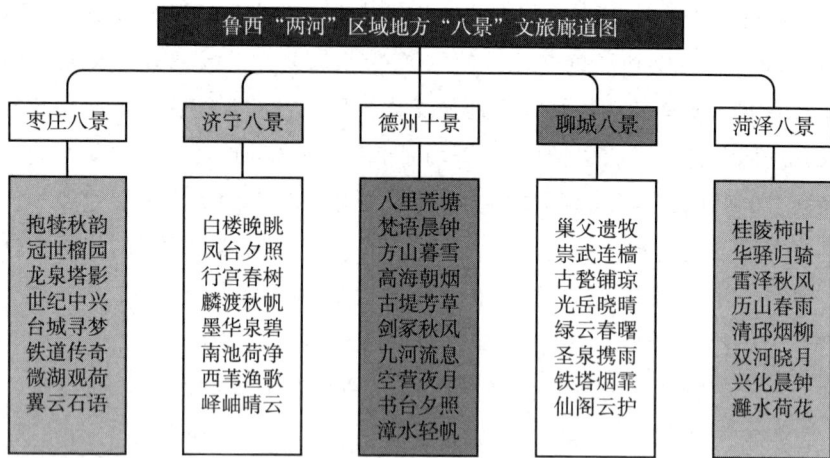

图1　鲁西"两河"区域地方"八景"文旅廊道图

注：古代方志中关于"八景""十景""十二景""十八景"的表述众说纷纭，学界一般以"八景"统称。

重彩的乡村记忆。因此通过鲁西"两河"遗产廊道展示规划，可以留住历史文脉、留住文化的根源。文旅融合是建设高质量"两河"文化旅游带的重要抓手，也是推进建设"两河"生态旅游带的重要抓手，建设鲁西"两河"文化旅游带，有助于通过旅游发展将鲁西"两河"区域的文旅资源有效整合，并通过文化和旅游创新鲁西"两河"文化的发展脉络，增强旅游客体对鲁西"两河"文化及其背后社会历史脉络的把握，进一步弘扬鲁西"两河"文化。

二　红色经典是打造鲁西"两河"文旅廊道的新亮点

（一）鲁西文旅廊道要加强红色经典文化的挖掘

鲁西地区的枣庄、济宁、菏泽、聊城、德州都是红色革命老区，在中共党史上留下了浓墨重彩的一笔。在抗日战争和解放战争时期，众多的鲁西地区的英雄儿女为了祖国和人民献出宝贵的生命。鲁西地区是连接华北、华中、华东和太行的重要战略枢纽，自古即为兵家必争的战略要地，刘伯承、邓小平等许多革命家曾经在鲁西地区驻扎过和作战过。1940 年 4 月 18 日，中共冀鲁豫区党委在清丰县西王什村成立，统一领导直南、豫北和鲁西南地区。1941 年 7 月，冀鲁豫、鲁西两区合并为新的冀鲁豫边区。以鲁西地区为核心区的冀鲁豫边区革命根据地，为赢得抗日战争和解放战争的最后胜利，做出巨大的牺牲和贡献。

鲁西地区与冀鲁豫边区在地理空间上重合，有着天然的地缘优势和亲近感。冀鲁豫边区革命根据地与中华人民共和国成立后平原省的版图几乎是吻合的。中华人民共和国成立后的平原省，辖 6 个专区、2 个地级市，共 56 个县、1 个矿区（焦作矿区），省政府驻新乡市。其所辖之地为河北、山东、河南三省边区析出设置，全境因在黄河中流之平原而得名，是黄河历次改道冲积而成。面积为 47000 平方千米，人口为 1649.4 万余人。具体管辖范围包括豫北、鲁西南的新乡（专署驻焦作）、安阳（专署驻安阳）、濮阳（专署驻濮阳）、聊城（专署驻聊城）、菏泽（专署驻菏泽）和湖西（专署驻单县）6 个专区及新乡、安阳 2 个地级市。在红色文化和红色旅游的共建过程中，鲁西地区与河北省、河南省都能形成非常良好的红色研学旅游路线，并且有着良好的互动。

就鲁西红色文化而言，长期的战争环境使冀鲁豫边区全民皆兵，红色文化和红色遗存较多。鲁西地区是冀鲁豫边区根据地的重要组成部分，是抗日战争和解放战争时期中国共产党领导的敌后根据地之一，也是抗日战争和解放战争时期全国最大的根据地之一。1941 年 7 月，鲁西、冀鲁豫两区合并为冀鲁豫边区，然后与晋冀豫区合并为晋冀鲁豫边区。晋冀鲁豫边区政府成立，使边区根据地在更大的地理范围内实现了统一。这对于健全和加强边区的政权工作，推进根据地民主政治的建设，有着十分重要的意义。当时日伪军的疯狂扫荡和灭绝人性的屠杀，使此敌后根据地的斗争进入一个新的阶段。历史的血脉相连，让本区域的鲁西五地市、与冀豫接壤的邻近地区均有红色基因传承的情感基础、红色研学旅游路线开发的共性，也是爱国主义教育基地较为集中的成片区域。

（二）鲁西地区应整合打造出红色文旅廊道经典路线

鲁西地区人民在抗日战争和解放战争时期做出巨大牺牲，与接壤的河北、河南有着血浓于水的情感，也为下一步开展红色文化共建奠定情感基础。这是鲁西地区红色文旅廊道建设的天然资源和历史优势。

鲁西地区应整合打造红色文旅廊道景点路线，形成特色红色研学一条线的多层次线路，本区五地市可以共同建设鲁西地区共享的红色纪念馆，如串联在本区域的红色家书、红色家训、红色家风具有共性，也具有特异性，在历史时期为了实现共产主义理想，无数革命先烈始终不渝地为正义献出自己宝贵的生命，创造了前无古人的伟大奇迹，建立了不朽的红色遗址和红色遗迹。烈士们给我们留下很多宝贵的精神财富，包括他们写给亲人的红色家书和红色家训，都是共产党人信仰、奋斗历程的见证，都是共产党人的谆谆告诫、呐喊和革命宣示。尽管这些信纸被岁月染成土黄色，但它们所展现的伟大民族精神、所昭示后人奋进的情怀，永远也不会被忘记。

本区的红色遗址和红色遗迹，如台儿庄战役纪念地、微山湖红色游览区等，都是国内重要的红色文化和爱国主义教育基地，民众对此有着情感上的共鸣。根据初步统计，本区的爱国主义教育基地和红色文化资源可以整合成若干半日游、一日游和多日游的研学路线，并且能够体现出不同层次和不同学段的制定需求，有着极大的市场前景。鲁西地区红色文旅廊道所覆盖的区域和景点可以表1为线索展开，不断增加新的内容。

表1　鲁西地区红色文旅廊道所覆盖的区域和景点

城市	红色文旅廊道景点		
枣庄市	八路军抱犊崮抗日纪念园	台儿庄战史陈列馆	鲁南抗日民主政权建设纪念园
	台儿庄大战纪念馆	滕州烈士陵园	峄县抗日民主政府旧址
	台儿庄革命烈士陵园	滕州市博物馆	微山湖小李庄
	台儿庄古城	铁道游击队纪念园	枣庄革命烈士陵园
	台儿庄区贺敬之文学馆	铁道游击队影视城	枣庄国共谈判旧址等
济宁市	鲍楼村红色爱国主义教育基地	钱杰东烈士故居	兖州烈士陵园
	程广泉纪念室	曲阜师范学校旧址	羊山古镇国际军事旅游度假区
	金乡王杰纪念馆	芳元红色经典文化博物馆	羊山革命烈士陵园
	梁山歼灭战遗址纪念园	铁道游击队纪念碑	翟庄党支部旧址
	尼山红色教育基地景区	王杰纪念馆	中共曲泗工作委员会旧址
	泡宝产业园先锋红色教育基地	微山湖抗日英烈纪念园	邹城尼山区抗日英烈园等

城市	红色文旅廊道景点		
德州市	大宗家战斗纪念碑	宁津县革命烈士陵园	武城县党员干部党性教育基地
	德州市革命烈士陵园	平原恩城镇党员培训中心	武城县烈士陵园
	乐陵冀鲁边区革命纪念园	平原县革命烈士陵园	夏津县革命烈士陵园
	乐陵市大孙乡爱国主义教育展览馆	齐河县烈士陵园	夏津县郑保屯镇李思孝故居
	临邑革命烈士陵园	齐河县时传祥纪念馆	禹城市革命纪念馆
	陵城区产业合作区党建中心	庆云县纪念馆	禹城市齐禹抗战纪念馆
	宁津县崔杨抗日战争纪念馆	山东渤海军区教导旅基地	禹城市王克寇烈士陵园等
聊城市	范筑先烈士纪念馆	琉璃寺战斗纪念馆	袁楼党支部纪念地
	郭屯镇革命历史展览馆	六十二烈士墓	张家楼抗日遗址
	孔繁森同志纪念馆	鲁西北地委旧址	张小庄事件纪念碑
	聊城市革命烈士陵园	坡里暴动旧址	中共冀鲁豫(平原)分局旧址
	刘邓大军强渡黄河战役纪念园	杨二庄革命烈士纪念碑	中共高唐历史展览馆等
菏泽市	东明县毛泽东纪念馆	湖西革命烈士陵园	鲁西南烈士陵园
	高村黄河抢险纪念碑	巨野县烈士陵园	鲁西南战役指挥部旧址纪念馆
	菏泽冀鲁豫边区革命纪念馆	鄄城县军屯马本斋纪念馆	王厂战斗遗址
	菏泽市烈士陵园	鄄城黄河滩区迁建展览馆	郓城传递红色文化博物馆
	红三村抗日联防遗址	李贞乾烈士墓	吴大名烈士墓等

三 鲁西"两河"特色文旅资源廊道建设应尽快融入省际共建

鲁西参与中原经济区的建设,有着得天独厚的地缘优势,应该尽快上升到国家战略的层面。作为重要的产粮基地、蔬菜基地,国家层面的发展战略,鲁西"两河"特色文旅资源廊道为该地区的发展带来了前所未有的机遇。认真分析梳理在鲁西中原经济区建设背景下沿黄河和沿大运河区域的特色旅游资源面临的机遇与存在的优势和劣势,及时提出各地区特色文旅资源廊道可持续开发的对策,能产生事半功倍、双向促进的良好收益。

（一）鲁西"两河"特色文旅资源廊道建设的基本现状

黄河、大运河特色文旅资源廊道板块研究方兴未艾。举全区域之力锻造"两河"区域特色文旅板块，是把区域特色文旅资源培育成具有战略性支柱意义的绿色文旅、红色文旅产业，实现省域经济转型的重要举措。在国家乡村振兴战略背景下，探索旅游发展路径，打造"两河"区域特色旅游带，带动"两河"沿线区域经济发展。当然也要辩证地看到，随着大众旅游业的迅速发展，基础设施及基础保障跟不上、旅游资源开发不充分等问题也日渐突出，如何寻求既能满足游客的休闲需求，又使旅游环境不受到破坏，并同时带动地方经济发展的旅游方式，已经成为当今旅游业发展的迫切要求。最终实现区域特色旅游的可持续发展，是这种旅游存续方式的最好体现。

生态文明建设与旅游产业融合发展。鲁西"两河"文化带需要不断改善生态环境，逐渐成为周边休闲生态的最佳旅游目的地，各市区应该借此机遇，持续加大生态文明建设与旅游产业的融合发展力度，将鲁西"两河"文化带打造成中原地区重要生态休闲旅游目的地。根据《山东省大运河文化保护传承利用实施规划》中的核心词汇，可以制作词云图，从图 2 中可以看到运河、文化、保护、大运河、建设、加强、旅游、沿线、文化遗产、生态、推进、历史、实施、发展、开展、规划、提升、利用、传承、修复等，它们均为高频词语，也是当下的时政热词。

图 2　《山东省大运河文化保护传承利用实施规划》核心词汇词云图

（二）因地制宜，锻造有特色的鲁西"两河"文旅资源廊道

主动出击，锻造有特色的鲁西"两河"文旅资源廊道产业链。旅游产业链的构建与延伸，成为地方进行区域整体发展和区域特色旅游建设的重点，受到政府、企业和学术界广泛的关注，构建和延伸旅游产业链已成为旅游产业进一步发展的重要任务。鲁西"两河"文旅资源廊道特色旅游圈旅游业发展的布局，应该基于现状进行旅游产业链的挖掘、整合、创新、引领、协作，从而提出不断延伸旅游产业链等方面的具体策略。

倡导生态的、绿色的、有内涵的鲁西"两河"特色文旅资源廊道。区域特色文旅产业作为有文化内涵的新型产业，是旅游业深度发展的一个基本理念。各地区要全面分析区域特色文旅产业发展条件，推行高起点的发展理念和发展规划，进一步推进特色文旅资源廊道和区域特色旅游，并将特色文旅资源廊道与"两河"文化充分结合，构建以生态文化、休闲度假、红色研学旅游为核心，实现特色文旅廊道与区域特色文旅资源共同融合推进的区域特色文旅综合发展模式，不断增强鲁西"两河"区域五地市与冀豫接壤地区的互动，提高省级游客的资源共享。

促进构建文化、经济、科技、政治多层次交融的鲁西"两河"文旅资源廊道特色旅游体。地方特色文化越来越成为衡量一个国家或地区综合实力的重要尺度之一。打造区域特色旅游圈，生态是基础，产业是支撑，文化是灵魂。抢抓机遇构建区域特色旅游圈，发展鲁西"两河"特色文旅资源廊道区域旅游经济，繁荣文化产业、美化城市形象、创新城市品牌，是建设鲁西"两河"特色文旅资源廊道旅游城市的重要环节。

加强科技创新在鲁西"两河"区域特色文旅发展过程中的应用，不断打造新业态、推出新路线、研发新产品、提升新服务，提高"两河"文化旅游带的核心竞争力。围绕"两河"本体、"两河"文化等沿线相关文化资源和自然资源，打造区域旅游、红色旅游、旅游廊道、研学旅游、科考旅游的特色，不断提升主题旅游线路的游客体验。运用新技术，不断推进 AI、AR、VR、全息、大数据等多种技术与黄河和大运河沿线区域自然和文化资源融合，尽快实现实时对"两河"沿线区域特色文旅资源的动态监控，同时通过新技术也可以直观地再现"两河"发展变迁，使游客能够身临其境地感受到沿线历朝特

征、风土人情、自然景观等，提升游客的参与度，以便更加立体、形象地回溯、展示黄河文化和大运河文化。根据《山东省黄河流域生态保护和高质量发展规划》中的核心词汇，可以制作词云图，从图3中可以看到生态、建设、实施、工程、推进、开展、保护、治理、加强、修复、节水、体系、完善、污染、黄河、提升、发展、重点、能力、加快、整治、国家、湿地、利用、创新、黄河三角洲、综合、水库、河道、综合治理、流域、推动、生态环境等，它们均为高频词语，也是近两年针对黄河全流域治理过程中，各省区的新闻热点词。

图3　《山东省黄河流域生态保护和高质量发展规划》核心词汇词云图

四　鲁西"两河"特色文旅资源廊道建设的路径与对策探析

（一）大力发展鲁西"两河"特色文化标识小镇

大力发展鲁西"两河"特色文化标识小镇，就要打好旅游文化牌。沿河各地都有丰富的"两河"文明历史遗存、文化景观，可以探索建设集"两河"风光、休闲散步、研究写生于一体的旅游文化大走廊，形成长线观光、短线休闲的开放式旅游经济示范带。深度挖掘河南、山东接壤地区的红色文化资源，使之成为爱国主义教育基地。建设沿河特色文化标识小镇，比如特色种植与养殖小镇、特色旅游观光小镇、特色休闲度假小镇等，持续做大"两河"旅游文化市场，打好地域文化牌。广泛开展"两河"历史文化资源的摸底和普查工作，建立权威性、动态性大数据库，更好地在现代文明中实现经济、社会、文化的可持续发展。

　　"两河"活态文化的发展要与经济建设保持合理适配。加强开展"两河"文化古籍整理、民间文化收集等工作，创作一批彰显地方特色的文艺作品，建设一批体现文化品质的地标性建筑。打好协作文化牌。"两河"文化体现的融合包容、多元一体，是凝聚中华民族共同体的精神纽带，是沿河地区人民交往的不竭源泉。如根据表2、图4中鲁西地区大运河遗产廊道展示规划项目的分布情况，可以识别出本区域的四个特色标志，分别为大运河历史文化遗址遗迹保护展示重点、大运河非物质文化遗产保护传承重点、大运河河道水系治理管护建设工程、大运河生态环境保护治理工程。这是本区域大运河遗产廊道展示的重点，也是容易串联基本要素的重点。但是针对某一个具体城市，则又存在不同之处，如济宁市以类型1"大运河历史文化遗址遗迹保护展示重点"、类型5"大运河河道水系治理管护建设工程"为主，而德州市则以类型2"大运河非物质文化遗产保护传承重点"为主。这样不同的地级市也应该发挥自己的特长和资源优势，因地制宜发展当地的文旅产业。

表2　鲁西地区大运河遗产廊道展示规划项目分布

遗产廊道展示规划项目	聊城	德州	济宁	枣庄	总计
类型1. 大运河历史文化遗址遗迹保护展示重点	9	6	18	6	39
类型2. 大运河非物质文化遗产保护传承重点	8	8	8	8	32
类型3. 大运河周边历史风貌保护重点	5	0	6	1	12
类型4. 大运河文化传承重点项目	1	1	2	1	5
类型5. 大运河河道水系治理管护建设工程	2	4	12	2	20
类型6. 大运河生态环境保护治理工程	2	2	11	4	19
类型7. 大运河重点旅游产品和旅游线路	3	4	5	5	17
总计	30	25	62	27	144

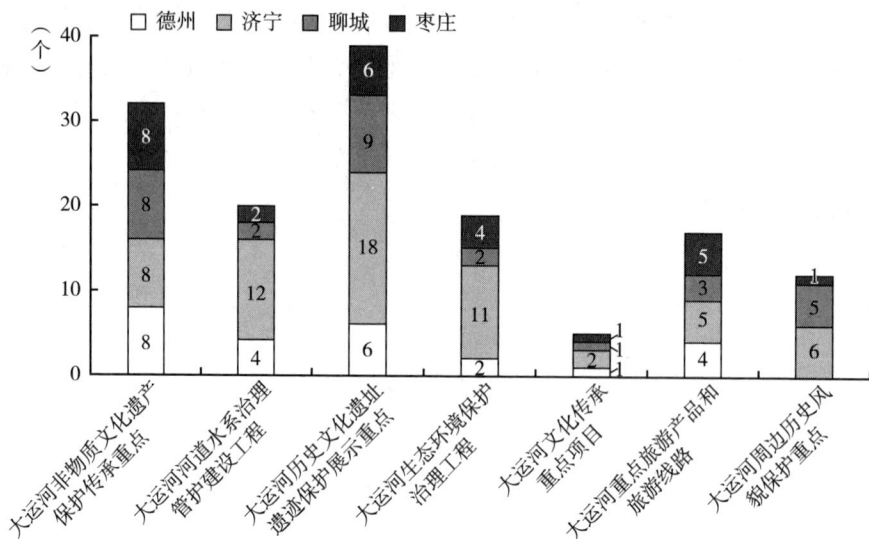

图4 鲁西地区大运河遗产廊道展示规划项目堆叠柱状图

（二）全域统筹，形成鲁西"两河"特色文旅资源廊道建设的合力

发展全域旅游事业，需要各地市形成合力，需要用全域的文化氛围来代替拼凑的文旅融合发展模式，进一步提高旅游的层次和品质，在鲁西"两河"特色文旅资源廊道的全域统筹发展的实施过程中，努力创新多样的旅游形态，不断以文化激活旅游发展的潜力，从而促进全域旅游产业的升级和发展。

第一，要努力建成中华历史文明的重要传承区。冀鲁豫地区所在的鲁西"两河"特色文旅资源廊道有着悠久的历史，是中华文化的核心地区，其人文历史亘古久远，文风深厚，又在两千多年的君主专制中经历王朝政策的不断熏陶，因此，这一地区的文教事业发展较为稳定。鲁西地区与河北、河南境地相连，有着许多相同的地域文化特色，如姓氏文化、寻根文化、汉字文化等都是中华文化的重要内容，也是中原文化的根本。

第二，要努力建成全国红色文明的经典宣传区。冀鲁豫边区革命历史文化资源是革命先烈留给后人的宝贵财富，近年来得到国家和社会的高度重视。鲁西革命老区的爱国主义教育基地和纪念馆建设起点要高，要为公众提供参观欣赏、接受教育和获取知识的公共平台，成为人们获取精神文化的主要场所，让革命历史纪念馆的发展模式与时代接轨。要深入挖掘孔繁森精神的时代内涵，让爱国主义教育基地更好地发挥教育价值，提高鲁西地区革命纪念馆文创产品的设计水平。

第三，要注重与"两河"保护相兼容的生态观和发展观。构建文化气息与黄河保护并重、文物遗迹建设与发展非物质文化遗产兼容的沿河特色旅游廊道带。文化产业项目规划必须坚持科学论证、实事求是，不能盲目铺摊子和乱搞形象工程，确保各地市黄河流域文化产业落地落实。整合政府和民间各方面力量，要特别重视当地文化组织、当地居民和社会组织的作用，建设属于当地人民的"两河"文化带。沿河地区的优秀传统文化是当地人民创造和传承的，是当地人民共享共有的，要不断渗透和融入人们的日常生活、生产中。"两河"文化带的内涵建设，是区域文旅带建设的最大动力。引导当地居民参与区域文化的保护和沿河文旅带资源的盘活与活化利用，也是促进全社会共同承担文化遗产保护责任和发展大任的重要途径。

第四，要长期融合全域旅游发展的示范区，因为各地市旅游业空间分布不均衡，分布密度差异明显，各种特色文旅资源廊道的全域统筹发展受到资源、交通、经济、政策等因素的影响明显变大，所以促进区域的协调发展与产业融合对全域旅游发展有着重要的指导意义，需要通过对比分析、大数据选择，来提出改进旅游地形象的具体实施办法，将特色文旅资源廊道的全域统筹发展真正落到实处。鲁西黄河、大运河"两河"区域生态一体化修复需要顶层设计先导。区域特色旅游不是孤立的个体，需要鲁西五地市协调统一发展，建设高质量的特色文旅资源廊道，也需要各旅游目的地载体的自我成长与相互帮助。

第五，要抓住鲁西地区乡村振兴的新农村特色。在中国新农村建设的关键时期，乡村振兴是发展区域特色旅游的物质基础。因此，如何实现区域特色旅游与新农村的融合，成为政府和民间关注的焦点。各地市要根据当地发展的实际阶段与关键问题，明确地方政府和有关部门的施工图和路线图。要结合本地区的实际情况，进行新农村规划与乡村整治，突出特色文旅的优势，推进一体化建设，统一规划，以符合区域特色旅游的发展实际，提高全民环境意识和可持续发展意识，促进区域特色旅游与新农村建设的同步发展与共同进步。从单点开发到多点开发、从单线规划到三维规划、从县市发展到区域联动，不仅具有实验性的特点，而且具有层次性和选择性的特点。在这一过程中，从早期的文化产业尝试到后来的文化产业链的总体设计，再到最近的城市群空间布局和发展理念，都体现出精心规划、统筹协调的特点。

综上所述，发展区域特色旅游、建设生态文明是时代的需求，也耦合了地方经济的发展。要进一步提倡基于用户体验的区域特色旅游开发，加强"两河"特色文旅资源廊道的开发，侧重于对特色旅游资源进行先评价后构建的旅游开发模式。多站在游客的角度进行整体筹划，多推出一些基于用户体验的特色旅游廊道。进一步加强"两河"区域特色旅游带的科技创意与创新应用，深刻把握沿河地市流域生态保护和高质量发展的方向和原则，认真落实上级的部署，深入挖掘"两河"文化蕴含的时代价值，积极推进黄河文化与大运河文化的融合与发展，增强"两河"文化符号的象征性与代表性，助推沿河各地打造"两河"文化高地。

参考文献

李广等：《砥柱中流——晋冀鲁豫根据地》，《邯郸日报》2021 年 7 月 17 日。
吴丽云：《以创新为引领　建设黄河文化旅游带》，《中国旅游报》2020 年 1 月 20 日。
鄢慧丽等：《全域旅游示范区空间分布特征及影响因素分析》，《中国农业资源与区划》2020 年第 10 期。
张明之、陈鑫：《"全域文化+全域旅游"：基于产业融合的旅游产业发展模式创新》，《经济问题》2021 年第 1 期。

大运河国家文化公园建设篇

Construction of the Grand Canal National Cultural Park

B.3

2020～2021年大运河国家
文化公园建设研究报告

周泓洋　王粟　高原*

摘　要：　新时代,党中央、国务院做出建设国家文化公园的重大战略部
署,目前形成了长城、大运河、长征、黄河、长江五大国家文化
公园总体建设布局。大运河国家文化公园主体功能区包括大运河
重要遗产管控保护区、大运河文化主题展示区、大运河文化和旅
游融合区、大运河沿线传统利用区。主题展示区以核心展示园、
集中展示带、特色展示点为实体空间,增强集中展示功能,系统
展示大运河文化遗产与文化资源。本报告系统梳理了大运河国家
文化公园的发展历程,总结各地大运河国家文化公园的建设情
况,并提出建设大运河国家文化公园的几项对策建议。

* 周泓洋,国家文化公园专家咨询委员会专家兼大运河组协调人,中国文化传媒集团党委副书
记、总经理,经济学博士,高级编辑,研究员,博士研究生导师,主要研究方向为艺术经济
学、国家文化公园、文旅投融资、文化产业管理。王粟,中国艺术研究院硕士研究生,主要
研究方向为艺术经济学、国家文化公园、文旅投融资。高原,中国艺术研究院硕士研究生,
主要研究方向为艺术经济学、国家文化公园。

关键词： 国家文化公园　大运河国家文化公园　大运河文化

一　国家文化公园的发展

当前，中国正处在推动经济社会高质量发展和建设文化强国的重要时期，党的十九届五中全会明确提出了到 2035 年建成文化强国的远景目标，对"十四五"时期推进社会主义文化强国建设进行了战略部署。长城、大运河、长征、黄河和长江都是体量宏巨、内涵深厚、意义重大且影响深远的大型文化和自然遗产，具有重要的文化艺术价值、经济价值、社会价值、历史价值与自然科学价值。新时代，中国做出建设国家文化公园的部署，从国家高度进行整体规划和系统建设，传承与传播中华文化，推动文化资源创造性转化和创新性发展，助力文化强国建设。

（一）国家文化公园的提出

"国家文化公园"这一概念为中国首创，是推动文化资源保护、传承和利用的重大战略决策，是新时代中国特色社会主义文化建设的首创建设模式，其提出经历了反复的考察、评估和论证。2014 年 11 月，国务院发展研究中心和中国艺术研究院的研究人员将建设国家文化公园的课题报告提交到中央有关部门，其后进行了数年的各种研讨和积极推进。此后，由中宣部牵头成立了国家文化公园建设工作领导小组，下设国家文化公园专家咨询委员会。各省份也相继成立了相关工作领导小组，制定了专项工作机制。

（二）国家文化公园的研究现状

自国家提出建设国家文化公园以来，此研究主题逐渐受到社会各界研究者的关注，众多研究者分别从不同视角对国家文化公园进行了研究与探索。目前对国家文化公园和大运河国家文化公园进行专业性、针对性和系统性研究的出版专著有姜师立的《大运河文化的传承与创新》一书，该书以大运河文化的传承与创新为创作背景，提到过大运河国家文化公园；邹统钎的《国家文化公园管理总论》一书从文化遗产、国家公园入手，延伸到国家文化公园，参阅大量国内外相关研究、理论、经验与模式，为国家文化公园的管理提供参考；王欣等的《长征国家文化公园：保护、管理与利用》一书对长征精神、长征文化遗产和沿线基础环境、建设的理论基础、建设的特点、保护管理利用的主要内容、分段发展、相关经验与案例进行了研究；李颖等的《长城国家文化公园：保护、管理与利用》一书系统地梳理了长城文化遗产资源，归纳了长城文化遗产的自然及人文环境特征，总结了长城国家文化公园建设的现状、问题，并有针对性地提出了建设性的建议；周庆富的《国家文化公园40讲》深入挖掘长城、大运河、长征、黄河等文化内核，从文旅产业发展战略、文化遗产与旅游品牌建设等维度关注国家文化公园文旅融合发展现状；田林的《大运河遗产保护理论与方法》在部分章节中论述了国家文化公园的建设方法。此外，中国知网（CNKI）还收录了与国家文化公园相关的文章300多篇，对国家文化公园建设的历程、模式、体系、意义、启示、问题，以及国家文化公园建设中的文旅融合、文化遗产资源保护、景观生态建设、管理机制、项目投融资、政策建议、城市与乡村发展、人才培养、文化研学教育、公共文化服务、文化消费、文化传播等进行了探讨。在国家文化公园建设快速发展的大趋势下，预计今后几年国家文化公园研究主题依然是学者们关注的重点。但是目前相关研究持续时间较短，未能积累丰富、深厚的研究成果，总体研究还处于初级探索阶段。

（三）大运河国家文化公园的发展

大运河国家文化公园以京杭大运河和浙东运河为主干，以隋唐大运河为重要一支，通过"连点""成线""展网"的方式构筑大运河国家文化公园的主轴空间。2016年3月，《中华人民共和国国民经济和社会发展第十三个五年（2016-2020年）规划纲要》将国家文化公园建设列为国家文化重大工程。这是在国家文件中首次提出"国家文化公园"这一概念。2017年1月，中共中央办公厅、国务院办公厅印发《关于实施中华优秀传统文化传承发展工程的意见》，指出"规划建设一批国家文化公园，成为中华文化重要标识"，为传承发展大运河文化等中华优秀传统文化明确了指导思想、方针原则、目标任务，并且为国家文化公园赋予了中华文化重要标识这一定位。此后，国家发布了一系列关于建设大运河国家文化公园的政策文件（见表1），从顶层设计层面构建独具中国特色的国家文化公园发展之路。2022年1月，国家文化公园建设工作领导小组印发通知,部署启动长江国家文化公园建设,要求各相关部门和地区结合实际贯彻落实,至此,中国形成了长城、大运河、长征、黄河、长江五大国家文化公园的总体建设布局。

表1 大运河国家文化公园相关政策文件

发布时间	文件名称	相关内容
2016年3月	《中华人民共和国国民经济和社会发展第十三个五年(2016-2020年)规划纲要》	将国家文化公园建设列为国家文化重大工程
2017年1月	《关于实施中华优秀传统文化传承发展工程的意见》	规划建设一批国家文化公园,成为中华文化重要标识
2017年5月	《国家"十三五"时期文化发展改革规划纲要》	依托长城、大运河、黄帝陵、孔府、卢沟桥等重大历史文化遗产,规划建设一批国家文化公园,形成中华文化重要标识
2019年7月	《长城、大运河、长征国家文化公园建设方案》	长城、大运河、长征国家文化公园建设计划到2023年底基本完成,其中长城河北段、大运河江苏段、长征贵州段作为重点建设区于2021年底前完成
2020年10月	《中共中央关于制定国民经济和社会发展第十四个五年规划和二〇三五年远景目标的建议》	传承弘扬中华优秀传统文化,加强文物古籍保护、研究、利用,强化重要文化和自然遗产、非物质文化遗产系统性保护,加强各民族优秀传统手工艺保护和传承,建设长城、大运河、长征、黄河等国家文化公园
2021年3月	《中华人民共和国国民经济和社会发展第十四个五年规划和2035年远景目标纲要》	建设长城、大运河、长征、黄河等国家文化公园,加强世界文化遗产、文物保护单位、考古遗址公园、历史文化名城名镇名村保护
2021年4月	《"十四五"文化和旅游发展规划》	推进长城、大运河、长征、黄河等国家文化公园建设,整合具有突出意义、重要影响、重大主题的文物和文化资源,生动呈现中华文化的独特创造、价值理念和鲜明特色,推介和展示一批文化地标,建设一批标志性项目
2021年7月	《大运河文化保护传承利用"十四五"实施方案》	到2025年,大运河文化保护传承利用协调机制更加完善,大运河遗产和文物保护水平迈上新台阶,大运河文化带、生态带、旅游带建设先行先试、文旅深度融合,大运河绿色生态廊道基本建成,基本形成"千年运河"统一品牌,使大运河国家文化公园成为向世界传播中华文化的重要标志

发布时间	文件名称	相关内容
2021 年 8 月	《大运河国家文化公园建设保护规划》	着力将大运河国家文化公园建设成为新时代宣传中国形象、展示中华文明、彰显文化自信的亮丽名片
2021 年 10 月	《大遗址保护利用"十四五"专项规划》	以大遗址保护利用为核心，落实长城、大运河国家文化公园建设保护规划，重点实施长城河北、青海段和大运河江苏段的文物本体保护、环境整治、展示服务设施建设项目

  大运河国家文化公园建设是"十四五"时期中央推进的一项重大文化工程，具有创新引领意义和示范带动效应。自提出建设大运河国家文化公园以来，涉及省市和地方深入学习领会习近平总书记关于文化遗产传承保护的重要论述和国家文化公园建设的重要指示精神，牢牢把握国家文化公园建设指导思想和建设原则，扎实推进大运河国家文化公园建设工作。大运河国家文化公园沿线8省市均成立了由党委、政府负责同志担任组长的工作领导小组，同时根据实际需要，各地方和有关部门建立了空间管控、通水通航、生态环境问题整治等专项工作机制。由于大运河时至今日仍在社会生活中发挥着重要作用，相应的保护与开发利用工作也一直在进行。2014 年 6 月，中国大运河列入《世界遗产名录》后，保护工作又被提到更高的等级，与此同时，大运河文化带的建设也为大运河国家文化公园的建设打下了很好的基础。因此，综合来看大运河国家文化公园的建设进展相比其他几个国家文化公园来说是走在前列的，其建设成果与经验将会为全面推进国家文化公园建设提供宝贵的经验和借鉴。其中大运河江苏段作为重点建设区按照国家要求已于 2021 年底前基本完成建设任务。

  现阶段，随着国家层面和各省市的大运河国家文化公园建设保护规划以及相关政策文件陆续出台，大运河国家文化公园建设已经走过了规划设计阶段，目前需要考虑的问题是建设与运营。相关建设规划与政策文件为大运河国家文化公园的建设明确了方向思路、目标任务、时间进度、步骤路径等，各地根据建设规划与本地实际情况进行大运河国家文化公园建设项目的具体实施与管理。目前各地国家文化公园的运营管理模式处于探索阶段，还没有形成统一标准。大运河国家文化公园概况如表 2 所示。

表 2　大运河国家文化公园概况

空间范围	由京杭大运河、隋唐大运河、浙东运河三部分构成,全长近 3200 公里,经过北京、天津、河北、河南、山东、安徽、江苏、浙江 8 个省市,连接海河、黄河、淮河、长江、钱塘江五大水系
管理机制	中宣部牵头成立国家文化公园建设工作领导小组,国家发展改革委报请国务院同意牵头建立了大运河文化保护传承利用工作省部际联席会议制度,负责具体统筹推进大运河保护传承利用和国家文化公园建设
基本思路	河为线,城为珠,珠串线,线带面
建设模式	中央统筹、省负总责、分级管理、分段负责
阶段目标	1. 到 2021 年底,大运河国家文化公园建设管理机制全面建立,重点任务、重大工程、重要项目顺利启动,江苏省大运河国家文化公园重点建设区任务基本完成 2. 到 2023 年底,大运河沿线文物和文化资源保护传承利用协调推进局面初步形成,权责明确、运营高效、监督规范的管理模式初具雏形,一批重大标志性项目基本建成,大运河国家文化公园建设保护任务基本完成 3. 到 2025 年,大运河国家文化公园建设管理机制全面建立,权责明确、运营高效、监督规范的管理模式基本建成,重点任务、重大工程、重要项目得到有效落实,各类文化遗产资源保护实现全覆盖,文化和旅游与相关产业深度融合,标志性项目取得明显效益,"千年运河"统一品牌基本形成

二　大运河国家文化公园建设布局

从各省市的建设规划以及实际建设情况来看,大运河国家文化公园分为重要遗产管控保护区、文化主题展示区、文化和旅游融合区、沿线传统利用区四类主体功能区（见图 1）。

（一）大运河重要遗产管控保护区

大运河重要遗产管控保护区包括与大运河相关的全国重点文物保护单位的保护范围和建设控制地带、中国大运河世界文化遗产区和缓冲区、与大运河存在直接关联的其他世界文化遗产的遗产区,以及新发现发掘的文物遗存临时保护区。管控保护区通过实施重大修缮保护项目,对濒危损毁文物实施封闭管理和抢救性保护,对重点文物进行预防性、主动性保护,切实做好保护第一、传承优先,是大运河国家文化公园的基础资源空间。

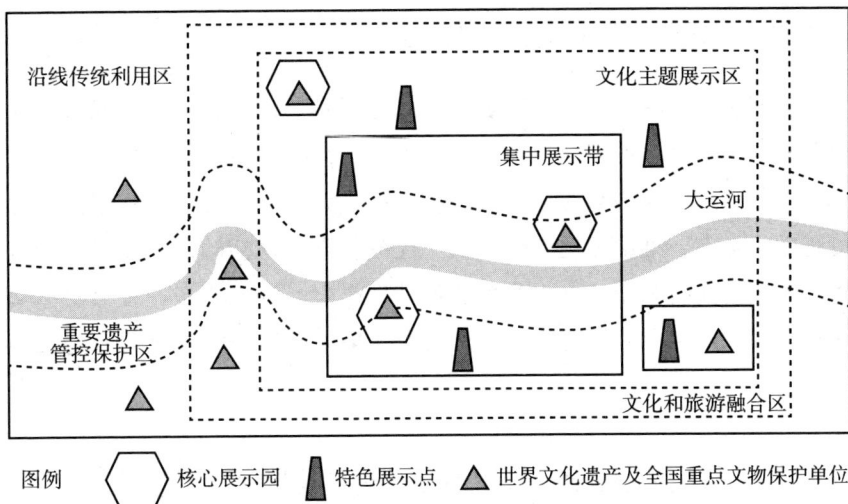

图1 大运河国家文化公园四类主体功能区

资料来源：根据《大运河国家文化公园建设保护规划》与相关网络资料绘制。

（二）大运河文化主题展示区

大运河文化主题展示区包括具备开放参观游览条件、地理位置和交通条件相对便利的特色文物和文化遗产资源，周边与之文脉关联、风貌统一的区域环境，以及其他布局分散但具有特色文化意义和体验价值的资源点，有核心展示园、集中展示带、特色展示点三种形态，形成多维展示格局，健全综合展示体系，有丰富多样的展示体验方式，是大运河国家文化公园的主要实体空间。

（三）大运河文化和旅游融合区

大运河文化和旅游融合区由主题展示区及其周边就近就便和可看可览的历史文化、自然生态、优质文旅资源组成，通过充分利用文物和文化资源的外溢和辐射效应，着力推进优秀文艺作品创作、优质文创产品开发、优美生态环境打造、相关产业系统整合，彰显地域性文化旅游特色和独特内涵，全面提升文旅融合水平，推进地区经济高质量发展，是大运河国家文化公园的价值延展空间。

（四）大运河沿线传统利用区

大运河沿线传统利用区由重要遗产管控保护区、文化主题展示区、文化和旅游融合区之外的城乡居民、企事业单位、社团组织所在的传统生产生活区域组成，其最大范围为大运河流经的地市。大运河沿线传统利用区通过保护传统文化生态、推动绿色产业发展、规范生产经营活动，逐步形成绿色生产生活方式，同时利用区域内集聚的各类生产生活资源要素，有力支撑文物与文化资源保护传承利用，实现协调发展，是大运河国家文化公园的重要支撑空间。

三 大运河国家文化公园主题展示区建设

大运河国家文化公园建设注重加强主题展示功能，构建多维度展示格局。在主题展示区重点打造大运河国家文化公园核心展示园、集中展示带与特色展示点。核心展示园、集中展示带与特色展示点是传承、保护与活化利用大运河文化的重要地理空间。

（一）大运河国家文化公园核心展示园

大运河国家文化公园核心展示园由开放参观游览、地理位置和交通条件相对便利的国家级文物和文化资源及周边区域组成，包含具有价值代表性、展示利用示范性的大运河文化遗产，以此作为参观游览和文化体验的主体区（见表3）。核心展示园依托仍在使用的大运河重要河段、古运河段遗存，沿线重要关联古城、古镇、古村和街区，重要不可移动文物、非物质文化遗产和考古遗址、英雄烈士纪念设施等，共同构成大运河国家文化公园整体性有形实体展示空间。目前正在建设的扬州三湾核心展示园——大运河非遗文化园项目，规划用地面积约6万平方米，总建筑面积约2.2万平方米，主要包括非遗文化演艺、非遗大师工作室、非遗文化体验、文创产品零售及商业等项目。目前，大运河非遗文化园一期工程已经基本建成。大运河非遗文化园作为大运河博物馆重要旅游休闲配套项目，在充分展示扬州中国大运河非遗的同时，结合文化和旅游需求，打造集非遗、文化艺术、旅游等于一体的文化街区。

表3　大运河国家文化公园核心展示园（部分）

序号	省市	名称
1	北京市	白浮泉水源文化核心展示园
2		元代漕运终点核心展示园
3		通州古城核心展示园
4	天津市	杨柳青古镇核心展示园
5		三岔河口核心展示园
6	河北省	大名府遗址文化核心展示园
7		大运河非物质文化遗产核心展示园
8		连镇谢家坝核心展示园
9	山东省	临清运河钞关核心展示园
10		阳谷梯级船闸核心展示园
11		南旺枢纽核心展示园
12		微山湖核心展示园
13		台儿庄古城核心展示园
14	河南省	隋唐洛阳城核心展示园
15		开封古城核心展示园
16		洛邑古城核心展示园
17		大宋皇城核心展示园
18	安徽省	柳孜遗址核心展示园
19		通济渠泗县段核心展示园
20	江苏省	龙王庙行宫核心展示园
21		洪泽湖大堤核心展示园
22		清口枢纽核心展示园
23		扬州古城核心展示园
24		窑湾核心展示园
25		西津渡—新河街核心展示园
26		三湾核心展示园
27		青果巷核心展示园
28		苏州古城核心展示园
29		清名桥核心展示园
30	浙江省	南浔古镇核心展示园
31		拱宸桥运河文化群落核心展示园
32		绍兴古纤道核心展示园
33		三江口核心展示园
34		乌镇核心展示园
35		嘉兴南湖核心展示园
36		绍兴八字桥核心展示园
37		塘栖古镇核心展示园

资料来源：《大运河国家文化公园建设保护规划》和相关网络资料。

（二）大运河国家文化公园集中展示带

大运河国家文化公园集中展示带依托大运河历史和现存河道水系，有效串联交通联系紧密、便于整体展示的关联省、市、县级文物资源，包含一定空间位置相近的核心展示园，提升大运河文化和周边资源的整体展示效果，汇集形成大运河文化载体密集地带（见表4）。大运河国家文化公园集中展示带以核心展示园为基点，优先选择各河段中遗产资源较为丰富的段落，共同构成大运河国家文化公园线性展示空间。徐州以"蔺家坝—北洞山汉墓—荆山桥"为示范段，带动大运河徐州段的整体建设，该段展示带北起蔺家坝、南至荆山桥遗址，是《江苏省大运河国家文化公园建设保护规划》确定的集中展示带之一。

表4　大运河国家文化公园集中展示带（部分）

序号	省市	名称
1	北京市	白浮泉水源文化集中展示带
2		通州大运河集中展示带
3	天津市	三岔河口集中展示带
4	河北省	北运河集中展示带
5		南运河集中展示带
6	山东省	会通集中展示带
7		临清元明大运河文卫交汇集中展示带
8		堽城坝—戴村坝—南旺会通河水源段集中展示带
9		中河台儿庄段集中展示带
10	河南省	洛河通济渠集中展示带
11		卫河（永济渠）集中展示带
12	安徽省	柳孜—百善—临涣集中展示带
13		泗城镇—通海村展示带
14	江苏省	宿迁中运河集中展示带
15		里运河集中展示带
16		高家堰集中展示带
17	浙江省	嘉兴江南运河集中展示带
18		杭州江南运河集中展示带
19		绍兴浙东运河集中展示带
20		宁波浙东运河集中展示带

资料来源：《大运河国家文化公园建设保护规划》和相关网络资料。

（三）大运河国家文化公园特色展示点

大运河国家文化公园特色展示点覆盖所有核心展示园、集中展示带之外具有特殊展示利用价值的文物和文化资源及相关联的资源点空间范围，满足分众化参观游览体验需求，作为展示大运河多元特色文化的重要补充。特色展示点以未列入核心展示园、集中展示带的大运河世界文化遗产，以及沿线省市与大运河保护传承利用相关的其他世界文化遗产、全国重点文物保护单位、中国世界文化遗产预备名单项目、重要革命文物、工业遗产、农业遗产、历史文化名城名镇名村、全国爱国主义教育示范基地、国家级烈士纪念设施、国家级抗战纪念设施遗址、全国红色旅游精品线路景点景区、全国乡村旅游重点村、各级各类博物馆和陈列馆等重要文化资源和自然资源为依托，共同构成大运河国家文化公园分散性点状展示空间。

综上，大运河国家文化公园四类主体功能区，以及主题展示区的核心展示园、集中展示带与特色展示点的建设，是大运河国家文化公园主轴空间、四类主体功能区以及六大文化高地共同构筑的大运河国家文化公园总体功能布局的重要组成部分，也是大运河国家文化公园产业布局的重要实体空间。所以，在大运河国家文化公园的建设过程中，应根据地方特色构建各类主体功能区和展示空间，例如，位于淮安市淮阴区马头镇境内的清口枢纽，明清时期黄河、淮河、大运河等交汇于此，清康乾年间在此形成水利枢纽工程，确保了漕运的畅通。大运河国家文化公园清口枢纽核心展示园则应加强对相关水利文化的展示、解读和弘扬，同时加强各类主体功能区和展示空间的联系，例如以地域文化为展示主线或者在各个园区加挂统一的大运河国家文化公园标识，以点带面、以面成网，使大运河国家文化公园在空间布局、展示形式和文化意义上成为一个整体。

四 大运河国家文化公园建设的对策建议

（一）以文化为内核构建凸显引领作用的文化空间

大运河国家文化公园建设要以文化为内核，建设凸显引领作用的文化空间。要根据大运河相关文物和非物质文化遗产的特点，推进真实性和完整性保护，并且深入挖掘大运河的文化内涵，充分把握其时代特征，全面阐释其当代价值，加强文化遗产的活化传承和创新发展，见人、见物、见生活，与人民群众日益增长的精神文化生活不断融合、共建共享。例如，沧州的中国大运河非物质文化遗产公园，是中国大运河沿线省市非物质文化遗产的集中展示地，由园博园、中国大运河非物质文化遗产展示中心、沧州大化工业遗产提升改造区构成，分为农耕文化、户外非遗、新潮文创、演艺区等多个特色功能区，全方位展示大运河非物质文化遗产，是集文化展示、休闲游憩于一体的文化空间。大运河国家文化公园建设可依托大运河历史和今天的河道及周边区域，围绕大运河沿线京津、燕赵、齐鲁、中原、淮扬、吴越等地域文化，打造大运河特色文化高地，构筑大运河实体与地域文化伴生共荣的集中展示空间，形成分类集中、有机衔接、深度融合的大运河国家文化公园多元一体格局。同时，充分发挥辐射带动作用，深刻阐述大运河文化主轴作为中华文明重要文脉的历史意义，加强与长城、长征、黄河、长江国家文化公园的有效衔接，共同展现中华文化的丰富内涵和永久魅力。

（二）以城市为节点构筑功能互补的城镇网络体系

大运河城市群有力带动经济的发展，推动形成一体化的经济增长格局。大运河北连京津冀，南接长三角、长江经济带等国家重要战略发展区，其特有的沟通功能将政治中心与经济中心连接在一起。大运河国家文化公园的战略布局有助于真正将中国纵横南北的大运河脉络打造成集不同城市圈于一体的综合区域经济带，最大限度地带动除京津冀、长三角等地区之外的大运河沿线城市的发展。以大运河沿线的北京、德州、天津、沧州、聊城、枣庄、郑州、开封、洛阳、淮北、宿州、湖州、杭州、邯郸、绍兴、徐州、扬州、常州、镇江、济宁、泰安、淮安、苏州、无锡、嘉兴、宁波等重要支点城市和其他中小城市为基础节点，串联形成大运河国家文化公园的核心城镇网络体系。完善市政公用设施，健全公共服务设施，加快普及智慧设施，加强卫生环境整治，拓展城市绿色空间，保护传统文化风貌，建设一批具有大运河特色的生态宜居城市。

（三）以生态为保障建设文化与自然和谐的生态体系

大运河京冀段全线 62 公里通航后，游客可乘船从北京通州顺流直下至河北廊坊。随着北运河京冀段通航，北运河综合治理工程在沿线两岸打造了绿色生态走廊，通过补种绿植花卉、栽种水生植物、增添大运河文化元素、建设慢行道等方式提供服务配套设施。大运河既是重要的文化遗产，也是重要的自然生态系统。大运河国家文化公园的建设要围绕大运河沿线区域生态修复、培育、建设，以水道为核心重塑大运河沿岸的生态环境体系，发挥自然生态系统恢复整治和水土流失治理、水污染防治作用，推进生态修复治理，维护生态环境品质。优化大运河流域人居环境，培育先进生态文化，最终形成大运河两岸生态文明与生产发展、生活富裕、文化繁荣之间协调多赢、互相支撑、互相促进的可持续发展局面，开启大运河沿线区域人与自然和谐共生的现代化建设道路。通过推进大运河全线的水环境治理和生态基础设施建设，推进绿色航运发展，加大运河岸线整治与沿河景观提升力度，着力理顺生态廊道建设与大运河保护、城市发展、文化传承之间的关系，形成支撑大运河国家文化公园绿色发展的良好生态格局。

（四）以效益为目标推进实施大运河国家文化公园重点项目

各省市可建立大运河国家文化公园重大项目建设库，完善项目储备、更新机制，并及时进行动态调整，优化建设项目的立项、规划、报建、审批等相关程序，提高项目建设效率。天津市由市文旅局和地方政府作为协调部门和实施单位，建立了大运河国家文化公园重点工程项目库，包括河西务十四仓遗址考古勘探展示项目、杨柳青古镇景区提升工程、天津大运河主题文艺作品创作工程、大运河国家文化公园线上展示平台建设项目等。大运河国家文化公园的项目建设应加强向上对接，推动更多项目进入国家安排，争取在财税、金融、投资等方面获得更多政策支持。并且统筹做好重大政府投资项目的财政资金保障，优先支持规划的主体功能区、重大工程和重点项目建设，将条件成熟的项目纳入年度预算安排，将符合条件的项目纳入年度重大项目投资计划，加大投融资的扶持力度。

（五）以创新为手段促进大运河文化创意产业发展

大运河国家文化公园的建设要促进大运河文化创意产业的发展，深度挖掘和开发利用大运河的自然与文化遗产资源，将重要的遗产资源与产业和市场相结合，努力培育新兴文化消费方式，加强大运河文创发展平台和文化产业园区建设，建成大运河文化创意特色产业带。江苏的大运河国家文化公园建设注重培育文化创意产业园区，推进宿迁中运河老粮库文化创意产业园、徐州权台煤矿遗址创意园、无锡庆丰文化艺术园区、常州"运河五号"创意街区、吴江丝绸文化创意产业园、南城脚牡丹里文创园区、华莱坞数字文创园、苏州横塘驿站创意街区、泰州梅兰文创产业园等文化创意产业园区建设。大运河国家文化公园文化创意产业发展还要加强工业遗产保护利用和改造升级，可充分利用沿岸区域工业化过程中遗留下来的老旧工业厂房、仓库等建筑，对尚有生产功能的工业遗产进行活态保护和合理利用，建成大运河国家文化公园实体展示空间。

参考文献

笪颖、张晓蕊：《开启长江文化与大运河文化高质量建设新篇章》，《新华日报》2021 年
　　11 月 12 日。

蒋多：《延续运河文脉　打造文旅品牌》，《前线》2020 年第 11 期。

《中央有关部门负责人就〈长城、大运河、长征国家文化公园建设方案〉答记者问》，中
　　国政府网，2019 年 12 月 5 日，http：//www. gov. cn/zhengce/2019－12/05/content_
　　5458886. htm。

周泓洋、宋蒙：《国家文化公园创新策略研究》，《文化月刊》2021 年第 9 期。

周泓洋、王粟：《国家文化公园投融资机制研究》，《文化月刊》2022 年第 4 期。

周泓洋、王粟、周扬：《大运河文化的多维价值与国家文化公园建设》，《中国名城》
　　2022 年第 7 期。

B.4
大运河国家文化公园管理
与运营机制研究*

胡梦飞**

摘　要： 大运河国家文化公园作为国家公园的新发展形式，其管理体制的合理性直接影响着大运河国家文化公园建设的效率。虽然大运河国家文化公园在管理体制方面尚无成熟案例，但中国国家公园提出的统一事权、分级管理体制和社区协调发展制度以及国外所采取的垂直管理体制、特许经营机制和公众参与机制都可为探索大运河国家文化公园管理与运营机制提供有益经验。未来，中国大运河国家文化公园可采取以政府为主导的垂直管理体制，同时完善社区共管机制和公众参与机制，构建新型管理体制。

关键词： 大运河　国家文化公园　垂直管理体制　社区共管机制

　　大运河国家文化公园是以保护传承大运河文化遗产为目标，用公园这一形式将大运河蕴含的历史、文化等价值展现出来，由国家规划建设并依法进行保护和管理的公共文化载体。建设大运河国家文化公园不仅是党中央、国务院做出的一项重大决策部署，也是推动新时代文化繁荣发展的一项国家文化工程。对其开展相关研究，具有重要而深远的意义。

＊　本报告为山东省社会科学规划研究项目"山东运河文化遗产保护、传承与利用研究"（20CWYJ39）、2022年度聊城市哲学社会科学规划重点课题"聊城运河文化创造性转化与创新性发展研究"（NDZD2022060）的阶段性成果。
＊＊　胡梦飞，历史学博士，聊城大学运河学研究院副教授，主要研究方向为运河文化史和文化遗产保护。

大运河国家文化公园建设是一项复杂、艰巨的系统性文化工程，管理与运营机制是其中最为核心的问题，管理与运营机制是否科学合理直接影响公园建设的效率。近年来，与国家文化公园管理与运营机制有关的研究逐渐引起学界的重视，但大多过于宏观，与现实联系不够紧密，缺少针对性与可操作性。本报告在借鉴国外国家公园管理与运营机制经验的基础上，对中国国家公园管理与运营机制的现状进行梳理和分析，探索符合中国大运河国家文化公园实际情况的管理与运营机制，真正解决国家宏观政策文件的"落地化"问题，以求为当前大运河国家文化公园的建设提供参考和借鉴。

一　国外国家公园管理与运营机制的经验借鉴

国外对于国家公园管理与运营机制的探索经历了一个多世纪。各国均根据本国国情，总结出一套符合自身实际的管理模式。归纳起来，主要有中央主导型、地方自治型和综合管理型三种。

（一）美国"中央主导型"管理模式

美国是最早建立国家公园的国家。"国家公园"这一概念最早由一名画家乔治·卡特林提出，但其表示的含义与今天的国家公园不完全相同。他只是希望通过建立一个公共公园保护公有土地上的风景奇观。直到1872年《黄石法案》通过，美国国家公园的概念才真正用于实践。美国"国家公园"的定义包括狭义和广义两种。狭义的国家公园是指直接以"国家公园"命名的场所，例如约塞米蒂国家公园等，在这些地区实行最严格的保护措施，禁止开展开发活动。广义的国家公园是指在国家公园管理局管辖下的包括国家公园、古战场、国家历史公园等在内的全部场所，即整个国家公园体系。在这个体系中，国家公园无疑是核心，实施最严格的保护措施，其他的则依等级实施不同的保护措施。

根据美国《国家公园管理局组织法》，国家公园是为全体国民而设，要兼顾保护和利用的管理理念。这要求国家公园要有公益性，切实对全体国民起到教育、物质和精神享受的作用。《美国国家公园21世纪议程》明确描述国家公园管理局的核心目标是推动人们形成共同国家意识能力。与此同时，国家公园还鼓励普通民众参与到公园资源环境保育等工作中去。所有国家公园管理机构都专注于资源的保护和管理，其资金主要来源于国会拨款、商业收入和门票收入三部分。其中，国会拨款在总运营资金中占到极大的比重，主要用途是国家公园的保护和管理工作。商业收入主要是在国家公园中从事的商业性活动和经批准经营的活动得到的收入。门票收入在总运营资金中占比极少，因为美国国家公园设置的门票价格很低，或者根本就不收取门票。商业收入和门票收入的 80% 归公园使用，剩余 20% 用于支撑整个国家公园系统的运作，政府专门划拨相应的资金对不征收门票且游客稀少的公园单位进行补贴。虽然美国国家公园实行的是垂直管理体制，经费主要来源于联邦政府的拨款，但同时也允许个人或社会组织以特许经营项目、社会捐赠的方式参与公园的管理与运营，为国家公园的建设与发展提供人力或资金支持。

（二）德国"地方自治型"管理模式

1970 年设立的巴伐利亚森林国家公园是德国建立的第一个国家公园。1978 年，德国专门立法，明确指出建立国家公园的四个目标：首先是保护公园内的自然生态环境；其次是保护公园内生物的多样性；再次是在不危害生态环境的前提下，对该地居民进行教育引导，并适当发展旅游业和疗养业；最后是国家公园是公益性的，不再以营利为目的。

德国国家公园不是由联邦政府建立的，而是由州政府建立的。负责规划和管理国家公园的机构称为"国家公园管理处"，隶属于国家公园所在地的县议会。国家公园管理处有制定规划和年度计划、管理经营公园设施、宣传和保护公园内的生物的职责。在德国，主要由地区或州政府来负责自然生态环境的保护。由于国家公园和绝大多数面积较大的自然保护区属于地区或州政府的管理范围，而少部分较小的自然保护区又归属社区或私人，联邦政府没有所有权，所以联邦政府只可以制定自然保护的法规。由于没有一个可以适用于所有国家公园的法律，每个地区保护自然的能力各不相同，这使得每个国家公园在管理目标和保护力度方面有着显著差异。国家公园的经费主要来源于各州，联邦政府并不划拨专门的经费，这使得各州政府在公园的管理和运营上具有很大的自主性和独立性。游客如果入园，需要交纳一定的费用，这笔费用将由公园管理方自己支配，主要用于公园内的自然保护和环境教育。在处理与社区关系这方面，德国采用的是社区共管，并听取与吸收当地民众的意见，打破信息壁垒，在最大程度上减少管理失控现象的发生。

（三）英国"综合管理型"管理模式

英国国家公园建立的时间较早。1949 年，《国家公园与乡村进入法》正式通过，确立了国家保护地体系，其中就包括国家公园。1951 年，第一批国家公园设立。截至 2018 年，英国境内共建有 15 个国家公园。每个国家公园都设置了独立的管理机构——国家公园管理局。在英国公园内的大部分土地为私人所有，少部分属于公园管理，故在大多数情况下是国家公园管理局与公园土地所有者共同进行管理与运营的。

英国国家公园的显著特点首先是土地权属复杂，不利于管理。前面提到英国大部分的国家公园土地属于私人所有，公众不可以随意进入，而国家公园内的土地权属又十分多元，这一特点导致了私有性与公共性之间的矛盾，体现在公园的保护活动与居民的生产活动之间时常发生冲突。其次是公园内聚集了许多人口，公园管理形式较为开放灵活。英国虽然国土面积小，但是人口密度大，公园内有大量常住居民。这些居民的生活和生产活动都十分依赖国家公园。基于这一现实情况，英国政府建立起一个适用于本国情况的"分权制"管理模式。虽然英国国家公园体制在建立时间上比其他国家要晚，但这一体制更能体现国家公园的公益性。

英国实行土地私有制，由此形成了独特的"协作共治共管"模式。政府相关部门、公园内的居民以及各种民间组织均可以通过国家公园管理局这一平台共同参与到国家公园建设管理之中。国家公园管理局在制定公园管理规划时，其中的一个重要步骤就是接受公众咨询。在这一环节中，每个利益相关者或参与方都可以提出自己的意见和建议。值得注意的是，英国的国家公园实行免费开放。加拿大、芬兰、日本等国也实行这种管理模式。

二 中国国家公园管理与运营机制现状分析

2013 年 11 月，中国首次提出建设"国家公园"。2015 年 1 月，国家发展和改革委员会会同财政部等 13 个部门联合印发了《建立国家公园体制试点方案》，选择北京、福建、云南、青海等 9 个省市作为国家公园体制试点省市，标志着中国国家公园体制建设正式启动。2017 年 6 月，《祁连山国家公园体制试点方案》审议通过，祁连山国家公园也因此成为第 10 个国家公园体制试点。2017 年 9 月，《建立国家公园体制总体方案》由中共中央办公厅、国务院办公厅正式印发。2018 年 4 月，国家林业和草原局、国家公园管理局正式挂牌。

目前，中国已设立 10 个国家公园体制试点。在中央层面，由国家林业和草原局、国家公园管理局统一行使管理权，对所有国家公园实行垂直管理；现有的 10 个试点地区分别成立国家公园管理局，负责管理各自公园内的各项具体事务。在实践层面，结合公园状况和当地实际，目前的 10 个国家公园试点地区也形成了较为多样的公园管理模式，大致分为三类。一是"中央直管模式"。2017 年 8 月 19 日，东北虎豹国家公园国有自然资源资产管理局、东北虎豹国家公园管理局在吉林省长春市正式成立。这标志着中国第一个由中央直接管理的国家自然资源资产和国家公园管理机构正式建立。二是"中央和省级政府共同管理模式"。如大熊猫、祁连山国家公园分别成立国家公园管理局，由国家林业和草原局会同四川、甘肃两省政府共同进行管理。三是"中央委托省级政府管理模式"。如三江源国家公园主要位于青海省境内，青海省政府接受中央政府的委托，由三江源国家公园管理局统一管理公园各项事务；在三江源国家公园管理局下，组建了长江源（可可西里）、黄河源、澜沧江源 3 个园区国家公园管理委员会；整合玛多、杂多、治多、曲麻莱四县林业站、草原工作站、水土保持站、湿地保护站等涉及自然资源和生态的保护单位，分别设立生态保护站，承担县域内园区内外生态管护工作；国家公园范围内 12 个乡镇政府挂保护管理站牌子，承担国家公园相关管理职责；通过设立不同层级的管理机构，形成了"管理局—管委会—生态保护站—保护管理站（乡镇政府）"四级垂直管理体制。

除政府主导参与国家公园管理外，各试点省份在此基础上还积极探索多样化保护管理模式。例如祁连山国家公园探索生态保护与民生改善协调发展新模式；武夷山国家公园管理局将管理费用纳入省级财政预算，实施特许经营制度，坚持管理权与经营权相分离；三江源国家公园创新设置"一户一岗"生态管护公益岗位，建立利益共享和协调发展机制等。

国家文化公园由国家公园引申而来，是国家公园新的发展形式，也是国家公园理论的延续，虽然二者在保护对象和设立目的等方面存在显著差异，但在管理体制方面亦有诸多共通和相似之处。中国在国家公园管理与运营机制的探索方面已经取得重大进展，虽然不能直接简单加以移植或照搬，但无疑可为当前国家文化公园建设提供有益参考和经验借鉴。

三 大运河国家文化公园管理与运营机制探讨

作为国家公园的创新性发展，大运河国家文化公园建设需要在体现国家公园的本质属性的同时，强化对大运河文化遗产的保护。借鉴国外国家公园管理实践，再结合中国国情与沿运地区实际，坚持垂直管理体制，统一的管理机构是大运河国家文化公园管理与运营机制的必然选择。大运河作为跨区域、跨省市的大型线性文化遗产，涉及部门众多、牵扯利益较广，必须创新管理与运营机制，由中央统筹管理，建立统一的管理机构，实行以政府为主导的垂直管理体制，同时，支持和保障地方创新和社会参与，最终形成统一协调、职责明确、运转高效、社会参与度高的新型管理与运营机制。

（一）垂直管理体制

垂直管理是指中央政府和省级地方政府对一些行政机关单位和部门的直接管理，包括对这些单位的人员的直接任命以及对财物、业务的直接管理。垂直管理一般有中央一体化垂直管理和省级以下一体化垂直管理两种形式。中央一体化垂直管理的有银行、证券、保险、民航、国税、海关、铁路、纪委等；省级以下一体化垂直管理的有食品、药品、交通规费征收、技术监督、工商和国土等。对于中央政府（或省级政府）而言，垂直管理体制能在社会主义市场经济条件下有效地维护和加强政府权威，最大限度地发挥中央政府的整合效用，保证全国政策法令统一且顺利运行，确保国家的稳定发展，从而更好地应对国内外随时可能出现的问题和挑战；对于地方政府而言，垂直管理体制能对其主要职责与权力起到有效的规范作用，加大政策执行力度，减少地方行政管理成本，最终大大提高地方政府的行政效率。

结合国外的典型经验，中国的国家文化公园管理应该实施中央政府主导的垂直管理体制。可以在中央层面成立"大运河国家文化公园管理局"，集中负责大运河国家文化公园的建设与管理运营工作。例如对大运河国家文化公园建设的管理与监督指导；调节并平衡文化旅游、环境管理、政府经济、交通管理等部门间的利益关系；查处和治理沿线各地的非法行为；为公园的管理和运营提供所需的经济支持；等等。

具体分工如下：大运河国家文化公园管理局内设立专家咨询委员会，由文物考古、文化遗产、生态保护等多行业、多领域的学术专家、资深学者组成，为大运河国家文化公园建设等工作提供全局性、统筹性的政策指导，主要承担大运河国家文化公园管理局委派交付的工作任务，为大运河国家文化公园的决策方案和咨询建议提供参考思路。沿线各省市组建大运河国家文化公园管理委员会，专门负责管理本区域内大运河国家文化公园的各项事务。同时，扩大与周边省份的交流与合作，建立健全交流合作机制，促进资源互通、权责互联。各省市大运河国家文化公园管理委员会结合本区域具体情况，设立专家顾问组作为专门的咨询机构，健全完善本区域关于大运河国家文化公园建设工作的政策和相关法律法规，为相关部门的决策提供参考和借鉴；多渠道宣传、全方位剖析大运河国家文化公园的发展理念，加强统筹规划和顶层设计，加快推进各项工作的发展与落实。沿运各地市设立大运河管委会分支机构，具体承担国家文化公园发展规划的实施、文化遗产的保护、文化旅游项目的开展、宣传教育的引导、各种非法行为的整治等相关事务。各县、市（县级市）、区组建大运河国家文化公园管理服务中心作为基层管理和保护机构，最终形成"大运河管理局—大运河管委会—大运河管委会分支机构—大运河管理服务中心"四级垂直管理体制。

就大运河国家文化公园的建设现状而言，施行垂直管理体制有其必要性。第一，大运河国家文化公园建设是国家重点工程，所以要由国家统筹规划、集中部署。这一管理体制模式化解了大运河跨地域、跨部门、跨机构等难题，有利于彰显国家在政策决策和战略发展规划中的核心地位，能够有效实现大运河国家文化公园的社会公益性、科学性等目标。第二，沿线各省市设立专职机构集中管理大运河国家文化公园的各项工作，有助于遏制多头管理、权责不清、条块分割管理等问题的出现。第三，由中央协调统筹可以保障公园建设的资金投入，以免过分依赖地方财政。通过中央政府集中部署、统筹指导各项工作规划，能极大地提高公园管理工作的效率。

（二）社区共管机制

社区共管机制，即各级政府、主管部门、社区群众及其他相关主体之间围绕某一事项达成合作协议，共同参与到管理策略和方案建议的制定和实施中，从而共享权利和义务。学术界普遍认为，社区共管是一种着重于社区实践、社区行动的管控形式，能够有效地解决资源的保护与管理问题。中国在《建立国家公园体制总体方案》中提出建立国家公园社区共管机制的详细内容和相关方案规划。此外，国外的有益经验也值得我们借鉴。

具体到大运河国家文化公园，社区共管机制的构建需要做到以下几点。首先，要明确各地专门的管理部门和社区内管理单位是大运河国家文化公园的责任主体，主要承担大运河国家文化公园遗产保护与管理的职责，并且代表着国家行使管理权，负责公园的日常管理与运作；社区管理组织在当地管理部门的组织、督促和指导下，行使其赋予的相关权利。其次，在决策制定和组织管理的过程中广泛征求社会各界的建议，并将最终的决策方案向社会公开，提升决策的透明度；设置专门的监督机构，对各项规划方案的制定与决策的全过程进行监督。最后，健全和完善公园建设用地补偿制度，规范补偿的具体标准，将补偿资金当作专项资金划入地方财政预算支出，由中央财政统一分配，切实维护沿线居民的合法权益。

（三）公众参与机制

国家文化公园的"公众参与"是指社会公众、社会组织、单位或个人作为主体，在其权利和义务范围内，通过一定的程序或途径参与国家文化公园规划、设立、管理以及资源管理制度的制定等具体活动，并使该项活动和相关政策既满足社会公众的切身利益，又有利于国家文化公园的发展。

大运河国家文化公园建设地域跨度大、涉及利益主体众多，同样离不开社会公众的参与。建立公众参与机制，是保证国家政策和相关法律法规制定过程科学化、民主化、合法化的重要途径，也最大限度地提高了公众保护大运河文化遗产的自觉性和主动性。在确定大运河国家文化公园经营管理主体的基础上，积极鼓励动员机关企事业单位、社会组织和公益志愿者个人等社会各界力量参与大运河国家文化公园的建设与管理工作。第一，努力构建社区参与、志愿服务机制，形成由政府主导、社会各界参与的大运河国家文化公园保护新格局。大运河国家文化公园管理机构可与遗产保护组织、文物保护组织、学校等建立合作伙伴关系，制定志愿服务方案，吸引具有多行业知识经验的志愿者参与，构建志愿服务支持体系，调动更多的志愿者和社会组织加入大运河国家文化公园的建设与发展。第二，加大宣传力度，广泛动员社会各界力量参与公园建设。通过电视、报纸、网络、微信、微博、抖音等媒介进行广泛宣传，拓展公众参与途径，提高公众参与意识；在公园园区或大运河文博场馆中，聘请专职管理人员，通过讲解分析、宣传推广、集中展示等多种途径对社会公众进行大运河文化保护教育，增强公众保护意识；完善公园公益岗位制度，聘用符合条件的沿线居民担任公园志愿服务人员，主要负责大运河国家文化公园设施的日常维护和保洁等工作；聘请大运河文化研究者或爱好者担任公园义务讲解员，鼓励并支持公众自发开展大运河文化遗产保护宣传活动；相关高校和科研机构可以围绕公园建设与发展展开深入探讨，并为管理部门的决策提供意见和建议。

此外，在大运河国家文化公园的管理和运营过程中，还可以实行特许经营制度，允许和吸纳相关商业实体的加入。特许经营制度在商业经营、市政公用事业、社会公益事业等各个领域得到广泛的应用，但其含义有着根本的不同。商业经营中的特许经营，是指特许人和受许人建立合同关系，特许人提供专有的商业品牌、技术和经营诀窍，受许人支付特定的费用得到培训机会，并取得使用权。而适用于市政公用事业（包括城市基础设施和社会公共事务）中的特许经营，或者说是特许权经营，即政府对一些项目的筹划和建设工作给予其行政特别许可，由私人企业或外国企业投资进行项目的规划与建设，以商业利润为目的，在一定时间内经营该项目，最终按照合同将该项目移交给政府。特许经营实质上是公私伙伴关系，通过确认各自的权利与义务去签订合同或协议，从而达成长期合作关系。这一合作使政府和私人企业能一起分担投资的利益、风险和责任，从而可以取得比各自单独活动时更有益的成果。

对于大运河国家文化公园而言，政府可以采取公园化的运作模式，促进大运河文化遗产的活化和利用。特许经营制度的实行，使企业去管理园区的旅游项目，从而达到政企分开的目的；管理人员只承担日常的管理职能，防止大运河国家文化公园建设过程中出现重开发、轻保护的现象。企业可以把大运河文化资源转化成看得见、摸得着的文化旅游项目，在保护大运河的前提下，积极发展特色文创产品和文化产业项目，推动沿线区域文化旅游产业的发展。政府可以与企业签署相关旅游项目的协议，但要特别注意平衡好公益性与市场化两者之间的关系，认真把控企业特许经营范围，严禁破坏园区内文化遗产的真实性与完整性，对违法违规经营的企业可以撤销其经营资格。

结　语

大运河作为流动的线性文化遗产，既是中华民族繁荣兴盛的历史见证，也是优秀传统文化的重要载体。加快大运河国家文化公园的建设与发展，对于弘扬和传承优秀传统文化，生动展示大运河在促进中华历史文明发展演变中的重要作用，具有十分深远的意义和影响。大运河国家文化公园规划与建设的核心环节就是对其管理与运营机制的探索和研究，这对大运河文化遗产的集中保存、全面展示和充分利用起着决定性作用。同时，作为一项跨地域、跨部门的系统性工程，大运河国家文化公园要在中央统筹管理和集中指导下，创新管理体制机制，鼓励并支持地方创新和公众参与，努力构建政府主导、群众认同、社会参与的新型管理体制，在做好大运河文化遗产保护、展示与利用的同时，真正实现大运河文化的创造性转化与创新性发展。

参考文献

白翠玲、武笑玺、牟丽君、李开霁：《长城国家文化公园（河北段）管理体制研究》，《河北地质大学学报》2021年第2期。

湖南省行政管理学会编《深化行政管理体制改革与建设服务型政府》，湖南师范大学出版社，2010。

黄德林主编《发达国家国家公园发展及中国国家公园进展》，中国地质大学出版社，2018。

刘静佳、白弋枫：《国家公园管理案例研究》，云南大学出版社，2019。

刘晓峰、邓宇琦、孙静：《大运河国家文化公园省域管理体制探略》，《南京艺术学院学报（美术与设计）》2021年第3期。

彭福伟、李俊生等编著《建立国家公园体制总体方案研究》，中国环境出版集团，2018。

宋蒙、高炎鑫：《国家文化公园建设研究》，文化艺术出版社，2021。

王健、王明德、孙煜：《大运河国家文化公园建设的理论与实践》，《江南大学学报》（人文社会科学版）2019 年第 5 期。

温亚利、侯一蕾、马奔编著《中国国家公园建设与社会经济协调发展研究》，中国环境出版集团，2019。

吴丽云编《大运河国家文化公园保护管理与利用》，中国旅游出版社，2022。

徐缘、侯丽艳：《长城国家文化公园管理体制探究》，《河北地质大学学报》2021 年第 4 期。

邹统钎：《国家文化公园管理总论》，中国旅游出版社，2021。

B.5
济宁大运河国家文化公园建设路径与发展策略*

孟冠军 吴金甲**

摘　要： 建设大运河国家文化公园，是深入贯彻习近平总书记一系列重要指示精神的重大举措，是彰显中华文化自信的新时代创新表达和促进文化建设高质量发展的新时代创新探索。大运河济宁段在京杭大运河上具有独特价值与重要地位，在大运河国家文化公园的建设中具有先天优势。济宁市应坚持保护优先、文化引领、绿色生态、优化布局等原则，在保护、传承济宁大运河文化的同时，全方位探索开发利用新模式，建立健全法规体制，深入挖掘大运河文化内涵，借助现代数据化管理平台，实现文旅融合与产业协作，努力建设大运河国家文化公园，打造高水平示范区。

关键词： 大运河济宁段　国家文化公园　数据化管理平台

京杭大运河作为世界上开凿规模最大的运河，是中国古代劳动人民勤劳勇敢和集体智慧的结晶。它承载着中华民族悠久的历史和文明，是流淌在中华大地上的民族血脉。深入挖掘大运河文化内涵，建设大运河国家文化公园，推动大运河文化与经济、生态建设有机融合，对于弘扬中华优秀传统文化，增强文化自信、民族自信，助力实现中华民族伟大复兴的中国梦具有重要意义。

---

* 本报告为山东省高等学校"青创科技计划"团队（山东运河文化遗产研究创新团队：2021RW011）的研究成果。
** 孟冠军，聊城大学历史文化与旅游学院硕士研究生，主要研究方向为明清史、运河史。吴金甲，自然地理学博士，聊城大学运河学研究院讲师，主要研究方向为黄运地区生态环境。

2019 年 7 月，中央全面深化改革委员会审议通过了《长城、大运河、长征国家文化公园建设方案》（简称《方案》）。在此《方案》的基础上，2020 年 10 月，建设长城、大运河、长征、黄河等国家文化公园被写入《中共中央关于制定国民经济和社会发展第十四个五年规划和二〇三五年远景目标的建议》，标志着国家文化公园建设成为中国在"十四五"时期文化建设领域的重要战略部署。2021 年 8 月，国家文化公园建设工作领导小组印发《大运河国家文化公园建设保护规划》。这一系列政策文件的出台，充分体现了国家对大运河文化传承、保护和利用的高度重视，逐步形成了大运河国家文化公园建设的顶层布局。

在此背景下，济宁市有必要认识到自身在大运河国家文化公园建设中的重要作用，并围绕上述目标要求对济宁大运河国家文化公园建设进行不断的探索。加快济宁大运河国家文化公园的建设，对于济宁市实现产业结构升级、新旧动能转换具有重要意义，同时有利于加强对大运河文化遗产的保护、传承和利用，进一步提升济宁市大运河旅游城市的知名度及其在全省乃至全国的地位和影响力。关于大运河国家文化公园建设，学界已有相关研究，其中以对江苏段大运河国家文化公园建设的相关研究成果最多，有关山东省及其各市的大运河国家文化公园建设的研究近年来也呈增长趋势。

本报告从大运河济宁段的重要地位和实际情况出发，在分析济宁大运河国家文化公园建设相关问题的基础上，提出其建设路径与发展策略，以求为相关部门的决策提供参考与借鉴。

一 大运河济宁段历史沿革及概况

大运河济宁段位于京杭大运河中部，是贯通大运河南北的重要河段。元代以前的隋唐大运河不走山东，元至元十八年（1281），首先在山东境内开"济州河"，从今济宁市任城区北到今梁山县小安山镇，全长 75 公里，至此大运河济宁段得以贯通。大运河济宁段纵贯济宁全境，流经微山、鱼台、太白湖新区、任城、嘉祥、汶上、梁山等 7 个县区，流域面积占济宁全市土地面积的70% 以上，区域内运道总长度 587 公里，申遗保护规划 293 公里。元、明、清三代都将治运的最高机构设在济宁，清代康熙、乾隆南巡也曾数次驻跸于此，京杭大运河上与都江堰水利工程齐名的南旺分水枢纽也位于济宁境内，因此大运河济宁段在大运河上具有重要地位，是大运河的关键性河段。

大运河济宁段的主要特点有四个方面。一是历史文化底蕴深厚。济宁自古以来就有着深厚的文化底蕴，元代以前，儒家文化、东夷文化和齐鲁文化在这片沃土上生根发芽，共同影响着济宁地区，成为当地文化类型的主要组成部分；元代会通河通航后，中国南方的吴越文化、徽派文化和北方的燕赵文化、三秦文化在此碰撞，最终形成了特色鲜明的济宁大运河文化。二是现有遗存完整。大运河济宁段遗产点段包括南旺分水枢纽工程遗址和会通河微山段两个主要部分，其中南旺分水枢纽中有10个遗产要素被列入《世界遗产名录》，遗产要素类型包括大运河水工遗存，即河道2段（会通河南旺枢纽段、小汶河）、水工设施7个（戴村坝、十里闸、邢通斗门遗址、徐建口斗门遗址、运河砖砌河堤、柳林闸、寺前铺闸），以及相关古建筑群1个（南旺分水龙王庙遗址），使南旺分水枢纽成为名副其实的世界文化遗产（见表1）。三是生态环境持续改善。近年来济宁在全市不断加大生态保护和修复力度，先后实施了水土保持、造林绿化、湿地修复、环境综合治理等生态优化工程，流域内环境质量得到不断改善，建成国家级湿地公园3处，微山湖国家湿地公园入选"中国十大魅力湿地"，不间断开展大气治理集中攻坚行动，空气质量得到大幅度改善。四是各类旅游资源丰富。济宁旅游资源总量大、种类多，包括自然资源、历史文化资源、社会旅游资源等。据济宁市文化和旅游局公布的数据，截至2021年2月，济宁市共有105处A级及以上旅游景区，其中大运河济宁段沿线7个县区的2A级及以上旅游景区共有42处（见表2），约占济宁市2A级及以上旅游景区数量的40%。

表1 大运河济宁段世界遗产要素情况统计

遗产点段	遗产要素	遗产要素类型		备注
		大类	小类	
南旺分水枢纽	会通河南旺枢纽段	大运河水工遗存	河道	考古遗址
	小汶河	大运河水工遗存	河道	引河
	戴村坝	大运河水工遗存	水工设施	—
	十里闸	大运河水工遗存	水工设施	—
	邢通斗门遗址	大运河水工遗存	水工设施	考古遗址
	徐建口斗门遗址	大运河水工遗存	水工设施	考古遗址
	运河砖砌河堤	大运河水工遗存	水工设施	考古遗址
	柳林闸	大运河水工遗存	水工设施	—
	南旺分水龙王庙遗址	大运河水工遗存	相关古建筑群	考古遗址
	寺前铺闸	大运河水工遗存	水工设施	—

续表

遗产点段	遗产要素	遗产要素类型		备注
		大类	小类	
会通河微山段	会通河微山段	大运河水工遗存	河道	—
	利建闸	大运河水工遗存	水工设施	—

资料来源：国家文物局：《申报世界遗产文本：中国大运河》，2013年1月，第52~53页。

表2 济宁市大运河沿线7县区2A级及以上景区统计

序号	所在县区	等级	景区名称
1	济宁市微山县	5A	微山湖旅游区
2		4A	南阳古镇旅游区
3		3A	渔家水街景区
4		2A	微山湖二级坝湿地景区
5	济宁市鱼台县	3A	印象永安景区
6		3A	旧城海子景区
7	济宁市太白湖新区	4A	太白湖景区
8		3A	济宁城市展示馆景区
9		3A	五彩万象城游乐园景区
10		3A	天工园景区
11		3A	济宁南阳湖农场景区
12		2A	岁耕园景区
13		2A	济宁体育中心
14		2A	蜜蜂科技文化生态园
15		2A	太白桃园景区
16		2A	丙坤生态观光牧场
17	济宁市任城区	4A	济宁市南池景区
18		3A	顺河东大寺景区
19		3A	济宁博物馆·崇觉寺景区
20		3A	四季牡丹生态园
21	济宁市嘉祥县	4A	青山景区
22		3A	武氏祠景区
23		3A	曾庙景区
24		3A	岳飞纪念馆景区
25		3A	丹凤山生态园景区
26		3A	东方左岸景区
27		3A	云泊湾湿地庄园景区
28		3A	萌山公园景区
29		3A	富山国防教育基地

序号	所在县区	等级	景区名称
30	济宁市汶上县	4A	宝相寺景区
31		4A	莲花湖湿地
32		3A	南旺枢纽遗址考古公园
33		3A	文庙景区
34		3A	关帝庙景区
35		3A	古郕田园景区
36		3A	白石昙山风景区
37	济宁市梁山县	4A	梁山旅游风景区
38		4A	贾堌堆农家寨景区
39		3A	梁山水浒酒文化体验馆景区
40		2A	梁山歼灭战遗址纪念公园
41		2A	梁王风景区
42		2A	梁山百果园景区

资料来源：济宁市文化和旅游局：《济宁市 A 级旅游景区信息》，2022 年 7 月 18 日，http：// whlyj. jining. gov. cn/art/2022/7/18/art_ 66896_ 2707841. html。

济宁地处大运河中枢区段，是中华文明的重要发祥地之一和儒家文化的发源地，历史悠久、文化深厚、遗产丰富、特色鲜明，在全国大运河城市中占有重要地位，是大运河文化活态性、融合性的代表，在大运河文化保护传承利用中具有十分重要的战略地位。近年来，济宁市委、市政府高度重视大运河国家文化公园建设，先后成立了大运河（济宁段）文化保护传承利用工作领导小组、大运河常设保护机构大运河济宁段保护办公室、大运河文化带建设工作领导小组和指挥部，先后编制出台了《济宁市大运河生态经济区概念规划纲要》《大运河山东省济宁段遗产保护规划》《济宁市城区河湖水系综合整治规划》《济宁大运河文化公园带总体规划》等，为济宁市建设大运河国家文化公园创造了良好的条件。

二　济宁大运河国家文化公园建设中需要解决的问题

近年来济宁市在大运河保护开发方面做了大量工作，成绩显著。但在大运河国家文化公园的建设方面仍然面临诸多的矛盾和问题，如思想认识不到位、相关部门工作协调能力有待加强、沿线文物遗存保护情况不佳、生态环境破坏等，这些现象说明作为世界遗产的大运河并没有成为济宁熠熠生辉的名片，更没有转化为济宁加快发展的动力，也进一步说明了济宁市在大运河保护利用方面的不足。通过参照大运河沿线其他城市积累的工作经验与亮点可知，济宁市在大运河国家文化公园建设中面临的问题主要体现在以下几个方面。

（一）思想认识不到位

大运河作为国家倡导重点建设的一个物质文化品牌，其本身并不是独立存在的，而是与整个区域环境社会有着极为密切的联系。首先，对大运河的保护利用存在"线性"思维。济宁市对大运河的保护、传承、利用工作大多仅围绕大运河河道，没有把济宁水系、整个济宁城市融入大运河，没有将大运河与沿线一定区域内的社会环境有机结合，这就在客观上加大了济宁建设大运河国家文化公园的难度。其次，对大运河的再利用思考不足。认为失去航运功能的京杭大运河只存有遗产价值，其实用功能和意义已基本丧失，忽视了千年古河道的防洪、生态、旅游等功能，所以在保护、开发、利用上的思路是狭隘的。

（二）统筹协调能力有待加强

大运河国家文化公园建设对于地方政府来说是一个全新的领域，此前从未有过相关的管理经验，因而在相关制度的确立和相关政策的落实过程中，难免会存在各部门缺乏协调与合作、统筹协调能力不足的问题。大运河济宁段途经济宁市内7个县区，大运河沿线的遗产点多散布于各城市和乡野中，这进一步加大了对各遗产点保护与开发的难度。此前，济宁市委、市政府公布了《大运河山东省济宁段遗产保护规划》《大运河遗产南旺枢纽保护规划》，济宁市文化和旅游局组织编制的《济宁大运河文化公园带总体规划》顺利通过专家评审，是山东省内较早编制实施保护、建设规划的地级市，但在推进的过程中，各县区之间缺乏交流与合作，没有在全市范围内形成一定的统筹协调性。市政府对于大运河国家文化公园建设管理的整体视角还有所欠缺，在结合济宁特色保护、发展大运河文化资源上还存在一定的短板。

（三）遗产保护与传承、利用力度不大

济宁在大运河遗产的保护与传承、利用上还存在一定的问题，对某些古

迹、遗址发掘后的保护力度不够，在维修和保养过程中对历史遗存实物位置或形态造成不当干预、对原有材料和工艺造成不当损害、对沿线区域历史环境造成不当修复，系统性保护修复力度不足，未进行深入推介和综合治理，导致大运河遗产的社会知名度和影响力较小。济宁市大运河区域非物质文化遗产种类丰富，形成了以鲁西南鼓吹乐（传统音乐）、鲁西南民间织锦技艺（传统工艺）、渔鼓（传统曲艺）、梁山武术（传统体育与竞技）等为代表的一大批大运河非遗项目，但存在传承活力不足的问题，市场潜力还有待挖掘。文化遗产的创造性转化和创新性发展不足，大运河文化的展示利用不够，历史文化遗产的保护任务较重。

（四）文化和旅游的融合程度有待提高

济宁市文化积淀深厚，市域内有儒家文化、佛教文化、孝贤文化、水浒文化等，但文化分布较为分散，各县区各自为战，未能形成文化集聚效应，各类文化的联动发展水平有待进一步提高，文化引领能力不足。各类文化资源的利用和活化形式相对单一，导致一些优质文化资源被迫闲置，没有和旅游等相关产业实现较好融合；文化产业园区的文创产业能力不强，亟待提高相关产业园区的创新能力，并将大运河文化元素与济宁地域文化特点相结合，创造创新济宁大运河文化品牌，并以此作为提升济宁大运河国家文化公园建设质量的有效途径。

（五）大运河生态环境有待进一步改善

济宁市位于山东省西南部，以平原和洼地为主，煤炭和水资源丰富。近年来，在建设大运河国家文化公园这一背景下，国家对济宁市的生态环境质量提出更高的要求，面对日趋严峻的生态环境保护形势，济宁市政府专门成立了相关工作领导小组进行统筹规划，并实施了《济宁市水环境保护条例》等环境保护的法律法规。但就客观事实而言，目前济宁市生态环境问题并未得到完全解决，对资源的不合理开发和过度利用造成生态环境脆弱，水源涵养、防风固沙、空气净化等生态功能不够健全，水土流失问题依然存在。生态环境保护作为济宁市经济社会可持续发展与大运河国家文化公园建设中的关键一环，实现协同发展的格局构建尚未成熟，是济宁市一项需要长期探索的攻坚工程。

三　济宁大运河国家文化公园建设中面临的机遇与挑战

（一）现实机遇

1. 增强文化自信、民族自信的文化机遇

增强文化自信、民族自信，实现中华民族伟大复兴的中国梦是时代的主旋律，是国家在软实力领域发展的重要目标。万里长城与京杭大运河同属于世界七大线性遗产，如果说长城代表了中国人民的脊梁，那么大运河则代表了中国人民的血脉。大运河凝聚了顺应自然、改造自然、与自然和谐相处的中国智慧，是先辈们智慧与创造力的体现，是民族自信的物证，也是中国向全世界展示文化自信、讲好中国故事的传世瑰宝。建设大运河国家文化公园，保护、传承、利用好大运河遗产、大运河文化、大运河精神是时代赋予的历史使命和责任担当，更是增强文化自信和民族自信的机遇。

2. 推进生态文明建设的生态机遇

党的十八大以来，以习近平同志为核心的党中央将生态文明建设放在"五位一体"总体布局中的突出位置。生态文明建设是社会主义建设的重要组成部分，是关乎中华民族永续发展的根本大计，对实现"两个一百年"奋斗目标和中华民族伟大复兴的中国梦具有重要意义。济宁市应利用建设大运河国家文化公园的契机，以大运河为先导，通过河道修复、生态清淤、污水治理等，将生态文明建设推行至济宁市域内所有水系，从而夯实整个济宁的生态环境基础。

3. 实现济宁复兴的历史机遇

济宁因大运河而生、因大运河而兴，古代漕运的兴起，使济宁有了"运河之都""江北小苏州"的美誉；也正是因为大运河的没落，济宁的发展逐渐趋于平淡。此次大运河国家文化公园建设，正是济宁作为一个大运河千年历史文化古城的复兴机遇。大运河流淌济宁，形成了独具特色的自然景观与沉淀深厚的人文资源，有着不可估量的历史价值，也成为济宁打造区域特色、实现优势再造的天然条件。因此，济宁大运河国家文化公园的建设是展示济宁特色风

貌、延续大运河历史文脉、提升城市文化厚度和韵味、彰显济宁文化特色和优势的重要机遇，有利于吸引各类资源要素聚集，形成新的经济增长点，从而实现济宁复兴。

（二）面临的挑战

1. 如何正确处理保护与开发的关系

京杭大运河申报世界遗产前，济宁市就已经启动对大运河的保护工作，重点实施了清理、整顿、修复、疏通等一系列举措。大运河申遗成功后，济宁市更加注重谋划对大运河进一步的保护与管理，与此同时，一些地区和部门提出对大运河进行航运、旅游等方面开发的设想。在济宁大运河国家文化公园建设的过程中，如何平衡保护和利用的关系，如何解决保护与开发之间的矛盾，是尊重历史和自然，还是将大运河文化商业化、包装化，是济宁市面临的挑战。

2. 如何正确处理生态与经济的关系

济宁市通过建设大运河国家文化公园能够倒逼产业结构升级和新旧动能转换，对于推进济宁市生态文明建设有着重要意义，对于提升济宁经济可持续发展能力，促进经济稳定、持续增长具有推动作用。但是在短期内，产业结构的调整、转型升级会对经济的平稳运行造成一定的冲击，在一段时间内将会影响甚至降低经济增长的速度。因此，如何利用建设济宁大运河国家文化公园这一契机，在兼顾地区经济增长的同时，实现产业结构的转型升级、生态保护的高质量发展，处理好生态建设与经济发展的关系，也是济宁市面临的挑战。

3. 如何发挥自身特色优势

大运河沿线分布着35个运河城市，其中绝大多数城市抓住了大运河国家文化公园建设这一机遇，加大了大运河保护开发力度，其中北京、河北、江苏、浙江等省市已结合地方特色，形成了明确的思路，创造出许多亮点；在山东省内，沿线的运河城市如聊城、枣庄等也各有特色。与其他运河城市相比，济宁也拥有独特的大运河资源，在建设大运河国家文化公园的过程中，如何利用现有资源，与大运河沿线的其他城市相区分，打造出独具济宁特色的大运河国家文化公园，这又是一个挑战。

四 济宁大运河国家文化公园建设的
目标任务与建设原则

济宁大运河国家文化公园的建设应协调大运河沿线文化资源的总体布局和禀赋差异，科学确定大运河重要遗产管控保护区、大运河文化主题展示区、大运河文化和旅游融合区、大运河沿线传统利用区四类功能区；依据建设原则，争取尽快建立济宁大运河国家文化公园建设管理机制，完成河道总督府遗址博物馆、济宁运河儒文化展示园、南阳古镇展示园、南旺分水枢纽遗址展示区等大运河国家文化公园标志性项目建设保护任务，促进区域大运河文化、旅游与相关产业的深度融合，最终实现济宁大运河国家文化公园的高质量建设。

（一）目标任务

建设大运河国家文化公园是国家战略，济宁市必须以当地文物和文化资源的整体布局为依据，以科学先进的理念为指导，将建设大运河国家文化公园作为弘扬大运河文化、助推区域经济发展的重要引擎。

1. 坚持古为今用，凝练新时代的大运河文化

大运河作为一项世界文化遗产，凝聚了中国智慧，体现了创新、探索的精神。大运河济宁段更是充满文化交流与大运河精神的传奇历史，通过大运河国家文化公园建设，借助大运河历史，探究中国智慧，透视济宁发展，增强政府和民众的文化自觉和文化自信，弘扬大运河文化，促进大运河沿线城乡文化意识的提升；凝练大运河文化精髓，探索与儒家文化、齐鲁文化等融合发展的新模式，体现社会主义文化的先进元素。

2. 发挥区位作用，助推鲁西南协同发展

济宁位于鲁西南，在大运河上具有交通枢纽的地位，在现代交通飞速发展的今天，济宁依旧凭借便利的区位优势，成为鲁西南地区的交通要塞。以大运河国家文化公园建设为契机，继续推动济宁市交通基础设施建设和产业结构转型升级，支持济宁构建干支畅通、联运高效、安全绿色的内河水路运输体系，打造鲁西南综合交通枢纽，促进经济高质量发展，对于济宁充分发挥区位优势，助推鲁西南协同发展具有重要意义。

3. 强化区域联动，打造大运河经济增长带

在大运河国家文化公园建设过程中，充分发挥大运河"联"和"带"的作用，加强济宁与大运河沿线其他城市的沟通交流，在保护上联动、传承上联手、利用上联合，以大运河为纽带，加强文化交流，共同发展大运河文化产业，共建大运河城市带，从而带动经济的交流与互动，共同打造中国东部地区文化产业带和大运河经济增长带。

（二）建设原则

济宁大运河源远流长，大运河沿线区域分布着大量的文化遗产，具有重要的历史、文化价值。通过对济宁大运河国家文化公园建设进行的基础研究，本报告认为济宁市在遗产保护、文化挖掘、生态建设、产业发展等方面进行大运河国家文化公园建设的过程中，需要坚持以下几个基本原则。

1. 统筹规划，保护优先

大运河济宁段历史悠久，遗产丰富，如南旺分水枢纽遗址、运河古镇——南阳镇、运河总督署府衙等，在依托丰厚的文化资源进行开发的过程中，做好保护先行是济宁建设好大运河国家文化公园的题中之义。济宁大运河国家文化公园建设的主体是具有千年历史的古运河，因此在建设过程中必须妥善处理好保护与利用的关系。坚持保护文物古迹的完整性，保存好沿岸历史风貌，优化顶层设计，强化一张蓝图的引导和管控作用，保护与规划并重，统筹推进对大运河文化遗产的保护、对生态环境的修复和对河道水系的管护，建立健全各区域和各部门的协同推进机制，构建济宁大运河区域整体联动保护大格局。

2. 文化引领，创新发展

文化是大运河历史积淀形成的宝贵资源，济宁大运河文化在融南汇北的同时，也将具有地方特色的儒家文化包含其中，因此济宁大运河文化更是底蕴深厚、内涵丰富、独具特色。济宁市在大运河国家文化公园的建设中要加大对大运河文化的保护和挖掘力度，探究济宁大运河优秀传统文化的精神内涵，着力推动内容创新、模式创新、技术创新，促进大运河文化的创造性转化和创新性发展，丰富文化的展示传播载体，赋予其新的时代内涵和表现形式，加大文化价值引领的力度，提高文化引领转型发展的能力。

3. 绿色生态，和谐发展

良好的生态是基础，是济宁市想要建设好大运河国家文化公园的前提条件。济宁市面对当前大运河生态环境问题还未得到完全解决的客观事实，在建设大运河国家文化公园的过程中，要尊重自然规律，严格保护生态环境，实施重大生态保护和修复工程，优化生态景观和人文景观布局，将生态文明建设融入济宁大运河国家文化公园建设的各方面和全过程。增强民众的环境保护意识，让民众在建设大运河国家文化公园的过程中感受生态文明，在美丽、和谐的自然环境中感受大运河的魅力与古人的智慧，坚定走生产发展、生活富裕、生态良好的发展道路。

4. 优化布局，整体联动

合理的资源配置与空间布局在济宁大运河国家文化公园建设过程中具有重要作用。济宁大运河是一条文化内涵丰富、旅游资源密集的文化遗产廊道，济宁市在建设大运河国家文化公园的过程中要统筹好市域内的各类大运河资源，包括遗产资源、文化资源、生态资源等，充分整合南旺分水枢纽遗址、儒家文化、微山湖生态景观等优势资源，明确大运河保护、传承、利用的空间布局，在充分利用各类资源的前提下，做到资源的合理利用和有序开发，并以优化的资源、空间布局实现大运河文化、生态、产业之间的整体联动，促进济宁大运河文化、旅游与相关产业的高质量发展，塑造好济宁大运河整体形象。

五　济宁大运河国家文化公园的建设路径与发展策略

针对"后申遗时代"济宁大运河文化遗产保护现状及国家重视大运河国家文化公园建设的时代背景，济宁市要深入贯彻落实习近平总书记重要指示要求和党的十九大精神，强化大运河国家文化公园的顶层设计，集中力量、集成资源、集聚智慧，促进济宁大运河文化的创造性转化和创新性发展，充分展示大运河文明的历史进程与伟大成就。济宁应做好大运河国家文化公园的统筹布局、法制规定、内涵挖掘、合作共赢、以点带面、协调发展等方面的工作，具体措施与步骤如下。

（一）加强法规建设，完善管理体制

建设好大运河国家文化公园，需要加强相关法律法规的建设，实现有法可

依、有法必依。近年来，济宁市在大运河保护领域相继出台了《大运河山东省济宁段遗产保护规划》《大运河遗产南旺枢纽保护规划》等文件，对大运河济宁段的文化遗产起到一定的保护作用。但是上述相关文件的出台没有形成系统性，其内容在一定程度上缺乏全面性，对一些问题的规定还不够详细。此外，在管理体制上，一方面，市委、市政府要充分发挥效能，各部门之间要相互协作、通力配合，在政府层面形成健全的管理体制，提升大运河国家文化公园建设的政策效力与管理质量；另一方面，要加强市场在资源配置中的作用，建立完善的多元投资机制，通过政策支持等方式，鼓励社会资本参与到济宁大运河国家文化公园的建设中来。同时，无论是在相关法律法规的制定还是在管理体制的完善方面，都需要加强与大运河沿线的其他省市的交流，学习它们在面对类似问题时的管理经验与解决方法。

（二）深入挖掘内涵，讲好大运河故事

借助大运河济宁段非物质文化遗产，讲好大运河故事，是打造独具济宁特色的大运河国家文化公园、扩大济宁大运河文化影响力的有效途径。在这一过程中，要促进沿线区域非物质文化遗产的传承及活化，加大对济宁大运河区域历史名人、传统技艺、民间戏曲等的阐释力度，深入挖掘其内涵。在具体的实施过程中，可以通过编排一部济宁大运河文化精品剧目，举办一批济宁大运河区域曲艺学术交流展演及研讨、大运河文物和民间传说征集等活动，充分利用上述文化资源，并将其融入济宁大运河国家文化公园的建设中，促进大运河区域的文化交流与济宁大运河文化的传播。讲好大运河故事不仅是要讲好历史，也要讲好当代故事，要加强对当代济宁社会有关大运河的故事的征集与宣传，这样才能深化全社会对济宁大运河文化的认知，大力推动济宁大运河文化"走出去"。

（三）提升文化地位，加大宣传力度

济宁大运河文化是济宁大运河国家文化公园的重要组成部分，要加大济宁大运河文化的宣传力度，使济宁大运河文化成为济宁市建设大运河国家文化公园的重要抓手，将大运河文化上升为与儒家文化并重的重要文化类型。济宁市十分重视儒家文化的发掘与宣传，曲阜已经成为国内、国际的文化旅

游胜地，而作为对济宁传统社会产生过重要影响、发挥过巨大作用的大运河，其文化潜力还没有被完全挖掘出来，对其宣传力度还不够。在国家大力建设大运河国家文化公园的今天，济宁市一定要充分挖掘济宁大运河文化的内涵，处理好大运河文化遗产的保护与利用。济宁市要以政府为主导、社会为辅助，结合多种方式，如电视网络、大运河文化普及刊物等大力宣传济宁大运河文化，将济宁大运河文化打造成为济宁市亮丽的文化名片，使其走向全国、迈向世界。

（四）加强统筹协调，完善配套服务

打造健全的环境配套工程，构建完善的综合服务体系，能够对济宁市成功建设大运河国家文化公园起到强有力的助推作用。首先，要加强生态环境保护修复工程建设。加大对大运河河道清淤，两岸环境以及周边湖泊、湿地等的修复整治力度，推进水环境污染防治，维护自然的综合环境风貌。其次，要构建水路快速交通网络。交通的通达性也是济宁大运河国家文化公园建设中需要重点考虑的问题。要以《济宁市域综合交通体系规划（2014—2030年）》和《济宁市城市轨道交通线网规划（2016—2030年）》等政策文件为依托，打通通景公路。围绕大运河沿线区域主要遗产点与景观资源，打造专属旅游道路，完善配套交通基础设施建设；鼓励大运河适宜河段发展旅游通航，改善大运河国家文化公园区域对外交通条件，强化重要节点与机场、车站、码头等的衔接。最后，完善旅游公共服务配套。高质量的旅游服务是提升游客游览舒适度与满意度的一个重要保障。可以在旅游核心区设置游客综合服务中心、休息场所、公共厕所等旅游公共服务设施，提升相关工作人员的个人素质与服务水平，加强沿线景区基础应急设施建设，健全标准化服务体系，为游客打造一个安全的旅游环境与舒适的旅游体验。

（五）强化学术研究，服务社会现实

强化学术研究，是解决专业领域问题的有效途径，济宁市加强对大运河国家文化公园建设的学术研究，有利于提高建设的质量与水平。要在市委、市政府的统一安排与筹划下，集中高校与相关科研机构的力量，组织研究人员、组建研究中心，加强对济宁大运河国家文化公园建设的研究，从自然科

学、社会科学等多方面进行探讨，将研究成果应用于大运河国家文化公园的建设当中，从而服务于社会现实。要定期召开大运河学术论坛、大运河文博与非遗展览会等，加强济宁大运河沿线区域文学、戏曲、民俗等文化类型的交流，探究如何将济宁大运河蕴含的多类型文化资源更好地融入济宁大运河国家文化公园的建设中。应建立济宁大运河国家文化公园研究网站，建设多样性的大运河博物馆、展览馆等，以提升济宁大运河国家文化公园的宣传质量与宣传效果。

（六）建立数据化管理平台，增强科技应用

保护和展示大运河文化遗产是大运河国家文化公园的一个重要功能，在当今社会，网络成为民众获取外界信息的一个主要渠道，因此想要将济宁大运河文化遗产更加全面地展示出来，更加高效地传播出去，必然离不开数据化管理平台的支持。要构建济宁大运河文化遗产保护、利用数字化管理、监测平台，在展示济宁市丰富的大运河文化遗产的同时，完善配套设施，建立应急处理机制，通过对相关数据进行科学的统计、分析、整理，进而指导济宁大运河文化遗产的保护与管理。此外，在建立济宁大运河文化遗产数据化管理平台的过程中，要加强与沿运其他城市、省份以及世界运河国家的技术交流与合作，不断提升自身的技术管理能力与水平，争取实现科学管理。济宁大运河文化遗产数量多、种类丰富、情况复杂，建立数据化管理平台不仅有助于保护好文化遗产、实现文化遗产信息资源的数据共享，也能够为大运河国家文化公园的建设与研究提供数据支撑。

建设大运河国家文化公园是新形势下党和国家做出的重大战略决策，是社会主义文化建设的重要内容，对于展现中国的历史文明与综合国力具有重要意义。济宁大运河国家文化公园建设前景广阔，潜力巨大。济宁要立足于大运河的历史文化和社会价值，深入挖掘大运河沿线区域的丰富资源，彰显济宁区域大运河特色，以文化引领大运河国家文化公园建设，打造文化廊道、经济廊道、生态廊道，培养区域高质量发展新模式，增强对经济文化强市的支撑，努力走在全国大运河国家文化公园建设的前列。

参考文献

艾民、庞克兵：《山东省济宁市水生态环境优化协同发展研究》，《皮革制作与环保科技》2021 年第 10 期。

《大运河（山东段）文化保护传承利用实施规划（2019—2035 年）》，山东省发展和改革委员会，2019 年 11 月。

《德州市大运河建设规划基础研究报告》，德州市发改委，2017 年 10 月 20 日。

高敏：《运河与水神：明代济宁地区的水神信仰文化》，《浙江水利水电学院学报》2020 年第 6 期。

国家文物局：《申报世界遗产文本：中国大运河》，2013 年 1 月。

胡梦飞：《山东运河文化遗产保护、传承与利用研究》，中国社会科学出版社，2021。

胡梦飞、王雪莹：《聊城大运河国家文化公园建设策略探究》，《济宁学院学报》2022 年第 1 期。

《济宁市大运河文化建设情况汇报》，济宁市发展和改革委员会，2019 年 11 月 25 日。

《山东省大运河国家文化公园建设保护规划（汇报稿）》，山东省发展和改革委员会，2021 年 6 月。

《山东省大运河文化带（济宁段）建设规划大纲》，内部资料。

王戎：《大运河山东段开凿后济宁文化的发展》，《科技创业家》2013 年第 17 期。

徐铁权、王桂娟：《推进中国大运河国家文化公园枣庄段建设的对策探析》，《财经与管理》2021 年第 9 期。

《枣庄市大运河文化带建设基础研究》，内部资料。

B.6
大运河文化带数字化建设评估报告

—— 以"大运河国家文化公园数字云平台"为例

徐 宁*

摘　要：　2014 年，大运河成功入选《世界遗产名录》。大运河作为凝聚中国古代人民智慧的伟大工程、人类改造自然的标志性工程，对其文化遗产的保护、传承、利用不仅仅要体现在学术研究中，更要付诸实践，使其更符合现代文化产业发展趋势。如何在新时代媒介技术的引领下将体量庞大的大运河文化最大限度地阐述与开发等问题亟待研究、落地。大运河文化传播的机遇与挑战并存，数字化传播在实现大运河文化有效开发利用的过程中依旧存在一些问题。如何在保证大运河文化遗产原真性与完整性的前提下，传承其优秀文化基因与内核，使其能够和现代社会相融合？如何充分利用大运河文化遗产与文化资源实现二次开发创新，以满足不断变化发展的时代内涵，最终实现对大运河文化的大众化理解与认同？在这些方面，大运河国家文化公园数字云平台进行了一些积极探索。

关键词：　大运河文化带　大运河国家文化公园　数字化传播　文化遗产　文化资源

---

* 徐宁，管理学博士，江苏省文化投资管理集团有限公司党委书记、董事长，曾任江苏省财政厅副厅长，对科技、教育、文化等社会事业领域有深入研究，牵头江苏文化投资管理集团有限公司顺利完成国家工程大运河国家文化公园数字云平台项目建设。

一　大运河文化带数字化建设的条件与契机

（一）政策支持

2016 年 7 月，中共中央办公厅、国务院办公厅正式印发了《国家信息化发展战略纲要》，要求加快释放信息化发展的巨大潜能，以信息化驱动现代化，加快建设网络强国，体现了当今社会以数字化、智能化、网络化为特征的信息化技术创新水平在不断提高。2019 年 2 月，中共中央办公厅、国务院办公厅印发了《大运河文化保护传承利用规划纲要》，提出以大运河文化保护传承利用为引领，坚定文化自信，要求大运河文化保护做到科学规划、突出保护，古为今用、强化传承。2019 年 12 月，《长城、大运河、长征国家文化公园建设方案》印发，明确提出打造永不落幕的网上空间，大运河国家文化公园数字云平台（简称"大运河云平台"）的建设也被正式纳入建设方案之中。2020 年 11 月，《文化和旅游部关于推动数字文化产业高质量发展的意见》提出要培育数字文化产业新型业态，对优秀文化要进行数字化转变，深化文化内涵，加快转型升级。作为世界文化遗产，大运河文化带建设是振兴中华优秀传统文化无法忽视的切入点，其文化资源也具有巨大的现代传承、串联、开发、发展意义。多重政策支撑数字技术以其强大的赋值、赋能、赋智功能，推动大运河文化传播。

（二）技术创新

在技术手段的不断创新下，数字化能力的提高不断拉近受众与大运河文化的距离。以人工智能、AR、区块链为代表的高新技术的发展，让观众对大运河的感知变幻出多重的互动体验感，以实现更好的传承与转化。技术创新也使文化影响得以扩大，使其传播范围不会局限于某个国家、地区或者小型受众群体，可以通过更加便捷、直观的方式展示文化。大运河云平台也采用了目前最为前沿的"知识图谱"技术，通过对知识体系的不断重构解读，利用一个一个的知识点及其相互关联，构建更加完整的大运河知识与关系网络，从关联的视角来剖析具有千年生命力的大运河文化，并以"运河图谱"为基础，打造更多易于接受的 App 应用模块，将文化的魅力借助科技呈现在世人面前。

（三）受众群体改变

随着技术手段的不断革新，传统与现代正在进行融汇，文化传播的主要受众也在悄然间发生改变。青年人的需求与互联网的发展紧密相连，双方有着双向互动。青年人依靠互联网汲取信息、表达诉求，也因互联网改变着自己的生活方式与观念。在当下互联网蓬勃发展阶段，大运河云平台正在紧密拥抱互联网，着力打造多重产品，包括各类互动、NFT产品，以及线上与线下融合文旅项目，在线上与线下同步焕发生机与活力，寻求"出圈"机会。将平台设计理念与年轻人的爱好相融，以更丰富的数字化艺术形式将大运河文化传播给更多的青年，在了解中认同，在认同中接受，在接受中传承，又在传承中创新，铸就文化传播的意义和未来。

二 大运河文化带数字化建设的重要性

（一）打造文化名片，强化多样化的统一

大运河文化带数字化建设离不开传承与创新，将千年运河文化精髓与精神文明进行巩固与传承。以数字化为表现手段，挖掘、展示大运河文化带江苏段的多样化形态、高质量发展，构建13地市特色大运河"文化符号"，同时、同等、同对象地展示相通文化源地上生长出的多样化文化，让每一种地域特色文化都有向外界发声、表达的机会。

（二）文化自信建立

习近平总书记在党的十九大报告中强调，"全党要更加自觉地增强道路自信、理论自信、制度自信、文化自信"。"四个自信"是中国特色社会主义的重大理论创新，也是实现中华民族伟大复兴中国梦的精神动力。当代的文化自信是在继承中国优秀传统文化基础上，在马克思主义指导下重建的文化自信。

优秀的中国传统文化让中国人民在几千年的历史长河中紧紧凝聚在一起，大运河文化作为具有典型意义的中国传统文化，不仅代表着中国人民顽强不屈的奋斗精神，也是沿岸多地文明的合集。为了更好地传播大运河文化的精神与

内涵，必须充分、彻底认识大运河文化，只有在充分认识、了解文化底蕴的基础上，才可能建立真正的"文化自信"。而大运河文化的再度传播需要与文化建设道路相结合，也需要与整体社会的发展趋势相结合。高新技术的不断发展、智能设备的广泛普及让数字化传播变成了当代最容易被接受，也最容易广泛覆盖的传播方式。数字化传播还因为其多样化的传播形态受到欢迎，图文、短视频、互动体验都可以依托智能设备让受众即时进行体验。将大运河文化与这些数字艺术形式进行融合，开发出符合现代化传播语境的大运河文化产品，使其在传统文化都在寻觅"破圈"之路的时代开辟出一条独属于自己的发展道路，是大运河文化在新时代进一步发展的必由之路。

（三）文化交流与"出海"传播

美国国际政治学家 Joseph Nye 于 1990 年首次提出"软实力"的概念，在信息化与全球化的时代中，武器、军事已不再是唯一的解决国际关系的方式。提高"文化吸引力"可以有效增强国家吸引力，有效的文化海外传播可以通过非强制的手段吸引人们追随，提升国际地位。大运河文化以一种潜移默化的方式传达着中华民族在数千年中积攒下的文化精髓与人文精神，是中华文明的重要组成部分，通过恰当的文化交流可以将中国大运河推向更广的视野，将优秀的大运河文化传达给更多不同文化背景的人们。因此，在目前的传播条件下，除了成功申遗以外，大运河需要开拓独属于自身的大运河文化传播渠道，与海外文化进行融汇，将大运河文化推向更大的舞台。

在数字化时代，海外传播可以利用网络平台向全世界的人们展现中国文化。各类社交媒体因为其便于传播、用户体量大、面向范围广、用户活跃度高且能够承载多样新媒体，成为"出海"传播的首选。大运河文化海外传播也需要以全球化的社交平台为基础，构建大运河文化传播新引擎，在传统中国文化与国际流行文化之间寻找共同语言，打造多样化的大运河传播格局。

（四）受众关系变革

互联网时代下对传播关系的变革体现在传受关系上。在传统的传播方式中，信息由传播者进行输出，受众只能够被动接受。但时至今日，尤其是在以互联网传播为主要特征的当下，受众与传播者的关系已经发生了翻天覆地的变化。受众已不再是被动的信息接收者，传受关系已从"传受对立"转变为"传受合一"。早期的单向传输方式随着互联网的兴起被改变，传播者与受众的关系被紧密联系在一起。传播者向受众输出讯息，同时也从受众身上汲取新的讯息与反馈，更有部分平台将受众培养成传播者，打造目前最为流行的UGC模式（用户创作内容模式）。互联网时代下，受众的地位受到了更高的重视，随着 Web 2.0，甚至 Web 3.0 时代的到来，大众对信息的接收方式从被动转向主动，互联网不再是一条仅限传播者可行的单行道，而是变成了维系传播者与受众关系的纽带，他们可以通过这条纽带进行互动，同时互相影响。"互动"取代了"传播与接收"，变成了新时代传受关系的新关键词，生硬的知识输出已经不符合当今受众的诉求，拥有不同社会身份、文化背景的受众需要在自主吸收知识的基础上，获得属于自己的身份认同。大运河传播要利用新型传受关系的特点，督促、吸引受众参与到大运河文化的传播之中，让受众在大运河文化中找寻到自己的归属感。

三 大运河文化带数字化建设探索

2019 年中共中央办公厅、国务院办公厅印发《长城、大运河、长征国家文化公园建设方案》，提出建设长城、大运河、长征国家文化公园官方网站和数字云平台。2021 年初，国家发改委印发《大运河文化保护传承利用 2021 年工作要点》，明确"建设大运河国家文化公园官方网站和数字云平台"。为贯彻好国家工作部署和省政府要求，在省大运河文化带建设工作领导小组办公室的领导下，江苏省文化投资管理集团有限公司遵循国家和省规划要求，推动落地建设。经过近一年的努力，大运河国家文化公园数字云平台一期已于 2021 年底建设完成，受到来自全国多位大运河专家、技术专家的认可，正式上线公测。作为全国首个国家文化公园数字云平台，大运河云平台以构建"数字运河"为主要理念，始终以活化大运河文化、推动大运河文化传播为第一要义。以问题为导向，用创新突破难题，做好云平台整体架构设计。开设对政府、对公众、对企业、对海外四大端口，分门别类，打造立体化大运河文化传播结构。面对大运河国家文化公园跨省域、跨部门、多层级，缺乏综合治理数字基础的情况，打造综合政务管理平台；面对"活化"大运河文化所需要依托的知识基础，针对分散、浅层、不系统问题，利用知识图谱技术，构建"运河大脑"，结合国家文化大数据库体系，探索大运河文史类研究和学术交流的新模式；面对国家文化公园大区域、多点位、无入口、无边界的情况，探索具象表达的方式，构建大运河数字化展示体系，打造线上文化体验馆、线上与线下文旅融合体系、大运河知识与水工科技趣味科普等大量生动形象的数字化内容模块，探索"主题内容牵引型"的新模式，做好大运河文化大众普及；面对大运河海外宣传尚未有成熟体系的情况，积极打造首批海外媒体账户，扩大国际影响力，讲好中国大运河故事。

（一）协调协同——协助数字治理

跨部门、跨区域、跨层级的协调协同是实现大运河文化带良好治理的前提。由于大运河文化带建设刚刚起步，大运河文化带建设与大运河国家文化公园建设涉及的点位、城市众多，构建"内外上下"的统筹化的管理体系有其必要性。数字化治理可以有效解决这个问题，不同的城市、不同的部门可以通过同一套系统进行协同办公，并且可以实时、有效关注重点工作进展，提高各部门之间的关联度，并通过系统计算，智能化协调资源，将分散的管理方式深化为一个综合管理平台，达到建设效率最大化。

大运河云平台推动数字治理和实体大运河国家文化公园深度融合，协同与整合并举，以高效化为核心，推进跨部门、跨地区的协同与合作；以协调化为先决，推动大运河国家文化公园的工作协同；以共享化为方向，打造数据库，促进大运河相关数据可参可查；以实用化为驱动，为政府提供内参、简报等专门模块，提高效能。加强数字社会、数字大运河国家文化公园建设，提升数字化智能管控水平。构建"数智驱动"的多元主体共生的大运河文化带数字化治理体系，以政府为主导，以满足大运河文化发展需求为核心，通过获取良好的用户体验实现文化传播，建立数据战略、政策规划支撑、数智管理、大运河形象展示等多位一体的智能平台，探索大运河国家文化公园全链路数字化管理的道路。

（二）焕发光彩——高质作品传播

1. 碎片化知识整合

移动互联网时代下，以微博、抖音为代表的社交媒体风靡，很大程度上满足了个体的情感诉求与社交诉求，也是对广大受众在高效快速生活节奏导致的碎片化生活状态下，对短小精悍的移动化信息需求的满足。碎片化传播的风靡，源自当今受众的生活方式。由于快节奏的生活方式，受众可接收讯息的时间也呈现碎片化，上班途中、午餐时间等碎片化时间是常见的接收外界信息时间。因此，从此类现实需要层面出发，当今社会语境下的大运河文化传播只有适应这样的主流传播方式，才能进一步提升效率和效果。

大运河云平台中设置了专门的"知运河"模块，用于打造大运河专业知识传播体系，将大运河文化分为非遗、红色、美食等不同种类。利用短篇幅的文章，成系列的图片、视频、音频，能够最大化地让用户充分分配自己的时间，无论是用几秒钟浏览图片还是用几十分钟观看视频，都能够找到合适的类型，满足受众的个性需求。此外，多元化的内容集成能够让受众打破时间与空间的束缚，随时随地观看感兴趣的大运河讯息，集成化的方式在更大程度上节省了检索时间，并且为用户高效利用碎片化时间提供帮助。"知运河"集成化知识模块在做好大运河文化传播的基础上，以适应社会语境为前提，以提升用户体验与传播效果为目的，利用碎片化传播的特点，让大运河文化在用户之间实现高效传播。

2. 强化互动体验

技术发展为传播主流方式带来了极大的变革，这一点在大运河的数字传播方式上体现得十分明显。大运河云平台中建有以知识图谱大众体验为代表的"图谱名片""运河星球"。2006年，万维网发明者 Tim Berners-Lee 提到链接数据时，强调在不同的数据间通过技术手段挖掘关系，实现链接。知识图谱的概念与之类似，让知识资源之间的链接可视化，挖掘、分析、构建、绘制和显示知识及它们之间的相互联系。技术化的概念在观众眼中较为晦涩，大运河云平台特设多个模块使此类新技术更加有趣、更易理解。"图谱名片"以大运河城市、老字号企业为中心点，构建网状结构，直观化展示与中心点相关的各类信息；"运河星球"的体验感则更加直接，用户在景点游玩时，可以输入相关信息，通过知识图谱与大数据算法，探索自己与景点在历史上的关联，加深用户对景点的情感，推动旅游线上与线下融合。

"点亮运河""运河开凿""运河探秘"是线上与线下融合的典型模块，以数字化建设、艺术化手法、互动化体验为显著亮点，给予大运河数字化艺术更丰富的表达和更多样化的传播，用新技术手段打造应用模块，吸引更多关注，带来在真实场景与线上二维、三维体验相融合的沉浸体验，为大运河文化及其历史打造新表达方式。熟悉的线下景点变成有趣的动画、开盲盒式的集邮打卡、独具特色的知识科普，超越时空的桎梏，为受众打造全新的大运河文化感知、感受体验，在很大程度上提升受众对大运河文化的参与感。

大运河云平台除了碎片化的知识科普外，也设置了专业条线的知识科普。"运河文化体验馆"利用科技特性、文化挖掘、艺术手法表达，将技术构建的虚拟场景与现实场景相关联，实现真实环境与虚拟模块的衔接。将大运河文化中的精髓进行凝练，同时加以当代阐释，让大运河文化中的思想与文化精髓和现代人的生活理念相结合，进行有效的传播。让大运河文化精神以更加生活化、轻松化的面貌出现在大众视野中，实现大运河文化在当代的创造性转化，在现代生活中焕发出新的生命力。

此外，云平台也在"运河+"领域进行探索，研学与IP板块都在积极探索发展道路。研学利用"线上定制课程+线下课程教育"，形成家、校、社联合一体的模式，在学校教育中做好大运河文化普及工作，在家庭教育中推动学生与家长共同感悟，在社会中实现先进数字艺术对大运河文化的现代化塑造。让大运河云平台成为课堂教育的补充，也在潜移默化中培养受众，让大运河云平台获得真正的新生。IP板块打造大运河文化独有IP，让神兽、传说人物等形成实体形象，做好视觉开发。同时致力于将"IP"转换为数字资产，联动文旅场所，做好NFT开发。通过以上方式将大运河文化打造成为一种可视的、辨识度高的、带动消费的文化类型，以期创造出相应的经济价值，推动大运河文化的传播以及大运河云平台的可持续发展。

3. 文旅建设——融合共生

大运河云平台从省域高度构建"游运河"模块，推进江苏大运河文旅融合发展。打造大运河旅游专线，通过文化与旅游的有机融合，提升文化与旅游的内涵，打造特色大运河文旅业态；通过"游运河"模块的文旅产业化特性，持续不断引进丰富的文化与旅游产品，打造独具特色的服务供给方式、供给渠道和供给类型，持续做好公共场馆预约、城市活动日历查询等30余项服务，提升文化发展活力与公共服务水平；依托江苏各地独特的文化资源，改造提升江苏文化品牌传播模式，打造大运河文化带旅游专属模块，辅助推进大运河文化带高质量发展，用数字文旅带动区域发展，打造具有活力的城市旅游产业，实现文旅共通互融。

（三）国际表达——"出海"传播

"文化自信"的提出正是中国重新正视中华传统文化的宝贵之处，在做好国内传播的同时，也需要做好对外传播，实现"文化自信"。做好大运河文化的对外传播，有利于传播优秀中国传统文化，提升国家文化软实力。大运河云平台架构中设置"金色运河"海媒账户，利用社交媒体间的互动，在国际传播中唤起世界人民对中国大运河文化的认知与认可，拓展不同文化背景下的跨文化沟通路径，构建立体化大运河文化传播格局。"金色运河"传播理念着力纪实，在保障输出信息真实的前提下，更多地以人文角度与国家视角进行大运河文化传播。除了人文风景传播外，"金色运河"的传播内容也在努力展示与剖析大运河文化中人文、地理关系，将大运河背后凝集千年的中华儿女智慧与内涵，通过世界人民可共通的方式呈现，以多视角、多方位、多角度的方式，更为立体、深入、生动地诠释大运河文化。

除了"出海"媒体宣传，"金色运河"还致力于进行一些在地化宣传，做好与世界各地大运河互动，进行日常化、真实化和本土化的跨文化亲切沟通。既体现大运河文化所具有的民族特色和独特魅力，又要有国际视野和国际化的表达方式。不仅着力宣传大运河相关人文风情，还致力于让多种与大运河相关的优秀文化产品"走出去"，如相关剧目等。力求让东西方文化既能引发比较又能感受包容，使传统的、复杂的大运河文化能够在对外输出的过程中激发全新活力，让中国文化与国际文化和谐共生、合作共赢。打破地域、文化、教育、社会背景的限制，让大运河文化在国际传播中实现文化共兴、文化共情。

四 大运河云平台发展中的困难

（一）文化内涵的现代转化

青年作为新兴受众群体，也是互联网使用的主流人群，将大运河文化利用数字化方式转写使其更易被新受众接受。数字化的方式不仅仅局限于文字，还有图像、游戏、互动体验等多媒体方式，为快速吸引大众，大运河云平台中也设计了非常多的互动体验模块，但是如何平衡抓人眼球的视觉冲击与展现大运河文化底蕴的关系，仍需要进一步研究。在大运河云平台实际建设与运营过程中发现，当前的大部分年轻人缺乏对大运河文化的认知，对于大运河文化的理解并不透彻。大运河文化在不同的历史时期具有不同的表现方式和形态，也有着复杂的精神内涵，在进行现代转译的过程中会遇到一定的困难，不同的人可能对文化有着不同的解读，也有着不同的接受程度，在传播过程中会因为这样的情况而遇到挑战。

大运河云平台中"文化体验馆"一直追求把握住娱乐、艺术和文化内涵传承的平衡，但实际操作中发现三者平衡的难度较大。文化体验馆中有不同的模块，分别展示大运河水工科技、漕粮运输、商业古镇、消逝大运河城市等，最大限度地保存文化内涵、历史感，但与紧密贴近网络化表达手法之间仍有隔阂，传统的文化内涵与泛娱乐化的传播手法只有被不断分割和拼接，才能满足人们的需要。一部分成为"爆款"的传统文化是在舍弃了自身特质的基础上进行改造，成为符合现代人喜爱的产品。但大运河文化的价值在于绵延千年的文化积淀，这让它与互联网的新鲜化、活泼化之间的协同成为课题。建设过程中，相关人员始终致力于探索如何在时代进步中运用先进的数字艺术形式做好现代转化，既保留大运河文化源远流长的精神内涵，又能够最大限度地利用吸引新受众、引发讨论的方式，达到社会传播的目的。

（二）文化价值与经济价值的平衡

大运河文化数字化传播目前主要依靠两大主体。一是政府，在政府主导下的大运河文化项目注重保留传统文化内涵，但也同步存在经济价值挖掘不够充分的情况。二是商业团体，商业团体往往先立足于对经济价值的深入挖掘，容易存在文化内涵挖掘不足的问题。

大运河云平台作为政府指导建设的国家级平台，在建设时将文化传播的公益性作为首要目标，对于如何实现市场化商业价值正在逐步探索。为了保障平台的公益性，"游运河"模块在运营初期也以提升公共服务为重点工作目标，以期为大众带来更好的使用体验。在保障公益性的前提下，如何更好地开展市场化运营、提升平台市场竞争力和自我造血的可持续发展能力，需着力研究。

（三）互联网适应性不强

当今，手机成为人们社交的重要载体，人们对表达和参与的热情空前高涨，线上与线下同步成为人们社交必不可少的方式，情感表达、自我表达、高体验度等受众的心理诉求在互联网产品的设计中成为无法忽视的部分。目前，大运河云平台的公众服务端大运河文化宣传仍然以工具性为主、以体验性为辅，用户的体验、互动尚未达到主流社交媒体的自由程度。目前 UGC 模式对于大运河云平台来说，实现难度较大。作为国家级平台，大运河云平台的展示内容都需经过严格的专业评判与意识形态审核，以保障平台内容的真实、准确、严谨。如果使用 UGC 模式，将需投入大量人力、财力对用户上传的内容进行审核把关，短期内较难实现。所以，大运河云平台的 UGC 化需要一个长期探索的过程，需要审核制度、人工智能后台等措施的先行推进。

（四）知识产权问题

目前，大运河云平台上的大多数内容由政府、高校、科研机构以及专家提供，但大量个人拥有的图片、视频、文章，其知识版权难以用公益性方式获取。由于大运河云平台目前未形成 UGC 模式，所以以用户主动提供知识版权的可能性不高。但实践中每一个模块的打造、宣传都涉及版权问题，如何开发新的版权获取渠道需要被考量，是否开放专门的投稿渠道与构建创作奖励机制也需要被探索。此外，如何保护已有作品的知识版权也是较为重要的问题。对部分科研价值较高的作品，在展示的同时也需要保护提供方的合理权益，大运河云平台需要积极探索加密技术与水印技术的运用，保障知识版权不受侵扰。

五　结语

大运河文化在现代社会语境下的创新转化和传承发展，不论是对内的思想文化建设，还是对外的国家形象展现，都有着重要作用。对内以千年运河文化的定位提升民众认知，串联民族情感，提升民众归属感，实现文化自信；对外以优秀中华文化的全新生命力，以跨语言的文化内涵，提升世界影响力与感召力。在传播力也是创造力的今天，需要充分地展现大运河文明，讲好中国故事，将传统又与时俱进、内敛又磅礴大气的大运河文化，通过全新的方式展现给世人。高新技术的发展为大运河文化的广泛传播提供了具有时代性的机会，我们应该紧紧抓牢数字化的机遇，以技术手段为支撑，将传统的大运河文化转化为更符合现代传播特性的内容，实现内容上与情感上的互动交流，在云端形成一条"数字运河"。以新媒体为载体，通过多种多样的媒介形态，努力创建完善的大运河文化聚合、延续、创新平台，开辟出更具时代特色的多元化传播方式。

参考文献

新华社：《中共中央办公厅　国务院办公厅印发〈国家信息化发展战略纲要〉》，《中华人民共和国国务院公报》2016 年第 23 期。

金苗：《国际传播中的大运河文化带建设：定位、路径与策略》，《未来传播》2021 年第 5 期。

秦宗财、冯锐：《"千年运河"文化品牌的生成、塑造、传播与业态创新——首届中国大运河文化品牌传播国际论坛综述》，《经济与社会发展》2019 年第 3 期。

刘峤、李杨、段宏、刘瑶、秦志光：《知识图谱构建技术综述》，《计算机研究与发展》2016 年第 3 期。

王刚、杨晟、孙文英等：《区块链技术在全域旅游中的创新应用——以京杭大运河杭州景区为例》，《科技通报》2019 年第 5 期。

彭兰：《网络传播概论》，中国人民大学出版社，2017。

金惠敏：《论文化自信与新的全球化时代》，《人民论坛·学术前沿》2021 年第 8 期。

文旅融合篇
Integration of Culture and Tourism

B.7
大运河文化旅游廊道建设研究
—— 以京津冀为例

杨楠 陈曼娜*

摘　要： 大运河文化旅游廊道的建设是以大运河文化遗产廊道为基础的，借助历史与现实、文化与经济、内容与逻辑的高度契合性，进而设计建构出高效、快捷、令游客满意的大运河文化旅游廊道。近年来，在国家对大运河文化旅游发展的科学决策下，京津冀三地从大运河文化广场、大运河博物馆、大运河文化旅游景观、大运河旅游精品线路、大运河国家文化公园等方面展开了全面的探索性实践，在历史与现实的契合性方面取得了一定的成就。但在文化与经济、内容与逻辑的契合性上还存在一些问题，如缺乏整合三地大运河文旅资源的全面规划，没有建构三地大运河文化旅游廊道的实施措施，等等。据此，本报告建议从建立三地文化旅游协同会商机制到构建文化遗产廊道与文化旅游廊道、规划精品旅

---

* 杨楠，历史学博士，天津社会科学院历史研究所助理研究员，主要研究方向为运河史、艺术史。陈曼娜，历史学博士，天津财经大学教授，主要研究方向为运河史、思想文化史。

游文化线路等方面着手，尽快将京津冀大运河文化旅游廊道建设成中国旅游业的典型范例。

关键词： 京津冀　大运河　文化旅游廊道

中国大运河自公元前 486 年开凿至今，已有 2500 多年的历史，在 3200 多平方公里的土地上，留下了大量而珍贵的历史文化遗存。随着中国大运河被列入《世界遗产名录》，大运河重要的历史文化价值获得世界的认可。这既有利于我们对其进行保护传承利用，也成为我们将其进行活态化转换与创造的文化资本。大运河所流经的 8 省市共计 35 个城市，集京津、燕赵、齐鲁、中原、淮扬、吴越等多种地域特色文化于一体，并以流动的大运河文化形态，为中华文明勾勒出不断向前发展的历史轨迹，为我们今天建构大运河文化旅游廊道奠定了重要的物质与文化基础。这足以证明大运河文化旅游廊道与大运河文化遗产廊道既具有高度的文化契合性，又具有不断发展与进步的逻辑延续性，二者相辅相成，相得益彰。因此，大运河文化旅游廊道的建设本身就是对大运河文化遗产科学而有效的保护传承利用。2019 年 2 月，中共中央办公厅、国务院办公厅印发了《大运河文化保护传承利用规划纲要》，明确了"河为线，城为珠，线串珠，珠带面"的文化旅游廊道建设思路，提出一条主轴带动整体发展、五大片区重塑大运河实体、六大高地凸显文化引领、多点联动形成发展合力的文化旅游廊道空间结构；同时借助文旅融合的模式，在大运河沿线的重要节点实施配套工程，开辟精品线路，打造出多种文旅品牌。2020 年 7 月，国家文物局、文化和旅游部、国家发展改革委联合编制了《大运河文化遗产保护传承规划》。2020 年 9 月，文化和旅游部、国家发改委联合印发《大运河文化和旅游融合发展规划》，提出 12 项重点项目与工程。2021 年 7 月 19 日，由国家发展改革委牵头会同相关部门编制出《大运河文化保护传承利用"十四五"实施方案》，为促进大运河文旅融合发展，要求大运河沿线的属地政府要在打造精品线路、统一文旅品牌、推动文化旅游与相关产业融合等方面完成系列相关任务。以上关于大运河文化旅游发展决策的四个重要文件，为大运河文化旅游廊道建设提供了重要的政策依据和发展目标。

在大运河流经的 8 省市中，京津冀两市一省位居大运河的最北端，京津冀段大运河总长度 786 公里①，属于华北地区，与国家总体发展战略中的地域性顶层设计——"京津冀协同发展"完全一致。这种国家总体发展战略与大运河文化带特定区域建设的高度重合与叠加，为京津冀大运河文化旅游廊道建设赋予了丰富内涵，增加了多重价值——既丰富了京津冀大运河文化带建设的新理念与新内容，又推动了京津冀三地的全面协同发展。因此，建设京津冀大运河文化旅游廊道实际上就是利用京杭大运河这一世界文化遗产的影响力，充分发掘、吸收、融汇与整合京津冀大运河沿线各类文化旅游资源，建设一条具有华北地域特色的大运河文化带，以带动华北运河沿线文化旅游产业的发展与提升。

一　京津冀大运河文化旅游产业取得的成就

（一）国家层面以规划适时决策、辅以制度给予正确引领

首先，《京杭大运河旅游线路总体规划》给京津冀大运河文化旅游廊道建设以最早定位。2013 年 3 月，由国家旅游局牵头、大运河沿线 6 省市旅游部门共同参与编制的《京杭大运河旅游线路总体规划》获得通过。该规划制定的京杭大运河旅游线路，成为中国在万里长城、丝绸之路之外的第三条世界级旅游线路；该规划根据旅游开发新理念，设计出"一带三极六段十六节点"的大运河文化旅游结构模式；该规划推出的 14 条大运河文化旅游精品线路，为大运河文化旅游廊道建设提供了前期准备。特别是在"一带三极六段十六节点"中，京津冀既拥有大运河沿线"十六节点"中的 3 个重要节点——通州、天津、沧州，又拥有 6 个文化旅游区段中的 2 个区段——燕赵文化旅游区段、京津文化旅游区段；在 14 条大运河文化旅游精品线路中，京津冀还拥有其中的第 1、7、14 条精品线路。这足以证明京津冀的大运河文化旅游资源在整个大运河旅游市场中占据非常重要的地位。另外，《京杭大运河旅游线路总体规划》所确定的"三极"——北京、扬州、杭州，即京杭大运河的"起点"、"中点"和"终点"，北京以"皇城都市旅游增长极"居于鼎足而三的

---

① 北京大运河长度为 82 公里，天津大运河长度为 174 公里，河北大运河长度为 530 公里。

龙头位置。

其次，京津冀推出与《大运河文化和旅游融合发展规划》相关的文旅项目。京津冀三地除了首推各自的大运河国家文化公园建设项目、大运河 5A 级旅游景区项目、大运河博物馆（或大运河文化遗产展示中心）项目、大运河文化和旅游融合发展示范段项目、大运河系列景点项目、大运河特色小镇项目外，还分别推出具有三地地域文化特色的大运河文旅项目。

最后，建立京津冀三地大运河文化旅游发展的统筹协调机制。由于大运河文旅融合发展涉及大运河沿线省市之间的协调与合作问题，因此为了保证各省市部门间的正常联通与良性互动，避免同质化竞争，2019 年 7 月京津冀三地的文化和旅游部门专门召开了京津冀文化和旅游协同发展工作会，成立了京津冀文化和旅游协同发展领导小组，签署了《京津冀文化和旅游协同发展战略合作框架协议》，为三地的大运河文旅融合发展提供了高效而便捷的协调机制。

（二）京津冀大运河文化旅游产业近年来取得的成就

第一，京津冀大运河文化广场。随着大运河文化旅游产业的快速发展，大运河文化遗产的重要节点城镇基本开辟出大运河文化广场。北京的大运河文化广场位于通州区东关大桥北侧，为百里长安街东起点和京杭大运河的北起点。天津的大运河文化广场有 4 个，即红桥区三岔河口的大运河文化广场、西青区中北镇南运河畔的大运河文化广场、红桥区天子津渡遗址公园的大运河文化广场以及西青区杨柳青镇的大运河文化广场。河北省的大运河文化广场暂未确定，但衡水故城县的大运河文化中心具有近似功能。

第二，京津冀大运河博物馆。北京市的市级大运河博物馆——首都博物馆东馆被誉为"运河之舟"，现已进入外装和屋面收尾阶段，计划 2023 年底开放；北京翰林民俗博物馆为民营博物馆，是目前北京市唯一的大运河民俗文化博物馆；通州区博物馆不是大运河专业博物馆，但收藏了一批与大运河相关的文物。天津目前还没有市级大运河博物馆，根据《天津市大运河文化保护传承利用行动方案》的规划，天津市级大运河博物馆已进入选址阶段；天津还有两家镇级大运河博物馆，即静海区陈官屯运河文化博物馆和西青区中北镇运河文化博物馆，陈官屯运河文化博物馆是大运河沿线第一家镇级大运河博物馆。河北省正在筹建大运河博物馆，选址沧州；河北省还有一个县级和一个村级大运河博物馆，即故城大运河博物馆和阜城县码头镇运河记忆博物馆。

第三，京津冀大运河文化旅游景观。北京所开发的大运河文化旅游景观有西海子公园、燃灯佛舍利塔、永通桥、北运河端遗址、大运河森林公园、通州运河公园和大运河水梦园。天津有大运河古镇杨柳青，三岔河口，御河园，武清区的六孔闸、八孔闸、十一孔闸等闸桥景观。河北省开发了廊坊香河段的"京畿辅卫"景观，沧州市区及吴桥段的"侠武商贸"景观，衡水景县故城段的"世界遗产"景观，邢台清河临西的"古都家园"景观和邯郸馆陶大名段的"古都家园"景观。

第四，京津冀大运河文化旅游精品线路。2016年7月，中国大运河城市联盟在枣庄峰会上发布了京杭大运河14条精品旅游线路，这是大运河文化旅游线路的总体规划线路。北京市文化和旅游局策划了12条北京大运河休闲旅游精品线路，覆盖了北京大运河文化带的全部区域，如通州区的北运河2号码头、"三庙一塔"等线路，西城区的旅游线路串联起了郭守敬纪念馆、鼓楼西大街、烟袋斜街、京杭大运河积水潭港碑等古街民居。天津市2021年推出了37条文化旅游精品线路，其中的"运河印象一日游"串联起了杨柳青古镇、北运河郊野公园、佛罗伦萨小镇等大运河沿线的文化旅游资源，成为天津大运河文化旅游的首选线路。"津门水韵两日游"将桃花堤、天津之眼、海河游船、水上公园等重要节点串联起来。河北省的大运河文化旅游精品线路以廊坊、沧州、衡水、邢台、邯郸、雄安新区为重点区域，发挥北运河旅游通航带动作用。河北省还推出"运河古郡·匠心传承之旅"、"文武沧州·杂技醉心之旅"和"又见运河·非遗精华之旅"3条大运河沧州段非遗旅游线路。

第五，京津冀大运河国家文化公园。2017年北京成立了国家文化公园建设专项工作组，统筹推进大运河国家文化公园建设。2021年颁布了《北京市大运河国家文化公园建设保护规划》，以大运河国家文化公园为牵引推进大运河文化带建设，打造具有管控保护、主题展示、文旅融合等特色的大运河国家文化公园。2021年天津市审议通过了《杨柳青大运河国家文化公园建设方案》，规划了历史名镇、元宝岛、文化学镇三大板块，全力打造集工艺美术文化体验区、曲艺文化体验区、沉浸式国潮文化街区和文化产业聚集地于一体的大运河国家文化公园。河北省计划在廊坊、沧州、衡水、邢台、邯郸、雄安新区建成"一轴、两廊、五区、多集群"的大运河国家文化公园。

第六，京津冀大运河非物质文化遗产的保护传承利用。北京市的大运河非物质文化遗产名录已列入 11 个项目，其中有与大运河相关的地名、传说、风俗、船工号子等，如"海运仓""宝塔镇河妖""铜帮铁底古运河""乾隆游通州的奇闻逸事""通州运河龙灯会""通州运河船工号子"；北京市还通过登记、整理、建档的方法，建立了大运河非物质文化遗产数据库。天津市决定在杨柳青大运河国家文化公园建设中，通过恢复过去的杨柳青画苑堂、运河水街、非遗文化街等途径，同时借助相声曲艺、非遗体验、中华老字号业态等活动，建设非遗教育基地，推动大运河文化传承发展。河北省于 2021 年 4 月在沧州启动了中国大运河非物质文化遗产公园建设，沧州大运河非物质文化遗产公园将 27 项非物质文化遗产串联成大运河非物质文化遗产廊道，是大运河沿线 8 省市非物质文化遗产的集中展示地。

第七，京津冀大运河旅游通航工程。北运河全长 143 公里，流经北京、河北、天津两市一省，近年来京津冀三地分别实施水系治理、桥闸改建、码头修建等多项工程，使北运河的文化脉络清晰显现。2021 年 6 月 26 日，大运河北京段 40 公里河道全线旅游通航，同日，大运河廊坊段全线旅游通航。目前，北京通州区与天津武清区、河北廊坊市已经形成"通武廊"全线通航联合工作机制，尝试把通州、武清、廊坊打造成为集旅游、海事、安全保障于一体的综合性北运河文化旅游廊道，向游客提供大运河文化旅游的全新体验。

第八，创作大运河主题文艺作品，挖掘大运河文化内涵。北京以"运河之蕴"为主旨推出京剧交响套曲《京城大运河》、民族交响诗《大运河》、舞剧《曹雪芹》、长篇小说《漕运三部曲》；"千年韵·万象河"大运河文化之旅演出活动推出情景剧《运河情》；"流动的文化——大运河文化带精品剧目展演"推出北京物资学院的大运河题材舞剧《运》、北京民族乐团的民族音乐会《流淌的旋律——大运河随想》。天津推出话剧《运河 1935》，讴歌运河儿女的民族大义和爱国情怀，纪录片《赶大营》《过年的画》《美的溯游》呈现了受大运河文化影响的天津历史；推出天津"运河记忆"非遗宣传展示；出版长篇小说《烟火》、学术著作《行与思：大运河文化带考察报告》和"寻根大运河"系列丛书。河北省 2020 年组织全省美术家进行大运河采风创作活动，创作了一批优秀大运河美术作品；沧州市创排了杂技剧

《大运河上》、《一船明月过沧州》和《江湖》；河北还成功举办了中国吴桥国际杂技艺术节、沧州国际武术节、大运河非遗大展暨京津冀非遗联展精品活动。

二 京津冀大运河文化旅游发展存在的问题与不足

京津冀三地的大运河文化旅游近年来取得了不错的成绩，具备了良好的开局。但由于大运河沿线文旅产业结构正面临整体转型与升级的挑战，因此，京津冀大运河文化旅游正在经历一个尝试、探索与升级的过渡期。在此期间，京津冀大运河文化旅游廊道的建设存在一些亟待解决的问题与不足。

首先，京津冀三地的文化旅游管理相关部门对世界文化遗产京杭大运河的文化特质与基本属性的认识有限，仅仅将其视为一种世界文化遗产的符号化标识。依据 2008 年 10 月国际古迹遗址理事会通过的《文化线路宪章》①，京杭大运河被认定为典型的线性文化遗产（Lineal or Serial Cultural Heritages），它有着其他类型的世界文化遗产所不具有的线性文化特质和文化线路（Cultural Routes）遗产形式。京津冀三地对大运河的认知还未能从直观的文化标识层面转变到遗产内涵、文化类别与线性特质的层面上来，这意味着它们看不到从文化线路到线性文化遗产的概念变化与内容增量，看不到从线性文化遗产向全域旅游和大运河文化旅游廊道发展的前景。

其次，对文化遗产廊道与文化旅游廊道的文化契合性缺乏认识，对二者之间的相互转化关系不了解，从而导致对京津冀大运河文化旅游廊道建设缺乏积极性与创新性，因此很难获得文旅融合的突破性进展。

最后，对大运河的文化内涵与精神价值挖掘不深与诠释不够，中国大运河入选世遗 8 年来，京津冀三地一直没有推出重量级的有关大运河文化研究的学术成果，南北运河流域也没有产生网红打卡级别的著名文旅品牌。

京津冀大运河文化旅游发展除了存在上述理论认知方面的局限外，还有以下三个层面的不足。

① 《文化线路宪章》的 60 多个缔约国已确认 30 多条文化线路，其中包括中国的大运河、丝绸之路 2 项。

1. 从宏观层面看，京津冀三地没有依据南北运河沿线的文化旅游资源，在全域旅游的架构下，制定出大运河文化旅游廊道建设的中长期发展规划

第一，大运河文化遗产廊道的物质文化遗产是开发大运河文化旅游廊道的基础。以水利工程文化遗产为例，包括水道工程、水源工程、工程管理和附属设施工程，这些古闸、古渠、古桥、古塔、古镇、古村从历史与科学技术层面体现出线性文化遗产的普遍价值，也彰显出线性文化景观的独特个性。但京津冀三地没有将大运河文化遗产廊道的物质文化资源进行全面的总结与归纳，从而难以制定出京津冀三地大运河文化旅游廊道建设的中长期发展规划。

第二，大运河文化遗产廊道的非物质文化遗产是大运河文化旅游廊道活态利用的重要资源，但京津冀三地至今没有对南北运河沿线非物质文化资源进行全面的甄别与排查，因此也无法形成南北运河沿线非物质文化遗产活态利用的基本标准和各种遗产资源的开发序列。

第三，虽然 2019 年 7 月京津冀签署了《京津冀文化和旅游协同发展战略合作框架协议》，但至今没有形成京津冀协同发展的互通、协调与合作机制，无法实现三地大运河文化旅游资源与经济效益的普惠共享。

第四，《大运河文化保护传承利用规划纲要》已明确了大运河六大文化高地在大运河文化旅游廊道建设中的引领作用，但京津冀三地对于自己属地的京津文化、燕赵文化认识不足、重视不够，缺乏深度的发掘与研究，因此没有发挥出两大文化高地的引领作用。

2. 从中观层面看，京津冀三地仅有各自属地的文化旅游精品线路，没有集三地优质大运河文化旅游资源共同打造出来的京津冀大运河文化旅游精品线路

京津冀三地目前这种独立经营、各自发展的模式主要是由京津冀三地文旅产业间的关联性、共生性不强造成的，这直接影响贯通三地的大运河文化旅游廊道建设，致使京津冀至今没有形成系列化的贯通三地的大运河文化旅游廊道，如大运河专题博物馆廊道、历史文化街区廊道、大运河码头遗址廊道、大运河名镇廊道、大运河文化园林廊道、大运河饮食文化廊道、大运河艺术文化廊道、大运河非遗文化廊道等；同时，也没有举办大运河专题文化节、大运河专题体育赛事、大运河专题戏剧节等主题活动。

3. 从微观层面看，京津冀三地对大运河物质文化遗产与非物质文化遗产的"活化利用"尚处于浅尝期，未能充分释放出"活化利用"的经济效益与社会文化效益

联合国教科文组织关于《保护世界文化和自然遗产公约》的最新版操作指南中，把大运河文化遗产的主要特点归结为"代表了人类的迁徙和流动，代表了多维度的商品、思想、知识和价值的互惠和持续不断的交流，并代表了因此产生的文化在时间和空间上的交流与相互滋养"。大运河文化遗产是以其显著的流动性文化特质成为一种活化石类型的文化遗产，而这一活化石特质也恰恰成为被活化利用的便利条件。因此，京津冀三地对大运河物质文化遗产和非物质文化遗产进行"活化利用"，就可以充分利用这一文化特质，在不破坏大运河文化遗产真实性和完整性的前提下，去深入开发和利用大运河文化遗产本身的文化元素，释放大运河文化遗产的文化活力及精神价值。

但京津冀三地对于大运河文化遗产的活化利用非常有限。或根据各自属地的大运河物质文化遗产资源与大运河非物质文化遗产资源，制定各自的《大运河文化遗产保护传承规划》《大运河文化和旅游融合发展规划》；或是在各自的大运河沿线将大运河文化景点与代表性的非遗项目进行简单对接，形成"大运河+""旅游+"的简单模式。没有探索和尝试"让文物说话、让历史说话、让文化说话"的最佳形式、合适手段与便捷途径，以获得理想的活化利用效果。

京津冀三地的大运河文化遗产展示功能不完善，大运河文化遗存、大运河水工遗址与大运河文化遗产的重要节点都缺乏配套的标志性设施，无法彰显大运河壮美的千年神韵；大运河文化遗产的保障设施不到位，监管措施不规范。此外，受通州、香河、武清三地通航问题的制约和跨省市协商机制缺乏操作经验的窒碍，京津冀大运河水上文化旅游廊道的建设也一直被搁置。

京津冀三地目前迫切需要寻找合适的对策与办法，去尝试解决上述问题。

三 建设京津冀大运河文化旅游廊道的对策建议

针对京津冀大运河文化旅游廊道建设存在的问题，本报告建议尽快提高京津冀三地大运河文化旅游管理部门对于大运河这一线性世界文化遗产的本质、

特点、文化价值的认识，尽快了解文化线路、线性文化遗产、文化遗产廊道与文化旅游廊道这些新兴专业的基本要求与操作规程，改变肤浅而直观的文化标识认知习惯。

首先，要充分理解京津冀大运河文化旅游廊道建设的基本理论——线性文化遗产理论。

联合国教科文组织世界遗产委员会 2008 年推出文化线路理论，由此衍生和拓展出线性文化遗产理论。线性文化遗产理论延伸到文化遗产廊道（Cultural Heritage Corridor）与文化旅游廊道（Cultural Tourism Corridor）两个层面，即发展成一个具有实践性和前瞻性的文化遗产学方向。线性文化遗产理论的前瞻性在于，线性文化遗产的视角既赋予历史文化遗产以较大的空间跨度，如中国大运河即可跨越 8 个省市，同时还以线性文化的发展逻辑使之成为带状的文化遗产类型，如"大运河文化带"；在内容构成上，该理论确定了物质文化遗产、非物质文化遗产以及自然遗产三种文化形态；在表现形态上，既有文化线路，还有文化遗产廊道。因此，线性文化遗产的全新视角使我们对京杭大运河这一世界文化遗产的认识呈现文化逻辑递进的过程（见图 1）。

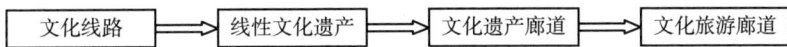

| 文化线路 | → | 线性文化遗产 | → | 文化遗产廊道 | → | 文化旅游廊道 |

图 1　线性文化遗产推演逻辑

可见，大运河文化旅游廊道的建构是以线性文化遗产为主旨，起源于大运河文化遗产廊道。因此，要建构大运河文化旅游廊道，就必须全面考察和深入了解大运河文化遗产廊道，以有效保护、传承、利用大运河文化遗产。

其次，从文化遗产廊道与文化旅游廊道的文化契合性出发，客观而科学地规划京津冀三地大运河文化旅游廊道建设的中长期发展蓝图，也可以称之为"两步走"方案。

第一步，建构京津冀大运河文化遗产廊道。

目前大运河文化遗产廊道的研究表明，我们已经从过去历史文化遗产的"点"状保护发展为由"线"到"面"再到"带"的区域性文化遗产保护，因为大运河文化遗产廊道在空间上的线状规定性必然会在宏观上聚合成由"面"到"带"的文化空间，即"大运河文化带"形态的历史文化遗产区域。这样的大运河文化遗产区域，既具有真实性，也具有完整性；有特定的人工水系——大运河，还包括被人工利用的自然水系，只要与特定的人群聚落相依相守，就必然会留下历史文化记忆，形成与大运河物质文化遗产密切结合的非物质文化遗产，包括历史文化活动、民风民俗、民间传说、民间艺术等，体现出特定的大运河文化理念与自然环境间相互作用形成的大运河文化精神。大运河文化遗产廊道具有区域文化的多样性，既有丰富的历史文化遗产点，也有独特的自然景观，如古闸、古渠、古桥、古塔、古镇、古村、古街等各种各样的大运河文化景观。

京津冀三地的大运河物质文化遗产 172 处，非物质文化遗产 316 项。① 如何利用这些珍贵的大运河文化遗产资源去搭建一个能够涵盖以往任何遗产保护体系的多层次、立体化、完整的京津冀大运河文化遗产廊道？

为此本报告建议：一方面，将大运河文化遗产廊道认定的内容从过去既定的单纯的大运河文化遗产类别，扩展到以区域文化多样性所能够涵盖的范围，即包括京津冀三地历史文脉的遗产点和相关的自然景观；另一方面，将大运河文化遗产廊道的周围环境和文化背景从大运河文化遗产相关的历史建筑、历史遗址、文化街区、文化景观、历史城镇与历史村落等文化遗产，延伸到大运河文化遗产点所依存的自然环境与历史文化背景，以保证能够形成真实而完整的历史文化视觉廊道，并彰显出京津文化与燕赵文化在京杭大运河六大文化高地中的重要地位。

第二步，建构京津冀大运河文化旅游廊道。

为了建构京津冀大运河文化旅游廊道，我们可以参考国家发展改革委、文化和旅游部印发的《杭黄世界级自然生态和文化旅游廊道建设方案》，这是一个典型的多地合作共建文化旅游廊道的模式，可以尝试从以下六个方面着手。

一是在《京津冀文化和旅游协同发展战略合作框架协议》的基础上，进一步打造京津冀高效便捷的三地协同推进机制、共建与共享机制、协调落实机制；根据《京津冀旅游协同发展工作要点》，定期举办京津冀文化旅游发展论坛、物质文化遗产与非物质文化遗产联展、全域旅游推介会等一系列文化和旅

---

① 京津冀三地的物质文化遗产与非物质文化遗产的数据见三地官网公布的《大运河文化保护传承利用实施规划》与《大运河文化保护传承利用"十四五"实施方案》。

游主题活动，促进三地文化旅游的错位发展与融合发展，努力实现南北运河沿线文化旅游资源与经济效益的互惠共享。

二是京津冀三地的文化和旅游管理相关部门、大运河文化遗产研究专家研究确定京津冀大运河文化遗产廊道的内涵及主题；研究确定京津冀大运河文化旅游廊道的选择标准；研究确定京津文化与燕赵文化的代表性文化遗产点与代表性文化遗产项目。在此基础上，深入研究和挖掘大运河文化内涵，共建京津冀大运河文化旅游廊道。

三是深入发掘京津冀三地的优质大运河文旅资源，加快建设华北地区大运河文化旅游胜地，打造黄金旅游线路，以提升京津冀大运河文化旅游服务的规范化、便利化水平与旅游产品的吸引力。

四是大力推进京津冀三地之间的互联互通，加快完善铁路、公路交通系统；同时借鉴欧美风景道（Scenic Byway）的旅游经验，全力提供自驾游与全域旅游的便利条件，建设高标准、高质量的京津冀大运河文化旅游的风景道，以丰富京津冀大运河文化遗产廊道的体系。

五是京津冀三地积极开展大运河文化旅游的营销推介，优化整合宣传渠道和营销平台，借助各种重大文化节和展览会，联合开展大运河文化旅游的对外宣传推介，提高京津冀大运河文化旅游廊道的国际知名度。

六是依据京津冀大运河文化旅游廊道的选择与评价标准，定期对京津冀三地大运河文化旅游廊道进行监测评估，发现问题及时进行督促检查和综合协调，帮助解决方案实施中存在的困难与问题。

在"两步走"方案的基础上，本报告认为应当采取如下措施，以配合京津冀大运河文化旅游廊道的建设。

其一，采取多种大运河文化旅游开发模式，推动京津冀三地的大运河文化旅游。以景点、景区为重点的旅游开发模式，以线路为中心的开发模式，在更大的范围内整合线路资源，带动旅游温冷点地区的大运河旅游开发；从以决策为中心的旅游规划模式，回归到以文化为中心的规划模式，在更高层次上协调大运河文化旅游与周围环境的关系；从以目的地品牌为重点的营销模式回归到以知名文化线路品牌为中心的模式，实现全新的旅游品牌管理。

其二，全面整合京津冀三地的大运河文化遗产资源，按照文化遗产的类别、属性进行归纳与分类,设计和建构华北运河区的系列化大运河文化遗产廊道。如将京津冀的 172 处大运河物质文化遗产和 316 项非物质文化遗产,按照不同的类别划分为不同的大运河文化旅游廊道,既可丰富大运河文化旅游的内容,也可满足游客的不同心理需求。

其三,根据近年来京津冀三地大运河文化旅游实践所积累的经验,京津冀可以尝试在三地建构大运河文化旅游廊道的区域合作模式。如政府主导、自下而上的模式,非常有利于合理利用资源,促进优势互补,减少无序竞争,从而促使京津冀三地紧密地联系在一起,成为一个利益共同体,在竞争中合作、在合作中竞争,增强京津冀旅游业整体的竞争力。

其四,以大运河国家文化公园建设为契机,打造京津冀三地大运河文旅融合的标志性载体。大运河国家文化公园除了承担文化教育、公共服务、科学研究等重要功能外,还兼有旅游观光、休闲娱乐等重要功能,因此,借助京津冀大运河国家文化公园建设,既可促进中华文化基因的传承,还可直接推进京津冀大运河文化遗产廊道的文旅融合。

其五,以京津冀大运河文化旅游廊道建设刺激南北运河沿线居民的文化旅游消费,从而带动相关文化产业的发展和文化品牌的建设,包括以大运河文化旅游为核心的系列文化旅游品牌、以各地大运河文化遗产为基础的系列大运河历史文化廊道品牌、以京杭大运河文化研究为基础的系列大运河历史文化研究成果、以大运河沿线特色文化艺术为基础的系列文化艺术作品、以大运河沿线各种水利工程为健身资源的系列大运河文化体育项目。

在"两步走"方案的基础上,本报告建议从大运河物质文化遗产活化利用和非物质文化遗产活化利用两个方面助力京津冀大运河文化旅游廊道的建设。

其一,大力推进大运河物质文化遗产的活化利用。

根据京津冀大运河沿岸的历史文化遗存,以"文化遗产廊道"理念打造线性文化旅游带,赋予传统文化遗产以新的产业模式,以大运河旅游的杠杆效应撬动京津冀大运河沿线地区的社会经济文化发展。同时,利用京津冀大运河沿线文化景观的优势和特色,从商业价值开发和文化价值传承两个方面开展活化利用,打造具有地方特色的斑块状商业文化综合体,并形成京津冀的区域文化品牌。另外,创新京津冀大运河沿线建筑遗产聚落的利用形式,以大运河沿线的码头遗址、仓储遗址、工业遗址等聚落性遗产群的特点建立系列化的大运河文化园区，通过文旅融合实现大运河遗产华丽转身，提高大运河遗产的利用价值。再就是选择京津冀三地具有代表性、观赏性和影响力的著名大运河文物或大运河历史人物，进行影视艺术的包装与推介，形成大运河文物的"出圈效应"，以达到大运河物质文化遗产活化利用的最佳效果。

其二，大力推进大运河非物质文化遗产的活化利用。

一是在京津冀协同发展的大格局下创新大运河非物质文化遗产的活化利用思路。京津冀三地紧密相连，文化一脉相承，非遗资源丰富、特色鲜明，可以在共同保护的前提下采取不同形式进行活化利用。如通过开展京津冀三地大运河非遗联展的形式，展示京津冀大运河沿线城市流动的千年文化，促进京津冀非物质文化遗产的活化利用与协同发展。

二是关注京津冀大运河沿线古镇、古村、古巷、历史文化街区的传说故事、风土人情，推动大运河非遗与文化旅游相融合，打造大运河沿线旅游文化品牌活动，多方位、多角度、活态化展现大运河沿线非物质文化遗产的独特风采。

三是采取数字化的技术，保护、开发、利用京津冀大运河沿线的非物质文化遗产。利用数字信息采集的方法，对京津冀三地省级以上非遗项目和非遗代表性传承人的情况进行全面、系统的采集、记录，妥善保存文字、图片、音频、视频等记录成果，根据这些记录整理、研究和出版一批京津冀大运河沿线的非遗保护利用的成果。

四是加大对京津冀大运河非物质文化遗产的宣传、展示、保护力度，以"非遗+旅游"模式和"非遗+互联网"模式促进大运河非遗文化传承与传播。在大运河沿线的旅游景区、旅游商店等设立传统工艺产品展示与展销场所，以"非遗+旅游"模式引导京津冀大运河非遗传统工艺与旅游市场相结合。指导非遗传承人入驻电商平台或通过微信、抖音、快手等媒体平台，以"非遗+互联网"模式进行非遗产品的线上宣传、展示、销售。

在"两步走"方案的基础上，本报告还建议采取如下几个方面的辅助措施，以推动大运河文化旅游廊道的建设。

其一，规划京津冀三地大运河文化旅游的系列精品线路。在《京杭大运河旅游线路总体规划》的基础上，对京津冀三地已确定的旅游精品线路进行适当的增容与拓展。《京杭大运河旅游线路总体规划》确定了14条大运河文化旅游精品线路，其中与京津冀相关联的有3条，本报告建议将其拓展为5条精品线路：沧州—天津—通州线路的水工遗址景点游；沧州—天津—通州线路的大运河相关遗存遗址景点游；沧州—天津—通州线路的大运河名人景点游；沧州—天津—通州线路的大运河古镇游；沧州—天津—通州线路的大运河历史文化街区游。本报告建议适时地扩容，以形成系列化的贯通三地的大运河文化旅游线路，如大运河专题博物馆线路、大运河码头遗址线路、大运河名镇线路、大运河文化园林线路、大运河戏曲艺术线路等。

其二，努力打造京津冀三地的大运河文化线路品牌。可以借鉴山东"鲁风运河"文化旅游模式，即大众游与个人游、自助游相结合，促进景点旅游向全域旅游的转变；升华天津经验，借鉴海河游船观光模式，形成南北运河与海河相结合的"三河旅游"观光模式；在京津冀定期举办大运河沿线城市的特色产品博览会；选择具有代表性和影响力的大运河文化景点，将其打造成网红打卡级别的著名文旅品牌。

其三，设立京津冀大运河保护开发基金。京津冀三地政府每年安排一定数额的专项资金，用于大运河的保护开发；抓住国家调整产业结构、大力支持文化产业和服务业发展的机遇，围绕大运河文化旅游廊道的建设，积极争取政策性资金；搞好大运河文化遗产项目的对外推介，吸引各类社会资本参与大运河文化的保护与开发。

其四，设立京津冀大运河文化遗产研究的出版基金。加大对京津冀大运河文化遗产研究的支持力度，重点研究京杭大运河的文化内涵与精神价值，可以通过该项出版基金，推出具有前瞻性和指导性的研究成果，以推动对于京津冀大运河文化遗产的深度诠释与准确解读。具体来说，一是协助全国政协做好《中国大运河》《运河名城》等出版工作，让更多人了解大运河；二是将大运河文化遗产研究的内容扩展到舞蹈、戏剧、文学、戏曲等方面，形成大运河文化遗产研究的京津冀系列丛书。

其五，用"大运河文化旅游廊道+公益"的发展模式，推动京津冀大运河文化旅游廊道建设。"大运河文化旅游廊道+公益"是文化、经济比较理想的发展模式，过去习惯于资本平台的打造，而忽略了文化、经济发展中文化本身的公益性，因此现在建设京津冀大运河文化旅游廊道可借助公益、资本两个平台，形成大运河文化与经济的协调发展。

其六，整合京津冀三地的大运河艺术文化资源，推出表现和传播京津冀大运河文化的重量级、系列化的艺术作品。艺术文化与旅游廊道的最佳结合方式是在大运河文化的地域背景下，将不同的艺术文化风格与不同的地域文化特色结合起来，再以新型的旅游方式与展示手段表现出来，从而形成不同风格、特色各异的艺术文化旅游品牌。这种艺术文化旅游品牌的经济回报与文化收益可以等量齐观。本报告建议京津冀三地构建一个由民间社会助力、文化艺术工作者献智的推动机制，将京津冀丰富的大运河艺术文化遗产资源尽快转化为大运河文化旅游廊道的艺术作品。

最后，京津冀大运河文化旅游廊道需要立法引领与制度保障。2022 年 3 月 30 日，河北省第十三届人大常委会第二十九次会议表决通过了《河北省大运河文化遗产保护利用条例》，这是河北省关于大运河的专项法规，为加强大运河文化遗产保护利用提供了有力的法治保障，也为京津冀三地的大运河文化旅游廊道的建设提供了一个重要的范例。

余　论

以大运河文化遗产廊道与大运河文化旅游廊道的文化契合性为基础，借助《京津冀文化和旅游协同发展战略合作框架协议》的互助、协调与共享机制，京津冀三地只要能够充分发挥京津文化、燕赵文化两大运河文化高地的优势，就可以打造出具有华北地域特色和京津冀大运河文化风格的系列大运河文化旅游廊道。

同时，在京杭大运河文化遗产的传承中和中华民族精神的指引下，南北运河沿线的两大文化谱系会在社会、经济、文化发展的过程中逐步走向融合，成为中华民族整体文化中不可分割的一部分，也成为全民族共同的精神文化财富。这些个体文化符号，在其被纳入大运河文化带的宏大叙事过程中又保有自身鲜明的区域特色，因此，要实现大运河文化与旅游融合发展，就应以新的发展理念为引领，既要充分发挥地区比较优势，又要注重差异化创新发展，还要高度重视区域间的统筹与协调。

参考文献

《14 条京杭大运河精品线路发布　扬州瘦西湖个园等列入》，中国网·东海资讯，2016
　　年 7 月 18 日，http：//jiangsu. china. com. cn/html/jsnews/around/6489441_ 1. html。

《〈杭黄世界级自然生态和文化旅游廊道建设方案〉印发实施》，浙江省发展和改革委员
　　会官网，2022 年 5 月 10 日，https：//fzggw. zj. gov. cn/art/2022/5/10/art_ 1620998_
　　58 934100. html。

《代表委员建言大运河国家文化公园：多维发力让运河文脉更兴》，"人民资讯"百家号，
　　2022 年 1 月 29 日，https：//baijiahao. baidu. com/s？id ＝ 1723254168671186443&wfr ＝
　　spider&for ＝ pc。

《国务院办公厅关于同意调整完善非物质文化遗产保护工作部际联席会议制度的函》，中
　　国政府网，2022 年 2 月 17 日，http：//www. gov. cn/zhengce/content/2022 – 02/17/
　　content_ 5674 176. htm。

《京杭大运河旅游线路总规通过评审　扬州或成"原点"》，景观中国网，2013 年 3 月
　　29 日，http：//www. landscape. cn/news/56968. html。

《市十七届人大五次会议关于把问津园提升为大运河问津博物园（天津市大运河文化博
　　物馆分馆）的建议办理落实情况》，天津人大，2022 年 3 月 7 日，http：//
　　www. tjrd. gov. cn/dbyd/system/2022/03/04/030024387. shtml。

《首博东馆定名"大运河博物馆"预计 2023 年底具备开放条件》，北京市人民政府网，
　　2021 年 4 月 26 日，http：//www. beijing. gov. cn/gate/big5/www. beijing. gov. cn/ywdt/
　　gzdt/202104/t20210426_ 2373180. html。

《文化和旅游部、国家发改委联合印发〈大运河文化和旅游融合发展规划〉》，中国政府
　　网，2020 年 9 月 29 日，http：//www. gov. cn/xinwen/2020 – 09/29/content_ 5548093.
　　htm。

《一起来看运河主题精品旅游线路》，北京市人民政府网，2021 年 10 月 15 日，http：//
　　www. beijing. gov. cn/renwen/zt/2021sdwhd/bjdyh/yw/202110/t20211015 _ 2513653.
　　html。

《中共中央办公厅　国务院办公厅印发〈大运河文化保护传承利用规划纲要〉》"新华
　　社新媒体"百家号，2019 年 5 月 9 日，https：//baijiahao. baidu. com/s？id ＝
　　1633053990488245144&wfr ＝ spid er&for ＝ pc。

白波、何晓玲：《沧州将建设大运河沿线唯一的国家大运河非遗文化公园》，《北京日报》
　　2021 年 4 月 15 日。

陈忠权：《武清区开展大运河通航准备》，《天津日报》2021 年 4 月 19 日。

丁援：《国际古迹遗址理事会（ICOMOS）文化线路宪章》，《中国名城》2009 年第 5 期。

丁援：《文化线路：有形与无形之间》，东南大学出版社，2011。

范海刚、李秋云、苑潇卜：《河北：为千年运河蝶变"保驾护航"》，《中国文化报》2022 年 4 月 14 日。

范周、言唱：《大运河文化活化利用的协同创新网络构建研究》，《同济大学学报》（社会科学版）2020 年第 1 期。

龚正龙：《水挽京津冀，运河绽新颜》，《河北日报》2022 年 3 月 9 日。

贾立星：《大运河文化带河北段非物质文化遗产保护传承发展研究》，《理论与创新》2021 年第 6 期。

贾楠、高二会：《京津冀签署文化和旅游协同发展战略合作框架协议　加快推进三地文化和旅游产业发展》，《河北日报》2019 年 7 月 15 日。

江霞：《京杭大运河沿线 18 个城市成立"旅游推广联盟"》，《江南论坛》2014 年第 7 期。

李瑞：《国家文物局、文化和旅游部、国家发展和改革委员会联合印发〈大运河文化遗产保护传承专项规划〉》，《中国文物报》2020 年 9 月 27 日。

吕娟：《千古苍茫中华韵　运河春秋续新章——〈大运河文化保护传承利用"十四五"实施方案〉解读》，《中国经济导报》2021 年 8 月 6 日。

邱冰清、蒋芳：《大运河博物馆联盟成立》，新华社，2020 年 11 月 16 日。

王音：《京津连线：文旅融合赋新篇　运河"明珠"愈发璀璨》，《天津日报》2022 年 3 月 11 日。

吴晓秋：《论贵州驿道文化线路的价值构成——以明奢香驿道线路为研究个案》，《贵州文史丛刊》2009 年第 4 期。

奚雪松：《实现整体保护与可持续利用的大运河遗产廊道构建概念、途径与设想》，电子工业出版社，2012。

言唱：《大运河非物质文化遗产的活态保护与活化利用》，《海南师范大学学报》（社会科学版）2020 年第 3 期。

俞孔坚、朱强、李迪华：《中国大运河工业遗产廊道构建：设想及原理》（上篇），《建设科技》2007 年第 11 期。

翟一杉、齐红雨、王希录：《河北故城大运河博物馆举行开馆仪式》，《河北日报》2020 年 10 月 25 日。

B.8
隋唐大运河"流动文化"与非遗"活态文化"的相融相生
——基于中原地区及开封等地的调研

徐可 张晗*

摘　要： 河南境内隋唐大运河以遗址遗迹为主，迫切需要以非遗的"活态文化"为大运河的"流动文化"注入新鲜活泼的微观要素并以当代呈现方式将其展现。凭借大运河文化建设中的"顶层设计"，以"国家公园"建设项目为抓手，能够改变非遗文化项目管理体制的固有模式，进而为"金字塔"式的科层体制提供文化创新活力。非遗项目以"大一统""苦难兴邦""家国情怀"等文化符号的意义编码，有助于提升大运河两岸传统农耕区非遗文化的时代性和先进性。在当前乡村振兴的背景下，大运河沿岸地区的非遗文化传承也具有多样化的途径，大多数的手工技艺、生活习俗、民间传说、节日庆典可以就地转化，生成具有鲜明地方特色的"乡风文明"。

关键词： 大运河　非物质文化遗产　流动文化　活态文化

一　"流动文化"与"活态文化"的关系

2021 年底，《河南省四水同治规划（2021—2035 年）》发布，其中提及河南省存在的问题包括"水文化遗产、遗址众多，但对水文化的保护传承弘

---
* 徐可，哲学博士，博士后，郑州财经学院外国语学院特聘教授，主要研究方向为文化经济学。张晗，硕士，郑州财经学院外国语学院讲师，主要研究方向为英语文学、文化。

扬利用不够，文化品牌效应和经济价值有待深入挖掘；传承和弘扬水文化涉及水利等多个部门，部门间、区域间资源整合和利益调节的常态化协作机制尚不健全，尚未形成有效合力"。

开封是著名的北方水城，在中原运河城市中颇具代表性。黄河、大运河、汴河等河道相互交汇，构成了当地"水文化"景观，也是围绕大运河文化开展"四水同治"的样板。2021年以来，开封市大运河文化建设项目成就斐然，表现在以下两个方面：一是在河道整治上，"一渠六河"项目完工和"沿黄生态廊道"开工，为大运河水系工程奠定了框架基础；二是在大运河考古发掘上，州桥遗址、顺天门遗址即将建成博物馆，城墙维护项目也已完工，综合呈现了黄河漕运水文变迁中"城摞城"的历史风貌。

开封作为北宋经济与文化中心，拥有"运河—漕运—商贸"的便利条件，不仅留下了《清明上河图》的盛世写照，而且其市井风情在今天也有迹可循。2021年10月，中国大运河非遗旅游大会在江苏无锡举行，汴绣作为河南项目在"运河非遗大集"板块展示，呈现了中原传统文化的独特魅力。与至今仍在发挥航运作用的明清运河不同，隋唐大运河已成为遗址遗迹且与黄河故道相互交织，大多处于欠发达的"黄泛农耕区"，其手工技艺也体现了"精耕细作"的特征。开封拥有"中国历史文化名城""中国优秀旅游城市""中国书法名城""戏剧之乡""民间文化艺术之乡""清明文化传承基地"等国家级文化荣誉和称号，非物质文化遗产资源丰富。因此，可以将当地的非遗文化与大运河文化相互融合，作为大运河的核心文化资源进行活态展示。习近平总书记2017年6月说："大运河是祖先留给我们的宝贵遗产，是流动的文化。"①所谓的"流动文化"，一是指水的流动特性，二是指活态文化，也即"流水不腐"。因此，大运河文化建设要与非物质文化遗产传承相互融合，构成具有生命力的文化绵延。

2021年6月，开封市文投集团开始实施总投资26.33亿元的大运河区域开封段的全面提升工程，包括大运河古河道疏浚及沿线环境治理，州桥展示利用、水门展示利用等节点组团工程，旨在再现古汴河两岸繁华景象，体现古汴河千年文化内涵，促进大运河文化的传承与利用。大运河沿岸是中国古代物资

---

① https：//m.gmw.cn/2020-11/15/content_34368856.htm.

流通与信息沟通的主要渠道和轴线，因人口集聚而催生了繁多的手工技艺、娱乐方式、节日庆典和神话传说，这些文化元素通过非遗文化而得以传承。2021年10月，第六届"两宋论坛"在开封举办。杭州与开封两座"南北宋城"和"运河之城"轮流举办文化论坛，对大运河文化遗产的"活化保护"具有巨大的推动作用。开封作为北宋经济与文化中心，拥有"运河—漕运—商贸"的便利条件。近些年来，开封市级的非遗名录中绝大部分内容与大运河沿岸日常生活的风俗习惯密切相关，这些"活态文化"不仅体现了"公序良俗"，而且在传承过程中都渗透着家庭关系、邻里关系、官民关系等伦理元素，具有中原农耕文化的典型特征。

黄河与大运河的文化振兴战略为沿岸区域非遗文化事业提供了重大发展机遇。开封非遗文化大多与黄河、汴河、大运河沿岸的风俗习惯密切相关。2021年底，开封的州桥考古已经接近完工，再现了北宋皇宫南北御道与横贯城市的大运河与汴河交汇处的水陆交通枢纽的原貌，为大运河文化的展现提供了实地场景。以"宋都风情"为核心，开封建成了6个展示馆和传习所，这些基于民风民俗的传统技艺完全可以作为大运河"活态文化"的当代展示。截至2021年底，开封非遗文化项目名录中有朱仙镇木版年画、开封盘鼓、汴京灯笼张、汴绣、大相国寺梵乐等9个国家级项目、44个省级项目、218个市级项目。另外，一批非遗传承人也应运而生。这些在世的传承人群体世代生活在黄河、大运河沿岸，也是这一流域的民间曲艺和手工艺者群体的代表，成为大运河"流动文化"的最具生命力的"活化元素"。

这些非遗项目为"大宋文化旅游"注入了"活化内容"，也带给观光游客各种现场体验，以"在场性""当代性""娱乐性"诠释了大运河文化的"流动性"。开封"水上旅游"的社会影响力和关注度不断提高。即使面对疫情冲击，2020年和2021年的"五一"和国庆节长假期间，开封"水系景区"接待游客的规模都在460万人次以上，旅游收入来源仍以门票为主。这充分说明各地游客更加注重在场亲历的文化体验，远甚于旅游服务的食宿和其他项目。

二 以"流动文化"振兴"活态文化"

非遗文化源自民间，迫切需要国家正式制度的承认，因而近年来非遗项目申报数量激增。国家、省、市、县四级非遗项目具有金字塔的科层特征①，但这仅仅意味着"代表性"是否广泛，而不能以之为"高级"与"低级"的区别标签。越是"底层"的非遗项目越是接近日常生活而呈现"具体的丰富性"，例如，开封市征集到非遗线索 131826 条，其中县级 8590 条、市级 3218 条。如同水面下的冰山，大量丰富而宝贵的非遗文化资源还有待我们通过"大运河文化项目"进行审慎的甄别，进而对其进行特色发掘和充分利用。

将"大运河流动文化"与"非遗活态文化"相互结合，不仅仅是一项理论课题，更是一项政策实践，目前还面临财力、人力的两大"硬约束"。2017年，开封市将非物质文化遗产保护专项资金纳入财政预算，但杯水车薪，非遗保护传承工作中面临的问题与困境依然突出，表现如下。一是市场萎缩导致非遗项目生存环境遭受冲击。随着人们的生活日渐富足，娱乐方式日益多元化，主要依靠口传身授的方式进行传播和发展的非物质文化遗产的市场占有量骤减，尤其是传统戏曲类非遗项目的传承由于演艺市场萎缩和艺校停办等原因而存在较大困难，非遗项目抢救和保护工作形势严峻。非遗传承具有"因人而存"、以口传身授的方式延续的特点，但由于受产业规模和市场限制，许多手工技艺型的非遗项目面临"人亡艺绝"的困境，新老艺人断层，导致非遗项目的保护与传承出现青黄不接的情况。二是非遗文化项目管理与研究人才短缺。非遗保护的管理人员、研究人才与非物质文化遗产的当代传承人一样，都应当得到相应的重视与保护。开封市非遗文化的挖掘、整理、保护和申报工作任务量巨大，但目前缺少专业人员的正式编制，从事非遗保护的工作人员大都身兼数职。尤其是大多数一线的管理人员与专业人才尚未被纳入行政事业单位的职务与职称评聘范畴内，非遗项目代表性传承人的社会评价体系尚不健全，难以满足全市文化事业高质量发展的社会需求。因此，非遗文化也迫切需要以"搭便车"②的方式利用大运河文化建设的政策契机、项目平台、舆论形势，争取财政支持，强化人才支撑，促进地方传统文化的复兴。

2021 年以来，隋唐大运河沿岸的"大运河国家文化公园"与"郑汴洛黄

① 因而近年来，非遗文化项目管理也越来越具有科层机构的行政化倾向，这是需要予以关注和矫正的。

② "搭便车"是经济学术语，意味着能够占用公共和集体利益而不付成本。

河文化旅游带"项目同时启动,这为振兴当代大运河非遗文化创造了重大机遇。习近平总书记在中共中央政治局第十二次集体学习时指出:"要努力展示中华文化的独特魅力,使中华民族最基本的文化基因与当代文化相适应、与现代社会相协调,以人们喜闻乐见、具有广泛参与性的方式推广开来。"非遗文化具有群体娱乐性,易于普及和推广,非遗文化融入大运河文化,走相融相生的发展路径,是当前的迫切需要。

三 以大运河为抓手提升非遗文化的实践与建议

2021年6月,河南省常务副省长周霁在"省大运河文化保护传承利用暨大运河国家文化公园建设领导小组会议"上强调要坚持"规划优先、保护第一,合理开发、永续传承"的原则,为此,应将有关非遗项目作为大运河文化活态展示的抓手,通过两者之间的相互融合与促进,加快中原文化传播,推动中原文化创新。

(一)以大运河文化建设项目推进非遗保护的政策体系

2020年初,《河南省大运河文化保护传承利用实施规划》开始实施。这成为中原地区大运河文化带建设项目启动的标志。当前,大运河沿线城镇与村落必须抓住这次政策机遇,激活沉睡已久的"文化遗存",探索非遗文化资源的创造性转化与创新性发展。

尽管中原地区非遗文化资源丰富,但是其活化程度亟待提升。当前,非遗文化工作中还普遍存在"重申报、轻保护、轻利用"和"能进不出"的不良倾向,因此,应尽快制定切实可行的评估办法与动态措施,盘活"沉没状态"的非遗资源,构建充满活力的管理政策体系。一是设立非遗名录的退出机制。对于无正当理由而不履行其义务的代表性传承人,责令限期整改;逾期不改正的,则可以降级或者取消其代表性传承人资格和保护单位资格。二是规范命名办法。开封市2016年就命名了北宋官瓷艺术博物馆等20家单位为第一批开封市非遗展示馆、传习所、文化展示馆,应总结工作经验,设置评选补选与退出淘汰机制,推动新一轮申报命名工作的开展。同时,利用网络投票让社会公众参与命名、申报工作,提升社会公众对非遗文化的知晓度与参与度。三是以地方性立法的方式,借鉴江苏经验,强化代表性传承人及项目保护单位的权利与义务①,突出活态文化的特征,矫正"重物轻人"的"物化"偏颇,避免因"重物轻人"而"重古轻今",进而影响非遗法治规范的实行。例如,开封市 2015 年 7 月《非物质文化遗产保护条例》列入预备立法计划,但是最终因"条件不具备"而没有颁布。

因此,应把握住大运河文化建设项目"顶层设计"的政策机遇,在《河南省大运河文化保护传承利用实施规划》的基础上,尽快利用政策叠加的力量,开展调研并出台地方性《非物质文化遗产保护条例》;一方面为地方性非遗文化事业发展提供顶层设计,另一方面为矫正"重物轻人"工作提供立法保障。

(二)以大运河文化保护措施推进非遗文化的抢救工程

河南境内隋唐大运河历史遗存往往地处偏远,周边生态与人居环境非常脆弱,因此需要采取许多抢救性的保护措施。与此同时,对有关的非遗文化资源也需要及时发现、予以保护和"抢救式留存"。

开封曾有"二夹弦""祥符调"等体现大运河沿岸文化的典型唱腔,但由于传承人年事已高等原因,这些非遗项目的传承与发展面临困境。自 2009 年起,开封市就陆续对一批濒危非物质文化遗产代表性项目开展了抢救性记录工作,2013 年又按照省文化厅统一要求启动"河南省稀有剧种抢救工程",2015年启动"传统美术抢救保护工程",2017 年实施"传统技艺抢救保护工程"。而当前的数字音像技术为非遗影像的留存与保护提供了支持,例如河南巩义在2021 年 3 月依托常香玉故居规划建成了"豫剧小镇",以数字技术复制和传播一批稀有剧种。在抢救"河洛文化"过程中,应结合大运河文化建设中的"数字化"展示项目,推进"非遗数字化"的保护措施。一是利用成熟的二维扫描、三维建模、数字摄影与图像处理等技术,对非遗项目进行数字化保存,对传承人的生存现状、独特工艺、制作流程和代表作品等进行详细的数字化记录。二是借鉴正在兴建的黄河博物馆、洛阳隋唐大运河博物馆以及其他诸多数

---

① 2017 年 7 月,镇江市通过了《镇江市非物质文化遗产项目代表性传承人条例》,是全国首个针对传承人的地方立法。

字博物馆的经验，筹划建设大运河非遗文化的数字展示厅。三是在强化非遗文化资源的记录与保护的同时，加快非遗文化资源的数字化传播，利用数字技术助推文化创意，赋予大运河非遗文化新鲜活泼的时尚形态。

将数字化技术赋能文化资源不仅能够扩大传播范围、降低传播成本，而且能够通过进行数字化再加工和迭代升级来实现"文化创意"。关于这方面的典型案例，如河南卫视2021年陆续推出的《清明奇妙游》《端午奇妙游》系列节目，借助河洛文化的历史魅力，赋予民间非遗文化以"奇妙性"和"时尚性"的特征。

（三）以大运河"教化功能"推动非遗文化进校园的实践活动

"大运河文化"并不单纯是"景观文化"，更是"历史文化"与"审美文化"的综合体。当前全社会都在致力于建构"文化自信"，而大运河文化长期积淀所内含的"大一统""人定胜天""苦难兴邦""家国情怀"等文化元素为此提供了具有"先进文化"核心元素和难得的历史反思性[①]的活化教材。

2020年以来，河南一批高校和职业院校成立了"黄河文化""河洛文化""运河文化""非遗文化"研究中心。在疫情冲击下，这批研究中心以学术研究、课外思政、学生实践等方式稳定和维系了中原文旅市场。例如2020年，华象历史文化传播研究院编写《"知郑州，识中国"研学旅行——郑州市中小学黄河、大运河文化研学旅行计划》；2021年底，洛阳宣布要打造"运河遗产研学工程"。实际上，这些研学旅游都可与"非遗进校园"活动相互衔接。

因此，以大运河文化建设为抓手，将丰富的非遗文化资源转换为教育资源，既能够加快非遗文化资源的宣传推广与普及，又能够提升大运河文化的内蕴和张力。此外，非遗进校园还可以提升非遗传承人的专业性教育程度和社会责任意识以及社会荣辱感，从而实现"双赢"。为此，一是要利用中华职业教育社这一带有民间性、教育性和统战性的中介平台，启动地方"非遗+职业教育"项目。二是将非遗文化展示、展演经甄别、审核后送进地方职业院校，

---

① 大运河文化景观不仅仅具有观赏性的休闲娱乐价值，更具有历史反思性的文化价值，"文化自信"也应构建在文化反思的基础上。

以非遗文化的现身说法，加快职业教育在技艺性师徒传承方面的教学改革和劳动教育。三是支持和引导职业院校开设非物质文化遗产保护相关专业、课程，积极培养非遗文化方面的专业人才，进而形成"非遗+职业教育"的双向循环格局。

（四）以大运河文旅开发措施培育非遗文化的产业发展

2021 年 9 月，河南省文物局和省发改委印发了《河南省大运河文化遗产保护传承规划》，提出建设非遗基础保护工程和活态传承工程等任务，要以"千年运河"文化品牌提升文化产业的发展质量。

众所周知，文旅资源的开发关键在于找准市场，为此应围绕"郑汴洛黄河文化旅游带"的核心文化元素，在郑州都市圈中找准定位，以非遗文化资源为抓手，促进周边水系旅游、乡村旅游、沿黄旅游的市场培育和文化产业发展。2022 年 3 月，《郑州市大运河文化保护传承利用暨大运河国家文化公园建设实施方案》出台，总投资约 964.9 亿元，为大运河非遗文化产业的发展提供支持。可以利用"文旅+节事+创意"的方式，围绕大运河文化元素以及非遗文化资源中名人故居、农耕文化、手工技艺等要素，培育跨界合作与互补共生的水系旅游、乡村旅游与农业休闲旅游的市场新形态。同时，结合疫情防控常态化，以"亲水""田园""农耕"等不改变"行程码"的体验式旅游模式，疏解都市圈密集人口聚集地的人们由于疫情等原因所产生的社会情绪与心理压力，提升大运河非遗文化产业的社会效应。

2021 年底，郑州都市圈开始扩容。① 为此，一是分类施策，有选择地对能够借助生产、流通、销售等手段转化为文化产品的非物质文化遗产代表性项目实行生产性保护，支持传承人创作适应当代社会需求的作品，推动非遗产品功能转型和审美价值提升。二是文化引导，以"先进的黄河文化"为标准，遴选一批非遗项目进行规模化、品牌化开发，提升非遗产品的附加值和影响力，凸显中原地区"黄河文化"与"大运河文化"的双重魅力。三是资本下乡，以 PPP 模式②鼓励社会资本通过开办民宿和文化公司、设立文化基金会以及捐

---

① 目前郑州都市圈已经由"1+4"扩容为"1+8"，其中开封、焦作、新乡、洛阳都是运河城市。

② PPP 模式即多元投资相结合的文旅项目融资模式，当前的"乡伴"就是典型案例。

赠、赞助等多种渠道，投资根植于广大农村的大运河非遗文化项目。四是乡风文明，将非遗文化推进机制与扶贫长效机制相结合，转换为当前的乡风文明，将大运河非遗产业开发与"旅游扶贫"相结合，将非遗产品与"一村一品"相结合，利用政策叠加增加大运河非遗项目的社会效益，使富有文化魅力的文明乡风成为促进乡村旅游的核心竞争力。

当前，应正确理解非遗文化产业的内涵，尤其是要协调具有标准化、规模化、同质化倾向的流水线生产方式与富有仪式感、敬畏感、神圣感的非遗手工技艺操作之间的矛盾，以"适度规模"的方式建立二者之间的平衡关系。

（五）以"大运河文化节"推进非遗文化的传播辐射

2021年1月22日，第三届京杭大运河（江苏）文化艺术节在苏州的震泽举办了专场活动。节庆是传统文化的精髓，因而应抓住传统的春节、元宵节、清明节、文化和自然遗产日等节庆时点，集中筹备非遗展示、展演活动。另外，可以"节庆娱乐"的方式推进地方旅游景区的宣传工作。

2021年4月，中国节庆与文旅融合发展论坛在洛阳举办。中原地区传统节庆习俗氛围浓郁，而且有周期举办的庙会。在疫情之下，应采取"多点开花、分散举行、自娱自乐、网红传播"等方式开展。为此，一是围绕大运河水系景区，筹备"端午非遗展演""非遗春季大联展""清明文化节开幕式非遗展示""文化和自然遗产日宣传展示""庙会非遗文化展示"等系列活动。二是在节庆期间，加快推进大运河非遗文化的宣传、推介工作，借助新媒体等方式扩大传播效应。三是在节庆期间，加快非遗文化的国际化传播。尽管非遗是地方性、民间性、民族性的本土文化的结晶，但"大运河"却是一张世界名片。两者相互结合，更加说明了"越是民族的，越是世界的"这一文化理念，彰显出文化的魅力。

因此，应利用"一带一路"倡议中的文化交流项目，在传统节庆期间，针对海外华人、华侨，开展"以非遗唤乡愁"的文化统战工作。同时，加快大运河非遗文化的对外交流，以此促进中原城市的对外开放，为促进开封等地向国际文化名城方向发展提升文化软实力。

四　以大运河先进文化引领非遗项目管理的体制创新

大运河与非遗文化具有相融相生的特征。当前，大运河文化建设在很大程度上是以大运河国家文化公园项目为载体的。现存的基础设施和建筑工程只体现了大运河作为"伟大工程"的"物质文明"。归根结底，大运河文化的深层意蕴隐藏在千百年来沿岸民众不断流动着的风俗、风情、风貌中。以开封州桥考古挖掘为例，其亮点还是在于尽可能复原当时汴河沿岸的生活状态，以供人们对千年大宋展开畅想。[①]而非遗项目犹如"活化石"一样具有强大的历史记忆功能，引发人们的怀旧和乡愁，达到一种特殊的历史审美体验的意境。可以说，非遗项目构成了大运河文化的"活化酵母"。

此外，利用大运河文化建设的契机，还可以矫正非遗项目管理体制中的突出问题。非遗文化资源丰富固然是好事，但毋庸讳言，当前也出现了非遗项目过度泛滥的倾向。因此，当前迫切需要以大运河的"先进文化"标准对非遗文化项目进行甄别、遴选和整合。一是挖掘开封区域与大运河生产生活和风俗习惯直接相关的"水文化"非遗项目，例如，黄河澄泥砚制作、黄河鲤鱼制作等。二是逐步提高非遗文化项目的申报标准，尤其是对其中的文化元素进行鉴定，突出其先进性、工艺性和传播性，杜绝以各种噱头猎奇和过于追求形式的现象。三是改革申报制度，可以将由传承人自主申报制度改为专家从非遗项目库进行遴选的制度，以此纠正"重申报、轻保护、轻利用"的倾向。

借助大运河文化建设的先进体制，还能够推动非遗项目管理体制的创新。非遗项目管理分级逐层式的金字塔体制特征较为明显，由地方基层申报，也容易导致地方竞争和各自为政的"碎片化"局面。因而，应借鉴当前的"流域制"与"河长制"来打破"地方割据"，以大运河流域的整体性视角统筹非遗项目的申报工作。大运河文化建设机制中也特别强调了部门协调和区域协同，这一点也是非遗项目管理体制的创新源泉。2021年7月，郑州地铁建设中利用地下空间开辟了沿黄"非遗文化展览馆"，这种突出流域特色、扩大流动范

---

① 2021年6月，经过持续考古发掘，确定州桥为砖石结构的单孔大桥，南北跨度25.4米，宽近50米，"州桥明月"是北宋时著名景观，引人遐思。

围、集约土地空间、统筹协调部门的思路和做法，值得借鉴和推广。

借助大运河文化建设的强大推力，还可以将非遗文化项目转换成"乡风文明"，促成生机勃勃的"活态文化"。当前，中原地区主要是将非遗项目作为"文旅资源"进行产业开发。这种思路起初并无不可，但是，随着黄泛区脱贫攻坚项目的实施，隋唐大运河遗址所在地农耕区的人口逐步回流，非遗文化作为一种地方性的精神力量，也应逐步融入当地居民的日常生活之中。换言之，非遗项目并不仅仅需要开发出来给游客观赏，更是应该内嵌于当地的社会经济系统之中，体现地域性的风俗习惯。这是一种内生性的活化传承力量，也是乡土文化真正的核心魅力和吸引力。

结语：先进文化的意义编码与乡风文明

大运河文化之所以具有当下的"先进性"[①]，正是因为大运河具有"大一统""苦难兴邦""家国情怀"等中国传统政治文明和社会文化的先进要素与精华。大运河文化流淌千年，浓缩了国家政治、河道治理、漕运经济、城镇兴衰等"宏大叙事"，因此，这既是历史过程，也是逻辑过程，也即马克思在《资本论》中所说的"逻辑与历史相统一"。非遗文化是沿岸民众的日常生产生活与风俗风貌的具体展示，是千千万万民众微观而具体的生活过程的呈现。也正因如此，非遗项目需要利用大运河的文化符号来进行"意义编码"[②]——从风俗习惯、娱乐方式与手工艺的演进过程中，凝练出流动着的时代精神与不断更迭的社会进化意义。总之，大运河文化聚焦沿岸群众所汇聚的历史精神，而这种历史精神又透过非遗文化折射出绚丽多彩的生活景象。

2021年，河南省安排预算资金4000万元专门用于农村文明村镇创建，旨在促进农村物质文明和精神文明建设协调发展，推动乡风文明建设。非遗文化具有地域性、多样性、民间性、娱乐性和日常性等特征，我们往往热衷于非遗项目的产业化而忽视了其日常的生活化，然而，非遗的"活态文化"，只有在日常生活中才具有生命力。大多数非遗项目具有仪式感和娱乐性，能够为乡村

---

① 先进文化并不与传统文化相对立，传统文化也包含先进元素。
② "意义编码"本是计算机术语，指应该在意义层面上加工信息进而把信息和存储的知识联系起来，本报告指的是通过文化符号的不同解读，赋予其不同的价值和意义。

生活注入"自娱自乐"的勃勃生机。2021年以来,大运河村镇申报非遗项目出现了激增现象,例如开封市就收集到农村非遗线索近千条,洛阳、商丘等地也是如此。从某种意义上说,这也是农村精神文化需求提升的真实反映。

因此,在当前乡村振兴背景下,一方面,可以将非遗文化项目作为文旅资源进行开发;另一方面,如手工技艺、风俗习惯、民间传说、节日庆典以及曲艺等非遗文化项目,可以通过传承人牵头带动当地群众自娱自乐,为大运河沿岸农区的"留守人员"尤其是老年人提供精神生活的"内生性"发生机制,进而与"乡贤文化"相互融合,就地转化和成为具有鲜明地方特色的乡风文明。

参考文献

《鉴往知来——跟着总书记学历史:千年大运河 流动的文化》,光明网,2020年11月15日,https://m.gmw.cn/2020-11/15/content_34368856.htm,最后访问日期:2022年4月10日。

《习近平在中共中央政治局第十二次集体学习时强调建设社会主义文化强国着力提高国家文化软实力》,《经济日报》2014年1月1日。

B.9
2021年京津冀运河区域
文旅融合发展报告*

程宗宇　杨贵民　燕　翔**

摘　要： 2021年是"十四五"时期的开局之年，京津冀运河区域市区坚持"稳中求进"的工作总基调，坚持文化和旅游融合发展，围绕"打造文旅精品线路和统一品牌""推进文化旅游与相关产业融合""促进智慧旅游发展"等方面，推进大运河区域沿线文化和旅游全方位、深层次、宽领域融合，提高融合发展的质量与效益，但京津冀运河区域在文旅资源融合发展过程中存在协同性不强、文旅开发体系不完善、创新驱动力尚显不足等问题。在京杭大运河即将实现全面通航的背景下，如何以京津冀地区大运河文化、文化景观和区域一体化建设为突破口，促进三地运河区域文旅产业进一步融合发展，实现文旅融合的高质量发展成为需要深度思考的问题。针对这个问题，本报告建议积极探索文旅融合发展新路径，为构建大运河特色旅游体系提供相关借鉴，如从顶层设计上，压实"三地联动，区域协同发展"的指导思想；从文旅融合发展的不同层次，逐步完善"一核、两岸、三地、多线路"的旅游开发体系；利用数字经济发展的优势，探索"数字+文旅"的发展模式；等等。

关键词： 京津冀　大运河　文旅融合

---

* 本报告为2022年度山东省文化和旅游研究重点课题"大运河国家文化公园（山东段）的社会文化当代价值研究"［项目编号：22WL（Z）22］的阶段性研究成果。

** 程宗宇，硕士，鲁东大学党委办公室信息科副科长，烟台市铸牢中华民族共同体意识研究中心研究员，主要研究方向为运河史、思想政治教育。杨贵民，文学博士，香港教育大学研究员，主要研究方向为汉语国际教育。燕翔，中共中央党校硕士研究生，主要研究方向为中共党史。

文旅融合是一种文化产业与旅游产业紧密结合、相互促进的发展模式。在党的十九届五中全会上，中共中央提出"推动文化和旅游融合发展"的重要战略部署，依靠文化产业和旅游产业"搭台唱戏"。2015年以来，在原国家旅游局提出"全域旅游""旅游+"等发展战略的基础上，文化产业被列为旅游产业优先融合的产业，各地纷纷出台一系列文旅融合发展政策，促进地方旅游产业提质增效。2018年3月，原国家旅游局和原文化部被合并，后被组建成文化和旅游部，这一措施进一步推动中国文化产业与旅游产业的融合发展，现文旅融合已经成为中国文化产业与旅游产业的主要发展方向。

京津冀地区是中国的"首都经济圈"，也是大运河主河道流经的主要区域，京津冀运河区域文旅融合发展涉及北京7个区、天津7个区县、河北省11个区县。2021年，京津冀运河区域始终坚持以习近平新时代中国特色社会主义思想为指导，坚持"稳中求进"的工作总基调，深入贯彻落实《大运河文化保护传承利用规划纲要》《大运河文化保护传承利用"十四五"实施方案》，坚持文化和旅游融合发展，围绕"精品线路""统一品牌""旅游+""+旅游""智慧旅游发展"等方面，做到"宜融则融""能融尽融""以文塑旅""以旅彰文"，推进大运河区域沿线文化和旅游全方位、深层次、宽领域融合，提高融合发展的质量与效益。

一　京津冀运河区域文旅融合发展现状概述

京津冀地区协同一体化的快速发展，使京津冀地区文旅融合纵深发展成为必然，为三地运河区域文旅融合的发展带来更多的机遇与挑战，这也使运河区域文化资源与旅游产业的整合得到一系列政策的支持，三地政府在打造文旅精品线路和统一品牌、推进文化旅游与相关产业融合等方面展开深入合作。

（一）打造文旅精品线路和统一品牌

1. 因地制宜，培育特色文化旅游精品线路

京津冀各地文化和旅游局坚持以人民群众为中心，以文塑旅，以旅彰文，结合当地实际，积极创新出多种"特色化""多层次"的文旅精品线路，这不仅发挥了旅游业的综合带动作用，而且让游客在旅游过程中感受到"吃住行

游购娱"等旅游基本服务要素的满足，更重要的是给其一种展示文化、愉悦身心、增长见闻、享受旅游的新体验。打造精品线路既有利于引领大运河旅游转型升级，也能增强游客的大运河文化传承意识。

北京市文化和旅游局融合东城、西城、通州等 7 个区的文化遗产、特色遗址、水岸景观、游船夜航等元素，培育了 12 条大运河休闲旅游精品线路，并以此为契机，适当加大和提升文旅开发力度和融合度，在带动北京大运河沿线的文物被更好地保护和利用的同时，也让文旅融合品质得到更好的提升。通州区推出"古今并现之旅"线路，不仅深度挖掘北运河 2 号码头、"三庙一塔"等颇具底蕴景点的大运河文化，打造"古城墙""运河集市""漕运客栈"等基础设施，而且持续推进大运河生态文化景观提升、照明亮化工程，打造城区大运河沿线的"魅力走廊"，培育大运河特色的"光影长河"文化旅游精品线路，同时积极挖掘"非遗"文化蕴涵，培育具有鲜明地方特色的非遗项目体验基地，打造以非遗为主题的体验、研学精品旅游线路。海淀区推出的线路是"'皇家'之行，游船赏景觅风光"，此线路可途经南长河公园，赏"长河观柳"的历史风貌；颐和园，寻大运河沿线美景；北京石刻艺术博物馆，见古今四季变迁。西城区推出的线路是"闲庭意趣知漕运"，此线路的特点是"串点成线"，把北京郭守敬纪念馆、火德真君庙（火神庙）等古街民居串联起来，让游客在历史文化遗址上"读漕运历程，品大运河文化"。昌平、顺义以"从花海到花港"为名，培育精品旅游线路 2 条。

天津市文化和旅游局秉承以"民"为中心的理念，融合天津独特的"城市""文化""旅游"资源，培育了涵盖"文化博览游""名人故居游""亲水休闲游""山野名胜游""津夜荟萃游""红色记忆游""津城工业游""网红打卡游""冬趣风情游""京津冀主题游"等天津十大主题文化旅游精品线路，其中，每个主题文化旅游精品线路下又设计了各类各样的"微线路"（见表 1）。

表 1　天津十大主题 40 条文化旅游精品线路

序号	主题线路	具体线路
1	文化博览游	文博场馆一日游、津门故里一日游、万国建筑博览一日游、古风津韵两日游、近代中国历史两日游（5 条）
2	名人故居游	五大道名人故居一日游、意大利风情旅游区名人故居一日游（2 条）

续表

序号	主题线路	具体线路
3	亲水休闲游	滨海科教一日游、滨海休闲一日游、滨海休闲一日游、运河印象一日游、生态休闲一日游、特色体验一日游、津门水韵一日游、滨海休闲两日游(8条)
4	山野名胜游	西青寻乡一日游、宝坻畅玩一日游、北辰乡野一日游、蓟州名胜二日游线路、蓟州名胜二日游线路、蓟州全景三日游(6条)
5	津夜荟萃游	夜游津河线路、夜赏津曲线路、夜品津味线路(3条)
6	红色记忆游	周恩来革命足迹一日游、天津革命之路一日游、"抗日烽火"二日游(3条)
7	津城工业游	民族工业一日游、现代工业一日游、健康工业一日游(3条)
8	网红打卡游	市内打卡一日游、滨海打卡一日游、郊野打卡二日游(3条)
9	冬趣风情游	温泉花乡一日游、温泉康体一日游、蓟州滑雪一日游、蓟州滑雪一日游(4条)
10	京津冀主题游	高铁经典三日游、山野名胜三日游、亲子休闲三日游(3条)

资料来源：根据网络资料整理。

2. 打造平台，实施品牌提升工程

以社会主义核心价值观为引领，积极打造大运河文化平台，实施大运河品牌提升工程，不断提升其影响力。2020年11月，北京市聚合其大运河沿线7区资源，以"行走运河，赋能小康"为主题，举办"2020北京大运河文化节"，打造以"节"命名的市级层面的大运河活动品牌，不仅扩大了该品牌的知名度，而且进一步增强了参与者保护大运河的意识。同月，天津筹建大运河博物馆项目。2021年6月，天津市文化和旅游局与西青区政府联合举办2021年文化和自然遗产日天津非遗主场活动暨第四届"运河记忆"非物质文化遗产宣传展示活动（简称"2021年非遗主场活动"）。10月，京浙两地以"京杭对话"为重要平台，在杭州运河广场上举行"魅力北京浙江周"开幕式启动仪式。其间，北京市不仅把"京味"文化业态融入杭州运河历史街区之中，向市民、游客全景展现北京的魅力，而且以此为契机，进一步加强了京浙两地以大运河文化为主题的旅游产品深度合作，强化了信息沟通共享，共同拓展客源市场，全面促进两地文旅融合高质量发展。除此之外，北京市政府还通过"老舍茶馆"、"非遗文化"、《京城大运河》

京剧交响套曲等体验、演出活动，把具有"京味"特色的文化艺术、城市生活展示给杭州市民，以更好地提升"魅力北京"文旅品牌。同时，在北京启动了"千年运河千里行"中外媒体采风活动，以镜头、文字等形式记录并讲述京杭大运河烟火故事，对外传播好中国大运河文化。同月，"2021北京（国际）运河文化节"在通州运河文化广场开幕。12月，通州举行以"悦享生活 通运未来"为主题的运河嘉年华，以多种艺术形式向市民全面展示大运河的文化魅力。

3. 培育一批彰显大运河文化的世界级旅游景区和度假区、国家级旅游休闲城市和街区等

2022年北京通州区在《北京城市副中心（通州区）"十四五"时期文化和旅游发展规划》中提出，全面建成"大运河国家5A级旅游景区"，实现大运河与环球主题公园水上连通，形成"通州特色"的"水上旅游观光通道"，进而通过客源有效的引导，做到环球主题公园与大运河文化带沿线的"客源流量"共享，促进大运河文化与旅游"一盘棋"总体发展，实现"文化旅游化""旅游文化化"。同时，以大运河为依托，培育"漫游运河"系列产品，沿大运河建设旅游度假区、休闲街区、城市绿道、骑行公园，不断拓展城市休闲空间。天津市深度调研北运河旅游工作，深入挖掘当地特色资源，积极打造武清区佛罗伦萨小镇和创意米兰2个旅游休闲街区。同时，对西青区全域旅游示范区创建及大运河文化保护传承工作进行调研，积极培育区域性旅游休闲街道。

（二）推进文化旅游与相关产业融合

1. 推进"旅游+""+旅游"，完善文化旅游产品供给体系

京津冀秉承文化和旅游、产品、市场、服务融合，优势互补，共同发展的理念，大力推进文化旅游与相关产业融合，取得初步成效，尤其是红色旅游、旅游演艺、文化遗产旅游、旅游体育等产业项目蓬勃发展。在红色旅游方面，2021年6月，天津市启动2021年非遗主场活动，秉承"人民的非遗 人民共享"的宗旨，以"建党百年"为主线，以大运河沿线8省市所收集的非遗艺术品为点，举办"运河记忆 红色传承"主题展，全方位展示文旅融合的生动实践。在旅游演艺方面，北京市文化和旅游局与北京交响乐团、北京京剧院及北京音协合唱团融合了京剧、交响乐、舞台、灯光、多媒体等多重视觉元素，联合制作了《京城大运河》，为旅游增加了一缕艺术气息。在"京杭对话"上，以文化展、影像、文字、音乐的形式，为游客全面展示了大运河沿线珍贵的文博藏品与新时代大运河生活以及大运河深厚的历史文化。在文化遗产旅游方面，昌平区积极探索以"明文化"为主题的旅游体验模式，聚焦文化遗产，突出研学类旅游线路，打造"文化遗产旅游化"，并加强与故宫、天坛等专业机构合作，推进"旅游文化化"。海淀区聚焦"大运河文化带""西山永定河文化带"，深入挖掘本地文化遗产资源，以"红文化""曹文化""兰文化"等特色符号为切入点，打造文化遗产旅游名片。通州区秉承"开发中保护""保护中开发"理念，积极发挥非遗活化作用，充分活化利用面人、花丝镶嵌制作技艺、运河船工号子、运河龙灯等非物质文化遗产的优势，促进文化遗产旅游化。天津市依托杨柳青古镇景区，打造"非遗集市"，通过非遗展演、美食、文创、手工体验等活动，全方位让游客感受非遗文化的魅力。在旅游体育方面，通州区依托大运河，积极开发大运河文化元素与骑行、健步走、马拉松、龙舟等融合项目。

2. 建设一批以大运河文化为主题的文旅综合体

北京通州区围绕张家湾镇重大文旅项目建设，深入挖掘大运河漕运文化，修建漕运客栈、茶楼酒馆等"吃住"设施，配套建设 24 小时城市书房、健康房、娱乐购物商场等"游购娱"服务设施，打造特色小镇，建设以"运河漕运"为主题的文旅综合体。同时依托台湖演艺小镇资源，积极建设特色化剧场群落，打造高品质、艺术生活化、原创性的体验区。除此，为突出现代商业与文旅双轮驱动的发展特点，立足大运河商务区建设，北京通州区还着力打造大运河北京段时尚消费新阵地。例如京韵风范地依托运河壹号项目，着力打造"滨河景观"特色的大运河城市会客中心。天津市围绕旅游产品创新建设，开发利用大运河世界文化遗产资源，配合"近代中国看天津"旅游品牌，积极打造国际文旅消费中心。

（三）推进旅游数字化，促进智慧旅游发展

2021 年，全球旅游业发展受到疫情等不确定性因素的影响，其中最直接的影响是旅游接待人次和旅游收入减少，但这也间接地推进了旅游数字化进程，促进了智慧旅游发展。天津市博物馆与中国移动等公司共同打造"5G 智能互动体验展"，以"5G+混合现实（AR+VR）""CG"等数字互动技术再现天津运河文化、民俗文化、非遗文化等场景，以文物"活"起来的方式，让游客充分体验"文化旅游+互联网"带来的高水准、现代化的公共文化服务，使之成为天津文旅融合的新名片。北京、天津各市的博物馆利用网站、微博、微信公众号等平台推出"云展览""云课堂""云游""直播连线"等活动，让游客可以足不出户享受云端"漫游"。

二 京津冀运河区域文旅融合发展驱动机理分析

京津冀地区协同发展上升为国家战略始于 2014 年，之后三地虽然逐渐推出一系列政策和共建项目推进区域协同一体化发展，但直到 2019 年京津冀地区研究部署《京津冀文化和旅游协同发展 2019 年—2020 年工作要点》，并签订《京津冀地区文化和旅游协同发展战略合作框架协议》，三地政府才开始将文旅产业作为推进区域协同一体化的主要抓手，从顶层设计的角度加强三地文旅融合发展。随后，联合新浪、腾讯等平台分别签署《京津冀—新浪文化旅游宣传战略合作框架协议》《京津冀—腾讯文化旅游宣传战略合作框架协议》，共同在旅游品牌宣传推广、优化三地文旅产品供给、开展文旅项目招商引资、建设文化和旅游发展示范区等工作上展开合作。综合京津冀运河区域文化资源开发与文旅产品发展成果来看，京津冀运河区域文旅融合发展存在较强的推力、拉力和支持力。

（一）推力：国家大运河文化带和京津冀协同一体化建设的需要

大运河文化带的建设是实现地区旅游可持续发展的重要推手，文旅融合的创新发展是促进京津冀协同一体化发展的重要推动力。京津冀运河区域的全线通水和局部交通体系的完善为京津冀运河区域文旅融合发展提供了重要的便利条件，随着京津冀三地之间交往的频繁，文旅融合发展对区域品牌和城市价值的影响变得更加多元化，不但可以促进区域新兴产业的快速发展，而且有助于实现地方文化的复兴、推动产业结构的转型升级、凝聚区域共识、优化人才资源结构等。

　　优越的文化资源、便利的交通网络和丰富的人力资本为京津冀运河区域文化遗产的保护和旅游资源的开发奠定了良好的基础。作为京杭大运河的最北端、漕运转运的终点，京津冀运河区域在历史的进程中逐渐形成了一条丰富多样的古运河文化遗产的线性文化遗产廊道，沿线含有古码头、古河道、寺院佛塔等物质文化遗产及民俗信仰、船工号子、古诗词等非物质文化遗产。在以京杭大运河为纽带的京津冀运河区域协同发展区域中，在大运河文化的滋养下，三地逐渐形成了相同的大运河文化元素，呈现鲜明的大运河文化共性——开放性、包容性、融合性、创新性、集聚性和流动性。大运河是流动的文化，在京津冀运河区域大运河的贯通连接下，南北文化之间、北方文化之间逐渐实现了碰撞和交流，使京津冀运河区域在不自觉地吸纳其他区域文化的过程中，形成了一种开放、包容的文化特性，也正是京津冀运河区域文化的包容才创造出璀璨的大运河文化结晶，为京杭大运河文化带的建设提供了宝贵的精神财富。

　　随着科学技术和文旅融合专业人才的发展，京津冀地区协同一体化发展驱动力明显增强。技术和旅游开发观念的创新又逐渐淡化了文化开发与旅游产业之间模糊的界限，京津冀运河区域可借助技术和人才的创新优势形成既包含区域大运河文化共性，又含有地方文化特性的文旅融合发展新形态。在京津冀文旅融合发展先行的前提下，京津冀地区协同一体化正在加速推进，三地区域大运河文化共性也进一步激发了人们对旅游消费的需求，促进中青旅、绿地、华侨城、中信银行等公司对京津冀区域内不同领域的文旅项目进行投资，逐渐完善地区文化旅游产业链，带动周边旅游产业的发展。

（二）拉力：深化文化产业和旅游供给侧结构性改革的需要

　　在疫情防控常态化时期，旅游市场游客消费需求的升级，倒逼京津冀地区文旅市场供给侧创新行业形态，而丰富的文化和自然资源、完善的文化产业集群是京津冀运河区域文旅融合高质量发展的关键。疫情对京津冀地区文旅融合发展和京津冀地区协同一体化发展产生了较强的冲击，在国家和地区"限行令""禁聚令"等政策的影响下，不少文旅服务企业面临破产和倒闭的风险，但以大数据、人工智能、区块链等数字经济技术为支撑的企业迅速弥补市场的"缺失"，催生出新的产业形态和市场需求，不少景区和博物馆纷纷开通线上

"云旅游"，满足了人们对"自由出行"的需求。在对国内旅游者旅游意愿的调查中，游客对北京的重游意愿和旅游黏性较强，"80后"、"90后"和大多数中产阶层的意愿最为强烈，中国作为世界上最大的旅游消费市场，京津冀运河区域可借助北京作为全国"文化中心"的作用，利用"文化+旅游+数字"的数字文旅产业体系，促进社会各界对京津冀运河区域旅游市场和文化产业的投资；旅游消费和旅游需求的相互作用会促进京津冀地区文旅融合的创新发展，给予消费者更好的旅游体验，进而拉动京津冀运河区域文旅市场供给侧结构性改革。

（三）支持力：政府政策的支持和交通一体化的建设

京津冀地方政府作为文旅融合发展的重要推手，一直调控着文旅市场的准入门槛和发展方向。京津冀签署的《京津冀文化和旅游协同发展战略合作框架协议》《"京东文旅圈"战略合作框架协议》等政策可以为京津冀运河区域文化和旅游的融合发展提供政策支持和法律保障。同时，作为市场主体的监督管理者，政府可以从地方经济发展全局的角度进入运河区域文旅融合发展市场，维护三地运河区域文化产业和旅游产业的平衡运行，规范运河区域文化资源的开发和促进旅游产品产业链的完善，及时排查安全隐患，保护地方文旅市场的健康与可持续发展。

京津冀"四纵四横一环"铁路网的规划和建设，突破了三地"一小时都市圈"发展的瓶颈，促进了京津冀三地城市圈空间结构的变化，也拓宽了三地运河区域文旅产品的消费空间和目标市场。在京津冀文旅融合交通体系的建设中，开设京津冀文化旅游服务专列，优化旅客乘车环境和旅途服务，配合交通管理部门等实现旅客换乘"零距离"的一系列措施，实现了京津冀旅游交通线路质的提升，提高了三地运河区域可达性，极大程度地延长了游客在运河区域的旅游时长。

三 京津冀运河区域文旅融合存在的问题

2021年是"十四五"时期的开局之年，京津冀运河区域市区坚持"以文塑旅、以旅彰文""以民为本"等原则，在文旅线路、文旅品牌、"旅游+"、"+旅游"及智慧旅游等方面取得不错的成绩，但是在协同性、文旅开发体系及创新驱动力等方面需要进一步提升。

（一）京津冀运河区域文旅融合发展协同性不强，实质性进展缓慢

面对疫情对全球经济和产业格局的不确定影响，京津冀地区协同一体化的进程逐渐陷入"停滞"状态，影响了京津冀运河区域文化和旅游协同发展规划和文旅融合项目的落地和实施，使三地运河区域文旅融合发展陷入"各自为战"的尴尬局面。在对京津冀三地旅游产业发展水平的研究中，北京地区依靠文化资源的优势，其发展程度一直高于天津和河北地区，北京在经济、人口、科技、文化等方面与天津和河北相比具有较大的优势，使其可以借助长城、故宫、颐和园等优质资源快速发展文旅产业，因此，北京与天津、北京与河北之间旅游产业的发展水平差距一直处于不断扩大的状态。在文化产业发展水平上，北京亦处于一家独大的局面，在文化产业和旅游产业的相对优势、其他文化资源对游客强烈的吸引力等方面，天津和河北地区对京杭大运河文化带的开发与利用一直处于"不温不火"的状态，使京津冀运河区域文化开发和旅游产业的实质性融合发展进程缓慢。在多种因素的共同影响下，京津冀运河区域协同发展多停留在各自区域大运河资源的文旅融合发展和整体"口号式"协同发展，造成了京津冀运河区域大运河文化带建设进展缓慢。

（二）京津冀运河区域文旅开发体系不完善，旅游产业基础类、完善类、提升类项目建设有待加强

"十四五"时期，中国将全面进入"大众旅游"新发展阶段，旅游业面临高质量发展的新要求。京津冀运河区域市区坚持以人民群众为中心，融合大运河文化要素，从"高品质""多样化""观光与休闲度假"层面，积极培育文旅精品线路，打造大运河文化平台，提升"运河"特色品牌，引领大运河旅游的转型升级。但京津冀大运河水资源的减少、漕运功能的丧失，使大运河逐渐向排污、泄洪河道转变，在这个过程中，人为因素对河道本体、水质、地

方文化景观等产生了难以估量的影响，水体富氧化和水资源环境破坏等问题亟待解决，在这种情况下，京津冀运河区域对大运河文化资源的开发、保护、利用较低。

（三）数字经济下，京津冀运河区域文旅融合发展创新驱动力尚显不足

旅游网络和旅游电子商务正改变着传统的旅游经营管理模式，特别是疫情防控常态化加快推进了数字化、网络化、智能化的智慧旅游发展。在重视城市品牌和文化旅游数字营销的背景下，成都、重庆、杭州、上海等城市是抖音、快手、小红书等短视频平台上常见的"身影"，但拥有丰富文化资源的京津冀运河区域却很少见，从这也可以看出数字经济时代，京津冀运河区域文旅营销创新性不足，旅游资源的开发者尚未做好深层次"拥抱"互联网的准备。京津冀地区虽然通过运用科技创新成果，升级了传统旅游业态，推动了旅游业从资源驱动向创新驱动转变，但是大部分运用数字文旅产品的主体是博物馆等事业单位，如何深化"数字+旅游"，扩大新技术场景应用是值得深入思考的问题。

四 促进文旅融合深化的对策建议

中国将全面进入大众旅游时代，文旅融合仍处于重要战略机遇期，机遇和挑战都有新的发展变化。整合区域内的资源优势，发挥区域间的协同促进作用，逐步缩小区域间的发展差距，是当前京津冀城市一体化发展的必然选择。但在区域资源的整合过程中，京津冀地区的大运河旅游资源逐渐进入"被遗忘"的角落，导致区域间大运河文旅融合发展协同性不强、文旅开发体系不完善、创新驱动力尚显不足等问题。在京杭大运河即将实现全面通水的背景下，京津冀地区大运河文化、文化景观和区域一体化建设可成为促进区域间文旅产业进一步融合发展的突破口，从而实现文旅融合的高质量发展，形成"一核、两岸、三地、多线路"的文旅融合发展新格局。

（一）在顶层设计上，压实"三地联动，区域协同发展"的指导思想

首先，京津冀三地对于京杭大运河的管理和文化旅游资源的开发涉及三个地区的多个职能部门，难以对三地运河区域文旅融合发展形成分工明确、体系完善的管理机制，而且三地有限的水资源和无限的生产生活需求之间的矛盾会随着京杭大运河的全线通水而越发地突出；其次，京津冀运河区域文旅融合发展涉及遗产保护、水资源利用、地区经济发展、环境保护、生态修复、基础设施建设等各地区多方面利益，要想实现三地运河区域文旅融合发展的可持续性和创新性，各方资源的有效利用、地方政府的相互协调和民众的支持缺一不可；最后，地方政府深知运河区域文旅融合的发展可以提升地方旅游产品的文化内涵，为京杭大运河北运河段文化带建设、地方慢行廊道、区域经济发展等注入新的活力，但在制定一系列的合作政策、开发规划后，三地运河区域文旅融合发展一直处于缓慢前进的状态，远远落后于三地交通一体化等进程。

京杭大运河是重要的历史文化遗产，保护京杭大运河是大运河沿线地区共同的责任。京津冀运河区域文旅融合发展是新时代推进区域协同发展，落实新的发展理念和促进人与自然、经济与社会和谐发展，疏散北京文化功能任务的重要一环，因此，京津冀运河区域的文旅融合发展应深入落实2015年《京津冀协同发展交通一体化规划》、2016年《"十三五"时期京津冀国民经济和社会发展规划》等规划精神，从顶层设计上压实京津冀三地联动政策，协调步调，打破当前文旅融合发展各自为政的状态，深入挖掘三地运河文化内涵，提炼三地运河文化共性，围绕京津冀运河区域文化资源构建旅游品牌IP矩阵和文旅体验体系，共同推进沿大运河区域文旅融合的高质量发展，使三地运河区域文化旅游产品完成从"有没有"向"精不精"的转变，共同打造"千年运河"的文旅融合品牌。

（二）从文旅融合发展的不同层次，逐步完善"一核、两岸、三地、多线路"的旅游开发体系

疫情防控常态化下，推进京津冀运河区域文旅融合实质性发展虽然存在一定的不确定性，但是如果能在顶层设计上明确三地合作架构和分工职责，有序

推进三地运河文化共性的发展和特性的创新，逐步完善运河区域文旅融合发展基础类、完善类、提升类项目，就可以构建更加开放、共建、共享的文旅开发体系，从而产生巨大的经济效益、社会效益和生态效益。

1. 基础类：以政府为主导的全域旅游规划和基本设施建设

京杭大运河作为一条时间跨度大、空间跨度广、结构多样、功能复杂、区域经济发展不平衡的人工河道，对当前促进京津冀运河区域文旅融合协同发展具有一定的困难性和特殊性。政府可以通过提高京津冀运河区域旅游发展规划的水平，促进大运河要素和经济要素的融合，如对京津冀地区运河文化遗产的政策、旅游市场宣传形象和大运河文化等的整合，突出京津冀地区运河文化资源的共性和特性，使京津冀运河区域的文旅融合发展形成"区域内有共性、共性外有特性"的发展格局。

政府对于地方资源的调配作用在京津冀运河文旅融合发展中的旅游整体规划和河道修复、遗产廊道建设、文化景观的展现等方面显得尤为重要。随着京杭大运河的成功申遗，京津冀地区对运河全线通航和推进运河区域文旅融合发展的呼声越来越高，但是由于当前北方水资源的匮乏和京津冀运河区域经济发展的不均衡和不平衡，京杭大运河难以实现全线通航，而且通水后所产生的效益和对区域发展的协同带动作用并不可观。但不可否认的是，京津冀地区运河河道的重新疏浚、河道堤岸的修复和河道的旅游通航有助于三地运河区域景观的美化和提升、观光带的修建、文化遗产的修复和生态环境的整治等，文化景观的修建和文化遗产的修复等最终会促进京津冀地区运河文化资源的开发，带动地方旅游市场的发展，逐步形成运河河道修复—运河文化资源开发—文旅融合产品的推广—运河文化遗产保护的良性循环。

2. 完善类：运河文化资源的开发、利用和沿线生态环境的修复

对于京津冀地区运河文化资源的开发，当地政府应该树立生态保护意识，毕竟，失去生态环境的文旅融合发展注定不可持续。随着京津冀运河区域遗产廊道和慢行廊道的建设，三地重要区域的河道修复和环境整治初见成效，但对京杭大运河线性文化遗产的开发和利用还仅仅停留在对闸坝的修复、对驿站的完善、对码头的修建、对大运河文化的展现等浅显层面，对大运河文化中信仰、民俗、礼仪、戏剧等无形的非物质文化遗产内涵的挖掘还有待深化、主旨有待体现、表现形式有待丰富。京津冀地区通过集中展示、文艺表演、学者论

坛等形式，展现了京津冀地区运河文化遗产深厚的底蕴和丰富的内涵，极大程度地提升了京津冀地区民众对大运河文化遗产的了解度和辨识度，增强了对大运河文化的区域认同感，更好地促进了地方文旅融合的发展，如 2015 年天津市西青区举办的"运河记忆"非物质文化遗产展览，为京津冀地区共同推进大运河文化遗产的开发和利用、文旅融合发展、大运河文化的保护和传承，满足游客对大运河文化探索等提供了一个良好的开端。

借助大运河文化带建设、大运河湿地公园的建设、大运河国家文化公园的规划、大运河河道的通航等机遇，有利于实现京津冀运河区域生态环境的修复。京津冀运河沿线的生态整治应以河道和堤岸的修复为前提，以三地运河沿线的物质文化遗产和非物质文化遗产为抓手，按照《世界遗产公约》及国内环境保护的相关法则，整顿京津冀地区化工、钢铁等高污染产业，划定大运河遗产开发利用红线，实现京津冀运河区域生态环境保护的可持续发展。如北京通州区大运河文化旅游区，整合了通州区大运河公园、"三庙一塔"景区和大运河森林公园等资源，在整修河道的同时，同步推进慢行廊道的建设，打造集休闲、观光、旅游、购物、娱乐于一体的文旅融合生态环境修复和利用的发展样板。

3. 提升类：文旅融合产品开发体系的完善

作为中国文旅融合发展对外开放的门户，京津冀运河区域的文旅融合发展不仅承担着展示中国京杭大运河文化带建设成果形象和样板的责任，还承担着高质量地推进大运河文化遗产的开发、利用和保护的使命。在文旅融合发展内涵和创新理念的不断变革中，京津冀运河区域文旅融合发展面临挑战和转型，作为加快京津冀地区协同发展的重要引擎之一，三地运河区域文旅融合发展要逐渐融合区域内第一、二、三产业，并顺理成章地成为展现地方文化软实力的重要着力点。

京津冀运河区域传统文旅资源丰富，但文旅融合发展作为文化遗产开发、保护、利用的一种途径，随着旅游市场需求的转型升级，体验式和沉浸式旅游等新兴创意类文旅产品逐渐成为旅游市场的宠儿，如迪士尼乐园、方特乐园等。相比之下，京津冀地区的运河文化创意类文旅产品资源相对匮乏，数字经济下文旅融合发展新业态的布局和创新性有待进一步完善和提升。作为京杭大运河沿线经济、科技发展较为发达的地区之一，京津冀需要立足地方文化特质，深入挖掘大运河文化中与娱乐、购物、休闲、民俗等迎合旅游市场需求意向的相关资源，加强区域间文旅产业和文创产品的合作，增强文旅市场的联动性，立足区域内大运河文化的共性和特性，并利用高新技术提升文旅产业发展水平、优化文旅产业供给，逐步完善京津冀运河区域文旅产业的开发体系。

（三）利用数字经济发展的优势，探索"数字+文旅"的发展模式

数字经济对文旅产品的宣传、推广、销售的推动作用有目共睹，一方面，抖音、快手、小红书等短视频技术和携程、飞猪等 OTA 平台的发展，有利于带动和发挥文旅产品的"网红效应"。随着手机智能化的普及，绝大多数用户会利用手机来查找地方旅游产品、预订酒店、设计旅游线路等，可以有效促进文旅衍生产品的宣传和售卖。另一方面，各地政府和旅游景区都在积极谋划数字化发展的转型，如景区"云旅游"、数字敦煌、《上新了·故宫》等数字文旅产品，使"远距离"的文旅资源成为触手可及的"地方"产品。特别是2022 年《政府工作报告》中明确提出促进数字经济发展，为数字经济推进文旅产业融合创新发展和文旅产品数字化转型等提供了巨大的发展契机。

京津冀地区作为中国数字经济发展的先行示范区，可以利用"数字+文旅"的发展业态，做到京津冀地区数据共享，做好区域间资源的统筹和管理，实现数字技术对文旅融合发展模式、产品设计、市场营销等领域的全面赋能，打造大运河文化内涵丰富、特色鲜明的高质量"异地体验"文旅产品项目，并且可以利用区块链、大数据、人工智能等手段，提升对地方文旅市场的监管和治理效能。

参考文献

冯学钢、梁茹：《文旅融合市场主体建设：概念体系与逻辑分析框架》，《华东师范大学
　　学报》（哲学社会科学版）2022 年第 2 期。
高乐华、段棒棒：《文化和旅游融合发展研究综述》，《中国旅游评论》2021 年第 3 期。
《构建"一河、两道、三区"：北京发布大运河文化保护传承利用实施规划》，《自然与
　　文化遗产研究》2019 年第 12 期。
姜师立：《文旅融合背景下大运河旅游发展高质量对策研究》，《中国名城》2019 年第

6期。

曲经纬：《2023年大运河有条件河段实现旅游通航》，《北京城市副中心报》2022年7月23日。

王瑾：《"十四五"时期我国将全面进入大众旅游时代》，《中国财经报》2022年1月27日。

新华社：《中共中央办公厅 国务院办公厅印发〈大运河文化保护传承利用规划纲要〉》，《大众文艺》2019年第13期。

徐翠蓉、赵玉宗、高洁：《国内外文旅融合研究进展与启示：一个文献综述》，《旅游学刊》2020年第8期。

杨英法、李彦玲、韩峰：《京津冀协同发展与大运河文化带建设互融共建探讨》，《社会科学家》2019年第6期。

B.10
常州大运河水系沿岸工业文明遗产
群落保护传承利用研究报告

邵志强　邵　璐*

摘　要： 常州大运河及其水系见证了近代工商业的萌芽、破茧、形成、发
　　　　展、壮大、繁荣和一路创新，是常州精神"勇争一流、耻为二
　　　　手"一以贯之的必然，并成为常州大运河历史文化的重要组成部
　　　　分。常州对工业文明遗产群落保护、传承、利用的不断探索、不
　　　　断实践和不断创新，更是充分体现了常州大运河文化建设的重要
　　　　特色。

关键词： 常州大运河　工业明星城市　工业文明遗产

一　常州大运河源远流长

常州的大运河在整个中国大运河中意义非凡，因为它是以后的京杭大运河
的滥觞之处——起始段，为春秋战国时期吴王夫差和伍子胥所开凿，时公元前
495 年（距今已 2517 年）。夫差开凿拓浚这条大河是为了战争，目标是渡过长
江，北上称霸。这是吴王夫差北上称霸战略的第一步：过长江，灭邗国。待站
稳脚跟，第二步就是继续北上伐齐，于是开凿邗沟连通淮河，一路剑指中原。
这条大河后成为京杭大运河的重要组成部分，其首段开凿于延陵（常州古称），
2500 多年来，常州人一直称之为"延陵古运河"或"春秋古运河"。

---

* 邵志强，常州市历史文化名城地方文史专家组组长、大运河文化带建设研究院顾问专家，主
要研究方向为江南运河史、文化遗产保护。邵璐，风景园林硕士，常州市自然资源与规划服
务中心高级工程师，主要研究方向为城市景观规划、历史文化名城保护。

大运河在延陵境内的具体走向及线路，应该是由季札和伍子胥共同划定，因为这里是季札的封地。季札于公元前547年（距今2569年）被封于延陵，成为诸侯王。因为有季札的参与，这条大河在战争的背景下蕴含了民生的含义。常州延续了延陵历史。有了这条大河，纲举目张，庞大的常州乃至整个江南运河水系从此形成。以后的2500多年间，作为州府之地，常州城河相依，水陆相交，四通八达，经济、社会、文化不断发展繁荣。随着城市不断发展，大运河集镇形成，商贸活动活跃，百业兴旺发达，文化海纳百川，江湖融合汇秀，农田水利成型，交通南来北往，漕运更添风采，常州终成中吴要辅。直至近代，民族工商业在此孕育、诞生、成长、壮大。

二　常州是民族工商业重要发祥地之一

作为中国民族工商业的重要发祥地之一，常州堪称"百年工商城"。中国的近代民族工商业肇始于19世纪60年代开始的洋务运动时期，可是，早在洋务运动之前，常州最初的近代工商业就已经诞生。后来，常州又走出了盛宣怀和刘国钧这两位蜚声海内外的工商业巨子。清末民初，以纺织业和机器加工为标志的常州近代制造业出现并得到良好发展。

1851年，常州市城内创办了义兴升漆栈，这已经不是一家传统的手工作坊和商行，而是集采购、储存、加工、生产、销售于一体的工商企业。

1857年，常州一批本帮裁缝与扬州、泰州、靖江、河漳帮裁缝合资合作，成立了股份制意义上的云锦公所，专为官僚、士绅等人士制作服饰，这已经是一个近代服装企业的模式。

1863年，始创于清乾隆年间的天宁寺刷经楼复建开业，后改名毗陵天宁刻经流通处，不但负责寺庙刻经，同时承接寺外业务，这是当年常州最大的印刷企业。

1874年，鼎泰元锅罐厂创办，用生铁、翻砂铁生产铁犁、铁罐、铁锅等，产品除了供应常州地区所需，还销往苏北各地。

1902年，盛宣怀内弟庄茂之在西门表场创设常州内河招商局，由盛宣怀调拨泰昌煤轮一艘，就此常州开航机动轮船，这是常州地区最早的交通运输企业。

1903年，杨德仁在东下塘创办丝绵工场，工人百余人，以"双狮""捧球"为商标，产品销往上海、南京、安徽、江西、山东、河北等地。

1904年，城内第一家专业织布的洪昌织布工场创立，从此使分散的手工业生产向工厂化发展。

1906年，吴幼儒等人在东下塘春秋古运河畔创办晋裕布厂，这是常州最早出现的机器织布厂。

1909年，公盛堆栈成为常州地区第一家以柴油机为动力碾米磨面的近代粮食加工厂。

1913年，奚九如等创办厚生制造机器厂，是常州第一家机器制造厂，当年仿制成8马力火油发动机，这是常州地区生产的第一台机械产品；翌年，又成功生产了3马力火油发动机，成为中国最早生产内燃机的机器厂之一。同年，吴树棠等筹资创办武进振生电灯公司；翌年，正式运行发电。

1914年，厚生制造机器厂设翻砂部，生产自用铸件，成为常州现代铸造业的发端；后兴建源大翻砂工场，是常州最早的专业铸造企业。

1916年，蒋盘发、刘国钧集资创办大纶机器织布厂，采用蒸汽机传动，成为最早的近代纺织厂。

1919年，私人集资创办的常州机器厂诞生；翌年，改名为万盛铁工厂，其生产的发动机不仅能够满足国内需求，还远销南洋及菲律宾等地。

1919年，常州第一家纱厂广新纱厂创建。

1919年，常州人创办了最早的机器加工面粉厂。

1921年，杨廷栋等开办了震华制造电气机械总厂，与武进振生电灯公司并存发电。

1924年，使用柴油的二冲程大头车试制成功，开创了常州生产柴油机的历史。

这些企业仅仅罗列了部分第一，而远远不是全部。实际情况是，每当有人开始吃第一只螃蟹时，就会有人紧紧跟上。在常州近代工业企业破茧而出的不到10年间，就形成了一个初具规模的"企业群体"，成为常州工商业的先行者，距今已有170多年的历史。这些企业，虽然行业不同，产品迥异，但共同选址在大运河或大运河水系之畔，其根本原因是原材料和最终产品运输方便，节约成本。早期，大运河及其水系是江南水乡交通的绝对主角，既是航道，也是"高速公路"。即使是百年之后，甚至时至今日，水运依然繁忙，成本也最低。当前企业的物流量与千百年来的传统手工作坊相比，已不可同日而语。因此，当时企业选址于大运河及其水系边是最佳选择。

其后，常州大运河及其水系两岸，电力、纺织、机械、造船、食品等近代工业形成规模、迅速发展，奠定了常州经济辉煌的坚实基础。1949 年后，常州进一步依托大运河布局，呕心沥血建构常州工业体系，创造了地区经济发展奇迹，成为地区经济中心城市。

三　常州的"工业明星城市"之路

长期以来，常州一直坚守实业，"咬定青山不放松"。20 世纪 80 年代，常州成为全国闻名的工业明星城市。

1975 年，新华社连续发表了关于常州工业发展的系列调查通讯，用"农字当头滚雪球""小桌子上唱大戏""双手舞出八条龙"三句生动形象的话语向国内外讲述了当时常州工业发展的故事。《人民日报》《工人日报》《经济日报》等报刊都先后转载了新华社的文章，一时在全国引起轰动。

"农字当头滚雪球"，表明常州的工业体系是以发展支农工业为突破口而调整布局精心重构的。面向广阔农村市场的庞大需求，以生产柴油机、手扶拖拉机、农药、化肥、塑料薄膜等"两机一药一肥一膜"为起点，再进一步地延伸拓展出其他产品，形成各类适应性产业。

常州地处东海前沿，而且中小企业多、集体企业多。鉴于以上原因，常州能够获得的国家投资和计划历来很少，动力来源主要是市场，依靠自己长期形成的本土基因，依托发轫于 20 世纪初的民族工商业所奠定下的产业基础——纺织、机电工业积累的经验、设备、资金和技术力量。通过"挖潜、革新、改造"，发挥最大潜能，在"小桌子上唱大戏"。"小桌子上唱大戏"有深刻的内涵，不是"等、靠、要"，而是面对现实，调整革新，转产协作，充分挖潜，自力更生，艰苦奋斗。

现代工业必须尽快实现专业化生产，并形成规模经济。而常州中小企业多、集体企业多的特点成了发展的瓶颈。"勇争一流、耻为二手"，常州迅速将目光锁定在产业链分工和企业协作上，独创了"一条龙"模式：围绕生产大类产品，以个别工厂为核心骨干，将隶属关系、所有制不同但在生产上有关联的工厂整理梳成"辫子"，配套成龙，形成专业化协作线。这个"一条龙"，就是现代制造业形成完备产业链的初创模式。

"一条龙"最早的实践始于灯芯绒棉布生产。1959 年，常州市纺织工业局根据所属工厂的特长和各方面条件，对所属各企业进行了分工，以生产环节工艺操作专业化为前提，组织前、后道各工序，若干工厂进行有效协作。1962年，"灯芯绒一条龙"正式形成。同时成立了"一条龙协作办公室"，负责全链条各企业协作配合的工作。灯芯绒这条龙一开始就迸发出强大的生产力：灯芯绒的一等品入库率、年产量、年出口量都获得大幅度提高。形成初步经验后，常州马不停蹄地将"一条龙"迅速复制到其他产业，而后就有了"双手舞出八条龙"的成功实践。到 20 世纪 70 年代末，常州最终一共发展出灯芯绒、卡其布、花布、化纤、手扶拖拉机、半导体收音机、照相机、自行车、电子手表、工业缝纫机、130 汽车、工矿电机车、35 型拖拉机、750 千瓦发电机组、塑料、玻璃钢等 16 条龙。

从"滚雪球"到"一条龙"，形成"唱大戏"，植根于常州百年来的产业根基，集中了常州的韧劲和智慧，体现了"耻为二手"的意志，内生稳固的产业系统被逐步构建起来，拥有了荷花牌灯芯绒、常柴牌柴油机、东风牌手扶拖拉机、红梅牌照相机等一批享誉海内外的产品，人均产值与财政收入在与全国 69 个同类城市的比较中列第一位。

常州工业随之迎来发展的黄金时代。1979~1985 年，常州共有 180 个企业的 327 种产品获得国家、省部颁发的奖牌，其中荷花灯舞牌杂色灯芯绒、S195柴油机、东风 12 型手扶拖拉机、水月牌杂色卡其等获国家优质产品金牌 6 块、银牌 46 块、金杯奖 1 只、银杯奖 1 只。1982 年，常州市区工业总产值达39.02 亿元，财政收入 5.33 亿元，每个职工平均创工业总产值 1.2 万元，仅次于上海，列全国第二位；每个职工创财政收入为 1580 元，列全国第三位。"工业明星城市"的桂冠就此花落常州，"中小城市学常州"，一时风靡全国。

四 改革开放的机遇和挑战

改革开放以后，中国逐渐加快了经济体制改革和对外开放。20 世纪 80 年代初，常州不负重托，几乎承担了国家所有重大改革试点的重任，如"经济体制改革综合试点城市""社会事业改革综合示范试点城市"等，特别是落实"固定基数、利润提成包干的财政体制改革试点城市"，常州"勒紧裤腰带"，每年向国家贡献95%的财税收入，甚至超过当时相当一部分省份全年上缴的财税收入，在极大程度上支持了国家发展，支持了改革开放。

在此期间，常州和苏南的苏州、无锡等地通过发展乡镇企业创造了"苏南模式"，其主要特征是：农民依靠自己的力量大力发展乡镇企业；乡镇企业的所有制结构以集体经济为主；政府主导乡镇企业的布局和发展；以市场调节为其主要手段。这是当时中国县域经济蓬勃发展的主要经验模式，引起了中央高度的关注、肯定和重视。此后，乡镇企业开始进行产权制度改革，原来星罗棋布的以集体所有制为主的乡镇企业开始逐渐改制成民营企业。民营企业凭借对市场的敏锐洞察力，主动寻求市场机会，谋求传统企业转型。国有企业和其他集体企业也在一轮接一轮的深化改革中，主动适应市场经济，进行产业结构调整，转变生产方式，以市场和产品为出发点进行调整、重组、创新、改革，谋求更高层面的发展。

在经济、社会转型的热潮中，有一个现象迅速引起部分有心人的关注：随着结构调整、产品升级、转产重组、新型企业崛起等，一批老厂房已经不适应现代制造业的需求，甚至有些老企业将在改革浪潮中被淘汰。原来，常州是个中小城市，城市规模不大，而企业布局大部分集中在市区穿城而过的大运河及其水系沿岸。要应对新的挑战难题，许多老厂房面临几种选择：一是企业整体搬迁，老厂房拆除，重新规划为居住功能或商业用房，或公用设施用地；二是老企业大部分搬迁，剩下一部分继续留下，仍然由企业管理；三是想方设法合理使用老厂房。

将老厂房拆除相对简单，土地进入市场变现，另行选址建立新厂房，获得企业的新生。事实上，有一部分企业就是这样实现了易地搬迁，如大成一厂（国棉一厂）、灯芯绒厂、民丰纱厂（国棉二厂）等。这样做的好处是变现快、建厂快、负担轻。但弊端明显：一次性交易不能利用原有资源进行可持续发展；老厂区成了新型居民小区，百年企业的物质遗产及其根脉在城市的版图和历史延续中将永远地消失。

把所有的老厂房都保护起来，显然也不现实：常州城市空间规模有限，城市化的进程却发展快速，城市规划调整迫在眉睫，部分老厂房的拆迁及土地功能的转换也势在必行。这是一个两难的选择。如果时间允许，经过再三审视和论证，也许能够寻找到相对妥当的办法，但形势逼人，各个企业面临的一系列难题和困难如同水火。在这种情况下，难免出现一些问题甚至是出现这样或那样的失误。

但有一个认识也是显而易见的：常州是一座有着3200多年历史的文化名城，是中国近代工商业的发祥地。百年以上或接近百年的企业发祥地、物质遗产地、老厂房及企业其他配套设施的建筑群展示地，是这座城市极其珍贵的历史文化遗产和工业文明遗迹，是不可再生的工业文物群落，是常州人精神家园的重要组成部分。我们的责任是保护、传承和合理利用。新的形势，面临新的机遇，也带来新的挑战。常州开始探索比较早，要在保护、传承和合理利用工业文明遗产方面摸索出一条新路。

五　保护传承利用的探索道路

（一）探索的原因

最初对工业文明遗产保护的认识是模糊的，理解也较肤浅。最初的保护原因来自一些老工厂中的个别"文保单位"和重要构筑物的岌岌可危，如原国棉一厂的刘国钧早期办公楼及园林，国棉三厂的老民国建筑群，牵引电机厂的部分珍贵的原厂区绿化，戚机厂的老办公楼、老工房，等等。

问题多次摆到桌面上，形成了两种主要的意见：一是及时进入市场，获取新发展的资金，迅速形成新的生产力，政府不宜也不可能过多干预；二是选择有代表性（对常州工业发展有典型意义）的老工厂，整体保护，赋予新的业态和动能，使之可持续发展，延续辉煌。走后一条道路，需要下很大的决心，因为这样做非但不可能获得资金，反而还需要更大的投入，而且以后的运营和持续发展的能力还心中无数。但好处是显而易见的：留住了历史、根脉、传统和几代人宝贵的回忆，留下了这座工业明星城市走过的足迹，保护并完善了这座城市市民的精神家园。2006年，常州工贸国有资产经营管理公司和文化、文物保护界一批有识之士结合，开始对整体保护老工业企业进行了大胆而有益的探索。

（二）最初的探索尝试

探索是从两个中小企业开始的。

1. 对常州梳篦厂的保护

梳篦，是常州最著名的特产之一，始于春秋战国时期，自古以来是家庭作坊式的生产方式。明天启二年（1622），常州卜恒顺梳篦店在西门外篦箕巷创设，带动王大昌、陈正兴、唐煜昌等梳篦店相继开设。1915 年后，常州梳篦曾在巴拿马和平展览会上荣获银质奖，在美国费城国际博览会上荣获金质奖。此时，常州已生产木梳 200 万个，篦箕 600 万个。常州梳篦厂始于 1951 年，经过公私合营、合并调整等过程，成为现代专业生产厂家。多年来，它长期占有全国市场 70% 的份额，产品还远销 27 个国家和地区。

常州工贸国有资产经营管理公司在原梳篦厂的基础上，把另两个常州著名非物质文化遗产常州乱针绣和常州留青竹刻植入梳篦厂，形成国家级非遗"常州三宝"，并组成集生产、体验、展示、收藏、销售、游览于一体的综合体，通过整修老厂房、调整绿化、挖掘文化内涵、建立博物馆、恢复老构建等一系列手段，老梳篦厂成为热门的旅游必到地、网红打卡点，一时成为一道靓丽的风景。

2. 关于常州第五毛纺织厂的保护

常州第五毛纺织厂（简称"五毛厂"）原是一家全民所有制企业，是原纺织工业部定点生产毛毯的专业厂，也是江苏省最大的专业毛毯厂。工厂的前身是 1932 年创办的常州三和布厂。进入 20 世纪 90 年代后，改革形势一日千里。因产业结构调整，一批曾经辉煌的国企纷纷走入困境，五毛厂也开始走入低谷。2007 年，五毛厂完全停产，陷入沉寂。2008 年，改造更新工程启动。

通过对厂区开展全方位的保护性修缮，本着"不改变文物原状"的原则，精心修缮了老办公楼和最早的老厂房，得到省、市文物主管部门的充分肯定。省文物局组织专家组到现场召开评审会，给予了省文物修缮优质工程褒奖，并由省政府颁发了"江苏省重点文物保护单位"的称号。同时，极力维护整个厂区的工业文明遗产历史风貌，保留大面积锯齿形厂房、红砖墙、燃煤锅炉、风机、水塔、烟囱、地磅、消防设施、老机器设备、企业老标识系统等，这些宝贵的工业要素资源成为新街区的历史构景。

原厂区形成了一个占地 3.6 万余平方米的"工业遗址——文化创意街区"：原厂区的办公室变身为恒源畅书坊；最早的老厂房成了"常州画派艺术陈列馆"；1000 平方米的机修车间成为"五号剧场"；染色和印花车间成为艺术展览馆；锅炉房被打造成时尚酒吧，原样保留了包括锅炉、地磅、烟囱等在内的一整套设备；由风机廊道更新而成的常州首家工商业历史陈列馆，展示了清代以来的工商业史料、地契、老账册、旧办公用具、老设备、老单据等，成为展现民族工业发展史的历史长廊；老车间创办了常州第一家"常州大运河文化记忆馆"，详尽地展示了这座城市对大运河的保护、传承和利用；原经编车间则更新为常州市档案博览中心，面积达 6000 平方米，收藏了近百年来"常州制造"的史料和实物，开了国内工商档案保护、利用与工业遗产实地结合展示的先河；办公楼及小车间被一批文化创意及艺术设计企业入驻，成了青年才俊的创业平台；工厂的老食堂成了饭馆；原来的地下室也成了"红酒坊"；工厂大门口恢复了"恒源畅厂"的原貌；大运河边的工厂专用码头更新成为大型游船码头，在大运河中开辟了水上旅游线路；原厂区大道重新铺装成街区的"记忆大道"，镌刻上 100 多年来常州大运河两岸 100 多家工业企业的创办信息。

"运河五号"的成功实践及运营在市内外引起了强烈反响，也为工业文明遗产的保护、传承和利用打开了一条崭新的思路。后来，有学者把这里的修缮更新总结为"腾笼换鸟"，也把这里的更新形态总结为"文化创意型"。

（三）探索中的不同模式

常州针对不同的具体情况，除了以上所述的"文化创意型"之外，在 10 余年的努力探索中，还创造了多种不同类型的保护传承模式。

1. 传承传统型

其中较为典型的企业就是百年"戚机厂"和"戚电厂"。

关于戚机厂——1898 年盛宣怀筹建淞沪铁路，同时在上海开始筹建吴淞机厂。1936 年，为应对日本入侵，吴淞机厂迁到常州戚墅堰大运河畔，并更名为戚墅堰机车车辆厂（简称"戚机厂"），这是常州第一家大型近代工业工厂。如今，经过百年的风雨历程，工厂面貌早就已经焕然一新，但工厂保留了各式各样的"老家当"，见证了常州源远流长的近代工业文明，也见证和承载了戚机厂的前辈们的无私奉献。

关于戚电厂——戚电厂前身为震华制造电气机械总厂，由常州晚清举人杨廷栋、施肇曾等人合资创办，开中国电气机械制造之先河，是江苏省第一家中外合作的电力企业，也是当时全国八大电厂之一。1949年4月，它被中国人民解放军接管，成为常州第一家全民所有制企业。1950年7月，它被改组为苏南电业局，隶属于江苏省电力工业局，现为江苏华电戚墅堰发电有限公司。如今，该厂已成为装机容量排名全国前三的天然气发电厂。

为了留住历史，传承百年工业遗产，戚电厂建成了以"传承红色、实业报国、现代化求索"为特色的红色教育基地——红色展馆。建筑和展陈设计中将红色元素贯穿始终，在"星星之火""风雷激荡""高擎铁锤""革故鼎新""继往开来"五个展厅中，把戚电厂百年的历史通过图片、文字以及场景还原、雕塑、油画、声光电等多种表现形式加以展现。2011年是建厂90周年，在先后编纂两部厂志的基础上，该厂员工对企业历史文化资源进行了系统的梳理，对影像、实物资料进行了广泛的征集，还从1000多名在职及退休职工中征集到一批非常珍贵的历史资料。展馆中，一代代戚电厂人的记忆和情怀被唤醒和永存。

2. 智慧众创型

合成纤维厂——很多老常州人习惯称之为"合纤厂"。合纤厂位于大运河畔的大仓路65号，是当年江苏最早生产"的确良"的工厂，它生产的"茶花"牌涤纶纤维曾是全省乃至全国著名产品。

合纤厂前身是1958年常州市纺织工业局投资创办的第一化学纤维厂。1995年，合纤厂与中国华源集团合资组建常州华源化学纤维有限公司，并于1996年与中国华源集团联合上市组建上海华源股份有限公司常州化纤公司，经过一系列改制，2000年成为上海华源股份的全资分公司。后由于合成面料大行情不好，以及受总公司债务牵连等原因，合纤厂最终走向没落。但10多年后，合纤厂化茧成蝶，以"五星智造园"的崭新面貌出现在常州市民面前。

如今的五星智造园，厂房和格局都没有变动。整个厂区占地面积70亩，建筑面积近6万平方米，几乎保留了厂区原来所有的主要建筑，只对厂房外立面进行了提升整修，并对园区道路和景观绿化进行了整治。传达室、销售部、长丝车间、短丝车间、辅助车间、拉链车间、食堂、职工教育基地……依然如故。截至 2018 年 12 月，五星智造园已入驻企业 200 家，形成了以文化传媒、影视动画、设计摄影等创意型企业为主，以电子商务、互联网等科技型企业为辅，文创与智慧科技融合发展的产业园区。

目前，该园区已被认定为"常州市文化产业示范园区""江苏省中小企业星级公共服务平台""江苏省科技企业孵化器""江苏省众创空间""江苏省创业孵化基地"等。据常州市钟楼区 2020 年统计，园区年产值已达 4 亿元，年税收达千万元，解决就业人数 1500 多人。

矿山机械厂——位于运河路 198 号，该地址是原常州矿山机械厂旧址，前身是常州工农钣焊厂。1999 年，国有企业进行改革转制，矿山机械厂赫然在列。2000 年前后，矿山机械厂和常州客车厂重组，新厂搬迁至横山桥。之后又被今创集团股份有限公司收购，成为集团子公司，并更名为常州常矿起重机械有限公司。而老厂房在老地方，前途莫测。

几年以后，一度被荒废的老厂房又重新焕发生机，成为一个众创空间，"博济·新博智汇谷"是它的新名字。

2016 年 4 月博济·新博智汇谷正式签约，2016 年 9 月正式开园。老厂房全部维修，尽量维持原有历史风貌，3 根颇有特色的老烟囱也全部保留利用，只对每栋建筑的功能进行了调整。在办公区，除了原有设施外，还增加了休闲区、咖啡吧、超市、餐厅等生活配套设施，更加方便入驻的企业员工。

更新内容主要涉及厂房外立面的设计、公共部分的整修，以及园区道路、景观绿化的打造，整个园区绿化面积在 1/3 以上，能给入驻企业提供更为舒适的办公环境。厂区占地约 110 亩，建筑面积 6 万平方米，包括 13 栋单层或多层建筑。新园区着重引入智慧科技产业（电子信息、新材料、新能源、医疗器械、智能智造等），并结合集装箱创意艺术设计，打造智能科技与艺术相融合发展的产业园区。截至 2021 年，园区招商面积有 5 万多平方米，入驻了 200 多家企业。

3. 融入社区型

国光 1937 科技文化创意园位于清潭路 93 号，它是江苏国光信息产业股份有限公司的老厂区，也就是常州人叫惯了的"国光厂"。不过，它的另一个名字，也许更为常州人所知——常州第二无线电厂旧址。

这里是常州一处重要电子工业遗存建成区，建筑大都建于 20 世纪中期，至今保存完好，也是常州市文保单位。国光厂的历史可以追溯到1937年在常州横兴弄诞生的协进浆纱厂。经过几十年演变，于2000年，引入多元经济成分设立江苏国光信息产业股份有限公司、常州常计电子实业有限公司。

国光厂的发展，甚至可以说整个常州电子产业的发展都离不开一个人——新中国电子信息产业之父、常州走出去的开国中将王铮将军。国光厂是他亲自规划布点的一个电子工业基地。在中国信息产业史上，国光厂创造了6项"中国第一"：

中国第一台数字电报终端机（SC801），打破国际垄断，为中国运载火箭、试验通信卫星的成功发射做出重大贡献，受到中共中央、国务院、中央军委贺电嘉奖，获国家科学大会奖；

中国第一台中西文汉字终端（HZ8401），为计算机应用在中国普及做出重大贡献，被授予国家科技进步一等奖；

中国第一台国产计算机（DJS200/100），获国家科技进步奖；

中国第一台国产调制解调器"猫"（FM2400），获国家质量金奖；

中国第一套屏蔽设备（P22），军方及保密单位大量使用，获全国科学大会奖；

中国第一张国产铜网，为中国第一颗原子弹配套项目，为中国第一颗原子弹爆炸成功和第一颗人造卫星上天做出重大贡献。1963年8月，全国8个省市15个工厂的铜网产品参加上海评选质量会议，常州金属网厂产品被评为一类产品，全国第一名。

这6项"中国第一"均代表了当时中国电子工业最高水平，其证书原件以及中共中央、国务院、中央军委嘉奖令原件，如今都收藏在国光1937科技文化创意园的王铮科学艺术馆内。以前生产金属网的加工车间，现在成了王铮科学艺术馆。一楼展示了王铮将军的生平及功绩。二楼则是国光历史陈列馆。展馆不大，但藏品丰富，从20世纪30年代发展至今的老照片、老物件、老产品都被完好地保存在这里。在二楼东侧，陈列着一台台类似计算机模样的设备，其实是国光厂自主研发的显示终端，还有最早期的调制解调器，等等，全部凝聚着一代代国光人的努力与汗水，也叙述着上述6项"中国第一"的伟大业绩。

老厂区东南面，矗立一根五层楼高的红砖烟囱。烟囱下是一座青砖垒起的复古拱门，门上一排镂空雕花墙面，上书"協進漿紗廠"几个繁体字。从拱门进去，正对大门的是一台铜网织机，20世纪60年代中期，常州金属网厂研制的钨金属网，曾为中国第一颗原子弹爆炸成功做出贡献。在拱门右边，是一台1964年生产的铜网屏蔽室产品。这台屏蔽室从1965年开始在成都一家保密企业服役，长达半个多世纪，功能依然完好如初。公司80周年庆之前，客户同意把这台屏蔽室替换下来。之后，国光人把它带回了"娘家"。

为缓解城市中心交通压力以及满足国光厂事业发展的需要，2011年，国光厂生产车间整体搬迁到位于钟楼经济开发区松涛路52号的国光信息工业园。总部和研发大楼还保留在原址。生产车间搬迁后，腾空的一大批老厂房如何利用，也同时被提上了厂区议程。

当时，这里不乏受到一些投资者的青睐，想搞所谓的开发，因为这里地处城市中心区域。但国光人始终坚持要留住这一片"家园"。保护工业遗产，不搞大开发、大建设，是国光厂领导层坚守的底线。当时的领导这样朴素地认为："国光的发展可以说是整个常州电子工业发展的缩影，清潭路93号，国光人在这里努力奋斗了近半个世纪，也想给以后留点念想，让大家有个了解常州电子工业发展的地方。"

国光厂地处居住密集区，周边居住区公用设施的薄弱环节及社会、文化、消费、休闲的需求，给国光人打开了一部分思路。而密集居住区的特点之一是年轻人就业、创业的需要迫切，于是国光厂响应国家"大众创业　万众创新"的号召，在这里引进了一些科技创新及文化类的小微企业，同时吸引一批艺术馆、酒吧、餐厅、住宿等企业入驻。出于对老厂区的严格保护要求，每一家入驻企业的装修方案都必须经过国光厂管理机构的审核，哪怕只是在墙上开一扇窗，他们也会和专业人士仔细讨论是否合理。此外，对于引进企业的性质和业态，也要进行严格筛选。

2014年1月1日，国光1937科技文化创意园正式开园，经过创新活化，开始释放新的发展动能。建于1978年的大型折弯冲压车间，变成了小香阁菜馆；建于1989年的总部办公楼，现在已经是快捷酒店；建于1981年的冲压车间和机修车间，变成了用作商业推广活动的米图空间……现在，国光1937科技文化创意园已被评为常州市文化产业示范园区。

这个项目还为工业遗产活化利用带来启迪：一个与居民社区密切结合的老

厂区，可以考虑与社区的深度融合，成为社区生活的一个重要组成部分。

4. 综合经济型

天虹大明 1921 创意园位于延陵东路 388 号，透着红砖灰瓦的民国风，成为大运河畔一处工业遗产的历史风貌园区。

大明厂的前身是筹建于 1921 年的利民纺织公司。2006 年 8 月，天虹纺织集团（简称"天虹"）收购大明厂后，对其进行改制，使其产品结构有了很大变化，生产的弹力纱主要是高端服装的原材料，占领了全国的半壁江山，工厂迅速扭亏为盈。大明厂占地广阔，各个时期的构筑物众多，如何保护和充分利用，天虹交出了自己的答卷。2018 年 9 月 21 日，天虹大明 1921 创意园隆重开园，一个以纱线、面料、服装为主题，集办公、研发、文化、发布展示等功能于一体的创意产业平台揭开面纱。

创意园占地面积 3.66 万平方米，保护项目于 2016 年启动，投入 1.2 亿元，本着"修旧如旧"的原则，延续民国建筑风格，对纱线、坯布、面料服装办公区，产品展示厅，历史文物陈列中心等 21 栋建筑进行修缮更新，其中有多处市级文物保护建筑，充分展示了企业的历史文化特色。

厂内最引人瞩目的遗存是一座圆筒形砖砌水塔，整体呈火炬形，高 20 余米，是常州地区仅存的一座民国时期火炬形砖筑水塔。水塔上端，已经斑驳的"大明廠"繁体字样清晰可辨。这座水塔其实从 20 世纪 90 年代常州禁止开采地下水之后就已经废弃，但它是一个时代的见证，所以被精心保存下来。刘国钧先生当年的宿舍已经有 80 多年的历史，后被改为大明厂的招待餐厅，现在则是天虹纺织集团常州业务中心的员工餐厅。

大明厂最初的女工宿舍后被改造成国棉四厂职工子女幼儿园，当年的孩子们如今已步入中年，但幼儿园的墙上依然保留着他们的涂鸦，展现着他们懵懂的童真。

刘国钧先生当年的办公室后被改为"不织布"研究中心。两栋楼原为一体，20 世纪 80 年代由于辅修主干道将中间的房子拆除，现修缮如初，用于刘国钧陈列室及贵宾接待室。

如今的多功能厅曾经是新中国成立后建的大会堂，当时最多能容纳 800 人，厂里有自己的宣传队，《沙家浜》《红色娘子军》等节目都是员工们自己排演的。

如今，天虹纺织集团的全球纱线和坯布业务中心就设在了常州天虹大明1921创意园内。从这个园区，可以清晰地看到天虹对这个行业甚至对整个制造业的未来和发展的一些思考。作为集研发、经贸、文化等功能于一体的产业平台，天虹大明1921创意园极大地推动了产业链多元化的整合和员工归属感的提升，增强了企业的核心竞争力与发展凝聚力。

5. 水岸交融型

南港运河文化休闲街区原是常州港务管理处南港作业区。现在，沿着大运河畔的一系列起重吊车被精心修理保护，默默守护在大运河水边；还有常州宋代城墙和壕沟遗址，诉说着岁月的沧桑；设置了水上体育项目的培训机构，皮划艇在这里欢快出没；晚上，岸边的人们在这里小吃晚餐，一片欢声笑语；高大的石拱桥下，一轮明月在水中摇晃。

6. 产业博览型

原国棉三厂正在蜕变为中华纺织博览园。这是刘国钧先生于1936年开始建设的大成三厂，1966年更名为国营常州第三棉纺织厂（简称"国棉三厂"）。这里保留着许多建厂初期的民国建筑，包括老厂门、老牌楼、老传达室、老办公楼、老账房、老医务室、老车间、老仓库、老码头、老船坞、老女工宿舍、老大会堂等，还保存着常州纺织厂百年来使用过的几代老设备，一部活生生的纺织工业发展史就摆在人们面前。这些都得到了精心的修缮保护，并将以"中华纺织博览园"的崭新面貌呈现在人们眼前。

7. 影视娱乐型

原常州第四航海仪器厂距离运河五号不远，早在修缮更新第五毛纺织厂时，就对这个地方实施了封闭式的全厂保护，10多年杜绝了开发建设。这个厂绿树成荫，建筑别致，是"腾笼换鸟"的理想场所。现主管部门已与某影视集团签约，在严格保护原有历史风貌的基础上，实行整体更新。如此，将与运河五号联袂，结合周边众多文创中小企业，打造"三堡街历史地段"新的辉煌，形成常州老西门运河外滩新的文化地标。

六　继续探索的建议、方向和目标

关于大运河沿岸工业文明遗产的保护、传承和利用，常州已经艰辛探索近

20 年，但探索没有穷尽，依然发现了很多问题，保护、传承、利用的空间仍然巨大，任重道远。为此，本报告提出以下建议。

（一）保护优先，建立长效机制

围绕大运河及其水系，一批工业文明遗址、一批已经完成历史使命的工业标志性构筑物及老设备，是城市繁荣发展过程中的深刻印记，是城市历史文化精神家园的重要组成部分，是城市几代市民情感记忆中不可磨灭的依托，是许多市民人生道路上的重要驻点，其保护的意义不言而喻。对于一座有着悠久历史的工业明星城市而言，其重要性尤为突出。全市上下都应该确立"保护优先"的最高原则。

首先，在立法层面给予完善和补充，特别是迫切需要修改完善已经颁布生效的《常州市历史文化名城保护条例》，增加相关条款，并得到扎实的贯彻执行。其次，要完善有关工作机制，规划、文化、文物、建设、工业、交通和辖区等主管部门应建立相关工作机制，协同合作，密切配合，真正做到"应保尽保"，行之有效。再次，应建立由工业、经济、管理、文化、文物、历史（地方史）、建筑、规划等方面的专家学者组成的常设咨询机构。每一处工业遗产的评估、保护、利用、搬迁或拆除都应充分听取和尊重专家的意见，行政机关不能随意而为。最后，动员社会力量共同参与，特别注重引入社会资本深度参与，特别注重市民的广泛参与。

（二）抢救第一，留住历史

一批城市工业发展中的重要文物的历史（创建来由、发展过程、各类档案、技术发展、产品种类、劳动模范、先进工作者、技术标兵、职工人员构成、发明创造、产品商标、设备资料、数字统计、组织架构、政治组织、重要荣誉、关停转产转制经过、各类相关纸质材料以及各个历史时期的影像资料、文字等），都应进行抢救性收集、整理、归档、展示，并永久保存。

同时，需要特别注重抢救性采集一批老工业企业管理者和劳动者，特别是老劳模的珍贵口述历史，包括他们对企业的认识经过、个人的企业成长经历等，这是有关工业文明遗产档案的极其重要的组成部分，不可或缺。一个卓有成效的典型实例是：近几年，常州市口述史研究院配合总工会抢救了一批全国、省、市老劳动模范的口述历史，燃起了当年"工业明星城市"的激情岁月，感人肺腑，弥足珍贵。

（三）与城市总体规划深度融合

城市总体规划是城市建设、管理、布局、功能确定、交通组织、公共设施、绿化生态等多方面行为规范的最高原则，一旦经国务院批准，即具有法律效力，必须坚决执行，而且时间跨度长，约束力较强。

工业文明遗产的保护、传承和合理利用，应该与城市总体规划深度融合，作为城市总体规划的有机组成部分，才能行之有理、行之有据、行稳致远。

首先，可以考虑作为城市重要文化公用设施的新的发展空间，如何把城市公共设施特别是文化、教育、医疗、体育等文化公共设施植入，而不必建设新的建筑，变旧为新，变废为宝。例如图书馆、美术馆、博物馆、小剧场、书场、老幼服务场所、医疗诊所、体育场、各类球馆、阅览室、各类书店、文化艺术教育培训中心等，完全可以进入。这样，既可以大大节约各级政府的投入，又可以获得更多的城市空间，而且与市民生活高度交融，一举多得。

其次，可以考虑把工业文明遗产与所在社区、街区深度融合，成为社区生活特别是广大居民日常生活功能布局一盘棋中的重要组成部分，例如，各种餐饮服务场所、小吃茶饮店、便民服务中心、志愿者之家等。依然存在于居民居住集聚区的老工业厂房，特别适合与社区融合，应该会收到事半功倍的效果。

最后，最重要的是让工业文明遗产的保护、传承、合理利用成为这座城市管理者的一种思维方式，成为各部门工作者的一种工作管理方式，成为全体市民的一种现代生活方式。而且，这种思维方式、管理方式和生活方式是可复制、可推广、可更新、可持续的。

2020～2021年大运河文化研究
与社会活动状况调查 *

裴一璞 **

摘　要： 2020年7月至2021年6月，大运河文化研究论著数量众多，涉及领域广泛，既有关注历史人文的基础性研究，也有服务现实的应用性研究。在研究重点上，多集中于大运河政策文件、文化遗产保护、城乡建设、文旅融合、环境保护等内容，在研究区域上以江苏省关注度最高。同期，有关大运河的社会活动十分丰富，与文化研究的积极性保持了同步。活动受新冠肺炎疫情的影响，采用线上或线上与线下相结合的方式举办已成为重要选择，旨在满足人民群众精神文化需求的同时，重新提振经济发展。在举办主体上仍以政府为主导，企事业单位、民间社会组织等机构共同参与；在活动内容上，重点突出文旅融合、健康休闲、合作交流、产品展销、对外宣传等主题；在活跃度上，因大运河在各地影响及关注度的不同，具有明显的区域差异。

关键词： 大运河　文化研究　文旅融合

一　大运河相关著作的出版

2020年7月至2021年6月，国内共出版与大运河相关的著作80余部，内

---

* 本报告为四川省哲学社会科学重点研究基地"区域文化研究中心"2019年度项目（QYYJC1902）研究成果。
** 裴一璞，历史地理学博士，聊城大学运河学研究院副教授，主要研究方向为运河交通史、历史地理学。

容较为广泛，主要涵盖大运河历史文化、故事、文博、城市、漕运、工程设施、政策解读、社会调查、论文集、文献、文艺、工具书等方面。

（一）大运河历史文化

主要有郭凯峰、牛革平、姜瑞云主编《东光运河文化》（河北人民出版社，2020年8月），对河北东光县境内运河历史进行了介绍。嵇果煌《中国运河三千年》（上海科学技术出版社，2020年10月），对中国运河发展变迁进行介绍。阚乃庆《高湾史记：一个运河村庄里的时代流变》（山东画报出版社，2020年11月），对江苏宝应县高湾村的时代变迁进行了介绍。徐玲等《枣庄运河文化研究》（山东人民出版社，2020年11月），对山东枣庄市运河历史予以介绍。王艳、王露编著《运河老字号：前世与今生》《运河老字号：传承与发展》（均为杭州出版社，2020年12月），对浙江境内因运河而生的老字号店铺进行历史梳理，探讨其传承发展中遇到的相关问题。政协江苏省委员会编《江苏大运河文化名片》（江苏凤凰美术出版社，2021年1月），介绍了江苏大运河的历史变迁。吴树强主编《沧州大运河文萃》（花山文艺出版社，2021年1月），共分6册，即《文献卷》《物产卷》《故事卷》《杂技卷》《诗歌卷》《武术卷》，全方位展示了河北省沧州市大运河的历史文化。徐丽、贾冬雪、蔺雨坤《运河之畔》（北京联合出版公司，2021年1月），介绍了北运河的历史文化。冯立、方博主编《运河沿岸西青文脉》（天津人民出版社，2021年2月），介绍了天津西青区与运河有关的名人事迹、物产、非遗等内容。姜师立《活在大运河——大运河如何影响老百姓的生活》（中国地图出版社，2021年3月），从衣、食、住、行、农、工、商及宗教、民俗、文艺等方面全方位介绍了生活史中的大运河。胡梦飞《聊城运河文化遗产概论》（中国海洋大学出版社，2021年3月），对聊城运河文化遗产进行了梳理和介绍。王清义主编《大运河》（河南大学出版社，2021年4月），介绍了大运河的发展、功能价值及文化形态。周竟风、谢世诚编著《大运河传奇：京杭大运河与中华优秀传统文化》（上海科学技术文献出版社，2021年4月），介绍了以大运河为载体的国内南、北及国外文化交流。袁灿兴、沈国裕《大运河与无锡近代社会（1911—1937）》（浙江古籍出版社，2021年4月），介绍了大运河对近代无锡经济、社会发展的影响。康金莉编著《大运河河北段历史文化记忆》（北京师范大学出版社，2021年5月），对河北大运河的开凿治理、工程建筑及沿线经济发展进行了介绍。姜师立《运河王朝——从东周到明清》（中国地图出版社，2021年6月），介绍了运河对历代王朝的作用及价值。

（二）大运河故事

主要有刘恩东著，周信用、刘雪强绘，聂锦荣译《大运河传奇（北京卷）》（北京联合出版公司，2020年12月），以图文形式介绍了北京大运河的历史故事。沙勇、刘晓峰、张静编《大美"非遗"：大运河边的"守艺人"》（江苏人民出版社，2020年12月），介绍大运河沿线的非遗项目与传承人的故事。黄泽岭、赵文泽主编《隋唐大运河·南乐逸事》（中国文史出版社，2021年2月），介绍河南南乐县大运河岸边的红色名人、非遗等故事。龚良编《大运河的故事（小学中高年级版）》《大运河的故事（初中版）》（均为江苏文艺出版社，2021年2月），向学生群体介绍大运河开发与利用的通俗故事。米莱童书著、绘《忙忙碌碌的大运河》（电子工业出版社，2021年3月），以绘本形式讲述大运河运输的故事。王越《走读大运河》（中国工人出版社，2021年4月），以图文形式讲述大运河与北京之间的故事。萧加《世界的脉搏：编织世界运河共同命运的人》（浙江大学出版社，2021年4月），讲述世界运河沿线的人文风情故事。徐海燕《运河旧事》（团结出版社，2021年5月），讲述有关江苏运河的地方传说、民间故事、名人典故等。高春香、邵敏著，张翀绘《大运河，从哪儿来到哪儿去》（北京师范大学出版社，2021年6月），以绘本形式讲述有关大运河开凿的历史故事。

（三）大运河文博

主要有浙江省文物考古研究所编著《大运河遗产：江南运河》（浙江古籍出版社，2020年12月），介绍江南运河（浙江段）的相关文物普查情况。王春法编《舟楫千里：大运河文化展》（北京时代华文书局，2020年12月），介绍2020年11月国家博物馆举办大运河文化展的相关文物。南京博物院、中国大运河博物馆编《中国大运河博物馆》（江苏凤凰文艺出版社，2021年6月），介绍扬州中国大运河博物馆的选址、建筑设计、展览、服务等馆情。聊城中国运河文化博物馆编《运博藏珍——临清贡砖卷》（河北美术出版社，2021 年 6 月），介绍聊城中国运河文化博物馆收藏临清贡砖的相关情况。南京博物院、中国大运河博物馆编《雾集云合：中国大运河博物馆展品征集》（江苏凤凰文艺出版社，2021 年 6 月），介绍扬州中国大运河博物馆的馆藏文物。

（四）大运河城市

主要有单霁翔《大运河漂来紫禁城》（中国大百科全书出版社，2020 年 10 月）、开封黄河文化丛书编纂委员会编《运河与开封》（河南大学出版社，2020 年 12 月）、政协山东省临清市委员会编《运河名城临清（增订版）》（中国文史出版社，2021 年 1 月）、柴洋波《运河双城记：镇江与扬州的城市形态变迁》（东南大学出版社，2021 年 5 月）、范世宏编《世界运河之都：扬州是个好地方》（苏州大学出版社，2021 年 6 月），分别介绍了大运河与北京、开封、临清、镇江、扬州等城市发展史之间的关系。

（五）大运河漕运

主要有宋建友、宋炜《仪征运河和漕运》（广陵书社，2020 年 8 月），介绍了江苏仪征市运河变迁历史及漕运相关情况。全汉昇《唐宋帝国与运河》（重庆出版社，2020 年 10 月）、黄仁宇《明代的漕运（大字本）》（九州出版社，2020 年 10 月），介绍了运河漕运与唐、宋、明王朝兴衰的关系。张强编著《中国运河与漕运研究》（世界图书出版公司，2021 年 1 月），共分 5 卷，分别为《先秦两汉卷》《三国两晋南北朝卷》《隋唐卷》《两宋卷》《元明清卷》，全面介绍了运河漕运发展史。郑民德《明清运河漕运仓储与区域社会研究》（人民出版社，2021 年 4 月），介绍了明清运河漕运仓储的设置、管理及对地方社会的影响。

（六）大运河工程设施

主要有杨光正主编《大运河老渡口》（江苏人民出版社，2020 年 8 月），吴齐正著，陈凯、张征文编《江南大运河古桥》（人民交通出版社，2020 年 9 月），洪艳、朱明海《京杭大运河沿线历史建筑的现代适应性研究》（浙江大学出版社，2021 年 2 月），李宏恩等编著《南水北调东线工程堤防安全诊断与评价——以里运河堤防为例》（河海大学出版社，2021年3月），分别介绍了大运河不同地区的渡口、古桥、建筑、堤防等水利设施及使用保护情况。

（七）大运河政策解读

主要有王金铨等著《世界遗产运河的保护与传承：大运河文化带的视角》（社会科学文献出版社，2020年9月）、常州市文物保护管理中心编著《常州大运河文化带建设内涵研究》（文物出版社，2020年10月）、姚迪《基于多维价值的大运河遗产保护规划理论与方法研究》（东南大学出版社，2020年12月）、韩子勇主编《黄河、长城、大运河、长征论纲》（文化艺术出版社，2021年1月）、姜师立编著《大运河文化的传承与创新》（江苏凤凰科学技术出版社，2021年1月）、胡梦飞《山东运河文化遗产保护、传承与利用研究》（中国社会科学出版社，2021年5月），分别立足于大运河整体或局部，对大运河文化带及大运河文化遗产传承、保护、利用等情况进行了政策解读与理论分析。

（八）大运河社会调查

主要有上海社会科学院生态与可持续发展研究所、世界运河历史文化城市合作组织《世界运河古镇绿色发展报告》（上海社会科学院出版社，2020年8月），通过调查介绍世界运河古镇绿色发展的内涵与目标。吴欣、陈丹阳、裴一璞编《中国大运河发展报告（2020）》（社会科学文献出版社，2020年9月），调查分析了2020年中国大运河在文化带建设、遗产保护、水环境治理、城乡建设中的成绩与不足。毛巧晖等《北运河民俗志（第二卷）：图像、文本与口述》（中国戏剧出版社，2020年11月），对北运河的社会民俗进行了调查整理。苏州市文物管理委员会办公室编著《苏州大运河建筑遗产调查报告》（江苏凤凰文艺出版社，2020年12月），介绍了苏州大运河建筑遗产的历史与保护现状。杨鸣起、冯立主编《"寻根大运河"活动纪实》（天津人民出版社，2021年2月），介绍了天津西青区大运河沿线风土民情的相关情况。

（九）大运河论文集

李泉、胡克诚编《运河学研究（第5辑）》（社会科学文献出版社，2020年11月）、《运河学研究（第6辑）》（社会科学文献出版社，2021年6月），以辑刊形式收录最新的有关运河研究的论文，并划分为理论研究、专题研究、研究综述、新书评介等板块。宫辉力主编《运河研究年度文选（2018）》（社会科学文献出版社，2020年11月），选录2017年已公开发表的有关运河研究的部分论文。南京博物院、中国大运河博物馆编《大运河文化研究论集（1）》（科学出版社，2021年5月），收录近40年来大运河沿线考古研究论文。

（十）大运河文献

主要有周广骞《山东方志运河文献研究》（中国社会科学出版社，2021年3月），对历代山东方志中的运河文献价值进行了介绍。何宝善编《明实录大运河史料》（北京燕山出版社，2021年4月），点校、整理了《明实录》中的大运河史料。

（十一）大运河文艺

1.诗文、音乐

主要有车前子等《中国·吴江"诗话运河"诗歌大赛作品集》（江苏凤凰文艺出版社，2020年7月），周文彰《诗咏运河》（黑龙江美术出版社，2020年8月），庄若江等《悦行无锡：古运河人文之旅》（九州出版社，2020年8月），北京市北运河管理处编《京诗水韵》（北京时代华文书局，2020年10月），江苏省演艺集团创作研发部《大运河畅想：交响组歌》（江苏凤凰文艺出版社，2020年10月），邱江宁、孟国栋编著《京杭运河诗文赏析》（中国社会科学出版社，2021年3月），中共杭州市萧山区委宣传部等编《浙东运河诗选》（浙江工商大学出版社，2021年4月），许结主编《运河颂》（江苏凤凰美术出版社，2021年5月），分别从整体或局部入手，收录并介绍了以大运河为主题创作的诗文、音乐。

2.摄影、绘画

主要有浙江省非物质文化遗产保护中心编《创·美好生活：大运河文旅季暨第十一届浙江·中国非物质文化遗产博览会（杭州工艺周）掠影》（浙江人民美术出版社，2020年6月），杭州市文学艺术界联合会编著《千年大运河美好新家园：庆祝中华人民共和国成立70周年暨中国大运河申遗成功5周年摄影作品展作品集》（浙江摄影出版社，2020年9月），徐里主编《第三届

"邮驿路　运河情"全国美术作品展（中国画）作品集》（天津人民美术出版社，2020年9月）、《运河画脉　南田风骨：2020恽南田艺术双年展作品集》（天津人民美术出版社，2020年11月），刘浩源《千古运河今胜昔（杭州段）》（浙江摄影出版社，2020年11月），浙江省非物质文化遗产保护中心（馆）编《享美好生活：大运河文旅季暨第十二届浙江·中国非物质文化遗产博览会（杭州工艺周）掠影》（浙江人民美术出版社，2021年4月），石永民编《中国大运河：石永民镜头下的世界遗产》（西泠印社出版社，2021年4月），分别收录并介绍了近年来大运河沿线地区以大运河为主题创作的摄影、绘画作品。

3. 小说

主要有王梓夫《漕运船帮》（北京十月文艺出版社，2021年1月），作者"漕运三部曲"的最后一部，是以漕运船帮为主题创作的长篇小说。

（十二）大运河工具书

主要有段柄仁主编《大运河文化辞典·北京卷》（北京联合出版公司，2020年7月），对大运河北京段相关词汇的收录解读。《漳卫南运河年鉴》编纂委员会编《漳卫南运河年鉴（2020）》（中国水利水电出版社，2021年5月），对2020年漳卫南运河年度大事的收录整理。徐金星主编《隋唐大运河洛阳段词条释读》（中州古籍出版社，2021年5月），对大运河洛阳段词条的收录解读。

二　大运河相关论文的发表

2020年7月至2021年6月，国内共发表与大运河相关的论文500余篇，不仅数量众多，涉及的内容也十分广泛，主要集中在大运河文博、景观、水环境、航运、水利工程、文旅融合、城乡聚落、宗教与民间信仰、文献、文学、艺术及域外眼中的大运河等方面，现选择主要论文予以介绍。

（一）大运河文博研究

主要有陈超《安徽柳孜运河遗址出土唐处士刘怀璧浮图铭碑考释》、王迪

《山东聊城西梭堤"聊城汛"碑》（均为《文物》2020年第10期），张立明《运河文物资源集中展示利用的思考——以南运河德州主城区段为例》（《中国民族博览》2020年第14期），龚良《中国大运河博物馆的建设定位和发展要求》、田甜《中国大运河博物馆多重视角下的展览体系架构》、郑晶《游戏型教育模式构建在博物馆中的应用探索——以青少年互动体验展"大明都水监之运河迷踪"为例》、林留根《历史、本体与象征："大运河——中国的世界文化遗产"策展》、陈述知《运河流域非遗策展与运营探索——以"大运河非物质文化遗产"展为例》（均为《东南文化》2021年第3期）等。这些论文从文物出土、博物馆建设及展陈等角度对大运河文博进行了相关研究。

（二）大运河景观研究

主要有常媛、郭巍《浙东运河姚江河谷段运河系统与聚落景观研究》（《风景园林》2020年第11期），傅瑜芳《文化融合理念下运河景观带中新中式园林的景观设计》（《建筑经济》2020年第11期），王程《城市滨水区景观优化分析——以京杭大运河为例》（《黑龙江科学》2020年第22期），刘思聪《扬州市古运河滨水景观的设计研究——以扬州市芒稻河景观设计为例》（《戏剧之家》2020年第26期），赵雷、张婉玉、杨柳青《运河文化影响下的景观规划研究——以济宁市南阳古镇为例》（《黑龙江环境通报》2021年第1期），赵艳、卞广萌《大运河天津段沿线乡村文化景观资源产业带发展路径》（《艺术与设计（理论）》2021年第2期），吴建勇、张洪艳《苏北水文化景观格局生成探讨——以大运河为中心》（《中国名城》2021年第4期），龚珍《运河、农业与景观：明晚期嘉兴地区的韧性景观建构》（《民俗研究》2021年第4期），陈曦《大运河滨水景观的文化嵌入式设计》（《中国住宅设施》2021年第6期），雷悦等《京杭运河徐州段滨水景观设计策略探讨》（《现代园艺》2021年第9期），等等。这些论文从聚落、园林、水文化、古城（镇、村）、景区、设计等角度对大运河景观进行了探讨。

（三）大运河水环境研究

主要有徐文静等《北运河上游非点源污染风险空间分布特征研究》、海永龙等《北运河上游合流制管网沉积物的月变化与污染物赋存特征》（均为《环境科学学报》2021年第1期），曹若馨等《基于贝叶斯公式的不确定性水环境容量研究——以北运河为例》（《中国环境科学》2021年第2期），刘晨阳等《北运河城区段水生植物水质净化效果研究》（《中国农村水利水电》2021年第2期），吴雅丽《京杭运河徐州段水环境质量现状分析》（《环境与发展》2021年第2期），靳燕等《北运河浮游细菌集合群落空间变化的环境解释》（《中国环境科学》2021年第3期），曹若馨等《基于BP神经网络的水环境承载力预警研究——以北运河为例》（《环境科学学报》2021年第5期），邱莹等《城市再生水河道沉积物细菌群落空间变化分析：以京津冀北运河为例》（《环境科学》2021年第5期），李华林等《基于不同赋权方法的北运河上游潜在非点源污染风险时空变化特征分析》（《环境科学》2021年第6期），柳颖萍等《京杭运河（余杭段）的水环境问题及治理对策》（《资源节约与环保》2020年第7期），杜芳等《北运河北京段水生态承载力研究及关键控制要素识别》（《环境科学研究》2021年第10期），李雪等《京杭运河杭州段城市景观格局对河网水环境的影响》（《生态学报》2021年第13期），等等。这些论文以北运河为重点，兼及运河其他区段，从沉积物、水生物、水质、污染、防控、治理等角度对运河水环境进行了探讨。

（四）大运河航运研究

主要有姜传岗《谈山东水系与运河通航》［《聊城大学学报》（社会科学版）2020年第4期］，吴同《北宋汴河、淮南运河的通航能力与漕粮定额》（《中国经济史研究》2020年第5期），张晓东《北方地缘政治的变迁与中国运河漕运的发展》［《江南大学学报》（人文社会科学版）2020年第6期］，郭心华《南通的运河及航运》（《档案与建设》2020年第10期），王元《漕运的发展与中国大运河的变迁》（《档案与建设》2020年第12期），周健《贡赋与市场：19世纪漕运之变革与重构》（《中国经济史研究》2021年第2期），孙竞昊、佟远鹏《遏制地方：明清大运河体制下济宁社会的权力网络与机制》（《安徽史学》2021年第2期），张叶《"行夫"与"折夫"：明末清初淮安的牙行埠头和运河徭役》（《中国经济史研究》2021年第3期），许芝浩《1898—1937年淮扬运河民族资本轮船航运业的发展》（《档案与建设》2021年第3期），等等。这些论文主要从漕运、商运等角度对大运河航运进行了探讨。

（五）大运河水利工程研究

主要有李云鹏、杨晓维、王力《浙东运河闸坝控制工程及其技术特征研究》（《中国水利水电科学研究院学报》2020年第4期），凌滟《一分为三：明代运河水柜南旺湖权益分化的演变》[《中山大学学报》（社会科学版）2020年第4期]，何仁刚《江南运河望亭堰闸始置年代辨正》（《中国历史地理论丛》2020年第4期），张德玮《捷地减河闸坝工程历史变迁及原因探析》[《河北北方学院学报》（社会科学版）2020年第5期]，孙景超《国家与地方视野下的运河工程——以唐—元时期练湖为中心的讨论》[《首都师范大学学报》（社会科学版）2020年第6期]，向明、郝宝平《宋代大运河镇江段的水源管控》（《档案与建设》2020年第7期），王建革、袁慧《清代中后期黄、淮、运、湖的水环境与苏北水利体系》（《浙江社会科学》2020年第12期），夏林《省际矛盾、治运分歧与制度演进——民初督办江苏运河工程总局的成立》（《档案与建设》2021年第2期），罗清玥等《运河祥瑞——大运河水利工程信息可视化》（《装饰》2021年第6期），等等。这些论文主要对大运河闸坝、堤堰等水利工程及工程管理进行了探讨。

（六）大运河文旅融合研究

主要有郭新茹、沈佳、韩靓《文旅融合视域下大运河江苏段文化IP开发策略研究》（《文化产业研究》2020年第1期），张慧、侯兵《基于空间结构理论视角的大运河江苏段遗产旅游协同发展研究》（《四川旅游学院学报》2020年第4期），张飞等《大运河遗产河道游憩利用适宜性评价》（《地理科学》2020年第7期），秦宗财《新时代"千年运河"文旅品牌形象塑造》（《江西社会科学》2021年第1期），李永乐、陈霏、华桂宏《基于网络文本的大运河历史文化街区旅游体验研究——以清名桥历史文化街区为例》（《南京社会科学》2021年第2期），陈忠《大运河沿线城市文化旅游联动研究——苏州盛泽运河小镇文旅融合研究》（《江苏丝绸》2021年第3期），苑潇卜《京杭运河非物质文化遗产保护与旅游开发互动机制研究》（《侨园》2021年第4期），刘润楠《大运河文化带（江苏）旅游资源的嵌入式开发》（《淮阴工学院学报》2021年第6期），等等。这些论文从

IP 开发、文化遗产、历史街区、古镇、文化带等角度对大运河文旅融合进行了探讨。

（七）大运河城乡聚落研究

主要有宋玉姗《基于空间句法的运河沿线村镇空间形态分析与优化——以常州奔牛镇为例》（《城市建筑》2021 年第 1 期），李永乐、孙婷、华桂宏《大运河聚落文化遗产生成与分布规律研究》（《江苏社会科学》2021 年第 2 期），冯彪、渠爱雪、宁琦《徐州运河城镇空间格局演变及其形成机理》[《江苏师范大学学报》（自然科学版）2021 年第 2 期]，毛巧晖、张歆《运河记忆与村落文化变迁：以北京通州里二泗小车会为中心的考察》（《西北民族研究》2021 年第 2 期），李永乐、孙婷、华桂宏《大运河聚落文化遗产生成与分布规律研究》（《江苏社会科学》2021 年第 2 期），赵琪等《京杭大运河浙江流域代表性水乡聚落布局差异性研究》（《山西建筑》2021 年第 3 期），吕婉玥、吴迪、郭巍《扬州地区运河影响下的传统聚落布局与营建》（《小城镇建设》2021 年第 6 期），等等。这些论文从空间理论、文化带、文化遗产等角度对大运河城乡聚落进行了探讨。

（八）大运河宗教与民间信仰研究

主要有郑民德《明清时期山东运河区域的真武大帝信仰》（《中国道教》2020 年第 4 期），陈春华、王元林《中国大运河沿岸龙王信仰及其遗迹调查》（《南方文物》2020 年第 6 期），高敏《运河与水神：明代济宁地区的水神信仰文化》（《浙江水利水电学院学报》2020 年第 6 期），孙琦等《"大运河与宗教文化"系列之一　盐运河　佛教文化映照昔日辉煌》（《中国宗教》2020 年第 7 期），吴建勇《"大运河与宗教文化"系列之五　水文化与宗教文化的呼应融合　以里运河地区的宗教建筑为例》（《中国宗教》2020 年第 11 期），高丹《扬州地区露筋娘娘运河女神形象研究》（《扬州教育学院学报》2021 年第 2 期），孙竞昊、汤声涛《明清至民国时期济宁宗教文化探析》（《史林》2021 年第 3 期），张雪《"大运河与宗教文化"系列之十　明清时期的大运河与宗教建筑文化》（《中国宗教》2021 年第 4 期），于长雷、赵磊《山东运河区域民间信仰的兴衰与其现状》（《边疆经济与文化》2021 年第 4 期），等等。这些论文从水神信仰对象、信仰遗迹、宗教建筑、信仰兴衰等角度对大运河宗教与民间信仰进行了探讨。

（九）大运河文献研究

主要有周广骞《山东聊城方志运河非遗文献价值探析——以明代以来东昌府、临清州等沿运地域纂修的方志为例》（《中国地方志》2020 年第 6 期），蓝杰《中国大运河（杭州段）文化带文史档案利用思考》（《中国档案》2020 年第 7 期），金研《充分利用档案资源服务大运河文化带建设》、夏林《张謇〈辞运河督办呈〉成文时间考辨》（均为《档案与建设》2020 年第 7 期），李刚、谢燕红《江南运河世界形象的塑造与生成——基于近代域外游记的研究》（《档案与建设》2020 年第 9 期），周嘉、布乃静《日本新公布的大运河苏北段照片档案解读》（《档案与建设》2020 年第 10 期），潘彬彬《武同举〈会勘江北运河日记〉》（《档案与建设》2020 年第 12 期），潘莉《运河的游荡者——卫德骥及其"运河中国"影像》（《读书》2021 年第 1 期），李旭东《论〈明史·河渠志〉对运河与沁河的记载》[《历史教学》（下半月刊）2021 年第 2 期]，李夏菲、王永平《近代欧洲文献中的"京广大运河"——中西交流史中的京广水陆交通线》[《山西大学学报》（哲学社会科学版）2021 年第 2 期]，等等。这些论文主要对正史、方志、档案、手札、日记、照片中有关大运河的信息进行了文献解读。

（十）大运河文学研究

主要有冯辉《试论长篇小说〈北上〉对运河书写的意义》（《沧州师范学院学报》2020 年第 3 期），汤孟孟、曾景婷《〈金瓶梅〉中徐州运河文化的西行之旅》（《江苏外语教学研究》2020 年第 4 期），赵豫云《论苏轼泗州运河诗词》[《江南大学学报》（人文社会科学版）2020 年第 6 期]，朱明娥《南京运河与中国文学》（《档案与建设》2020 年第 10 期），董宇婷《〈红楼梦〉中大运河书写及对南北文化融汇的意义》、郑民德《明清小说中运河城市临清与淮安的比较研究》（均为《明清小说研究》2021 年第 2 期），陈静《元代少数民族诗人萨都剌的运河诗》（《档案与建设》2021 年第 2 期），袁丁、徐静雯《运河与清代淮安外来文人的文学活动》（《档案与建设》2021 年第 6 期），等等。这些论文分别从小说、诗词等角度对文学中的大运河进行了解读。

（十一）大运河艺术研究

主要有周爱华《京杭大运河与戏曲传播研究的新视角》（《戏曲研究》2020年第2期），巢嫄、陈思佳、杨木生《大运河与常州戏曲》（《档案与建设》2020年第11期），潘彬彬《大运河江苏段沿岸戏剧表演等非遗类项目的保护与利用》（《剧影月报》2021年第1期），徐光庆、李晔《大运河文化带建设背景下高邮民歌研究》（《扬州教育学院学报》2021年第1期），陈萧芸《山东运河音乐文化研究——以济宁与临清为例》（《山东艺术》2021年第2期），周琪然等《运河物语——交互式玩具设计》、杜丽画《何以临清：清代临清哈达发展动因研究》（均为《装饰》2021年第6期），李凌燕《大运河文化带江苏段音乐舞蹈文化遗产创意产业开发的SWOT分析》（《艺术评鉴》2021年第6期），李雯、张馨月《运河流域聊城段民间舞蹈调查报告》（《大众文艺》2021年第12期），倪漫、曹娅丽《大运河江苏段沿线戏剧遗产传承生态保护与发展研究》（《戏剧之家》2021年第12期），等等。这些论文对大运河沿线的戏曲、戏剧、音乐、美术、工艺品、舞蹈等艺术形式进行了探讨。

（十二）域外眼中的大运河研究

主要有胡梦飞、乔海燕《英国阿美士德使团眼中的清代山东运河》（《重庆第二师范学院学报》2020年第5期），胡梦飞《英国阿美士德使团眼中的清代淮安运河》［《淮阴师范学院学报》（哲学社会科学版）2020年第6期］、《策彦周良〈入明记〉中的明代江苏运河城镇》（《档案与建设》2021年第1期），郑民德、岳广燕《明代朝鲜人崔溥眼中的江苏运河风物》（《档案与建设》2020年第8期），范金民《朝鲜人眼中的中国大运河风情》（《中国民族博览》2020年第19期），等等。这些论文通过域外日记对外国人眼中的大运河形象及沿线社会进行了探讨。

三 大运河相关社会活动的开展

2020年7月20日，江苏省委统战部主办、南京市委统战部承办的"2020海外华裔菁英青少年大运河文化线上体验活动"，开幕式位于中国科举博物馆。共有来自亚、非、欧、大洋、南美洲的 34 个国家与地区线上参与。活动共持续 6 天，海外华裔青少年通过网络直播镜头，参观南京名胜古迹及体验非遗传承展、中医文化展等，感受大运河与中华文化的博大魅力。

7 月 23 日，山东省德州市举办"抢救挖掘运河文化资源　加大保护传承力度"专题协商面对面活动。参加人员主要来自德州市文旅、水利、交通、政协等部门，通过分析德州当前运河文化资源抢救挖掘的情况，查找存在的问题，对下一步工作提出建议。

7 月 31 日，浙江省嘉兴市秀洲区王江泾镇长虹桥畔举办"'诗路运河　四季有歌'大运河文化节——'运河之韵'系列节庆活动嘉兴运河文化旅游度假区第四届荷花节"，活动时间持续至 10 月上旬。活动期间，举办了音乐节、花灯展、露营、美食节、VLOG 创作大赛、摄影大赛等 10 多项精彩纷呈的子活动。

8 月 1 日，江苏省新沂市窑湾古镇举办"2020 中国·窑湾大运河文化节"，活动为期 2 个月。本活动以大运河文化为主题，结合窑湾本地特色，对外彰显千年运河古镇的生态之美、人文之美、发展之美。内容包括水上嘉年华、古镇寻宝、大运河文化专题研讨会、诗歌之夜、书画窑湾、"文化+研学+旅游"等。

8 月 25 日，上海市举办"2020 宁波文旅（长三角）推广季"。活动以"顺着运河来看海"为主推旅游品牌，重点介绍"醉美山海品鲜之旅""海派文化寻根之旅""滨海花园康养之旅""东方商埠商务之旅"四大旅游线路，另外推出宁波十大旅游网红打卡地，对外展示宁波丰富的旅游资源及历史文化。

8 月 28 日至 9 月 27 日，北京市举办"大运河文化遗产科普行走"活动。该活动为"2020·北京社会科学普及周"的子活动，共分为 3 场，先后于 8 月 28 日、9 月 26 日、9 月 27 日举行，地点分别在东城区玉河故道、通州区大光楼及附近大运河沿线区域、通州区张家湾镇城墙遗址及通运桥附近进行。活动采取线上"云游运河"的方式进行网络直播，由北京市社科专家带领观众线上参观北京大运河沿线的风景名胜，聆听大运河故事。

9 月 3~7 日，江苏省无锡市举办"2020 无锡第二届大运河文化旅游博览会"，开幕式在无锡太湖国际博览中心举行，另在淮安市设分会场。博览会以

"融合·创新·共享"为主题，以推动文旅市场发展为目标，内容包括主题演出、夜游古运河、大运河非遗展、展览展示、"行大运"骑行活动、主题论坛等。

9月5~6日，江苏省淮安市山阳湖景区举办"2020年中国·淮安大运河铁人三项赛"。本赛事以"涌动运河 醉美淮安"为主题，设全国U系列冠军赛、全国冠军赛、地方主题赛共3个大类45个组，参赛运动员达700余人。

9月21日，江苏省无锡市举办"2020第六届无锡市文化创意设计大赛"。大赛以"创想引领生活"为主题，以网络征稿方式进行，征稿发布会在锡山区荡口古镇举行，面向社会各界人士征集作品。作品征集共分"运河文脉专题设计及扩展运用""特色文创活动策划""文创产品设计及拓展运用""大赛Logo设计""无锡文旅IP形象设计"5个类别，征稿截止时间为11月15日，12月举行优秀作品巡展。

9月23~27日，北京市举办"2020中国大运河文化带京杭对话"活动。活动以"运河上的京杭对话 共建共享新未来"为主题，现场由北京市人民政府新闻办公室、浙江省人民政府新闻办公室、中国新闻社以及世界运河历史文化城市合作组织（WCCO）及杭州市人民政府共同签署了《中国大运河文化带京杭对话五方合作机制框架协议》《北京浙江文旅高质量发展合作框架协议》，以促进文旅跨省高质量发展。同时在北京颐和园举办"诗画浙江文旅周（杭州日）暨2020浙江（北京）旅游交易会"，浙江省政府现场发布5条浙江运河旅游主题线路及5亿元旅游消费券。此外还将进行"京杭风韵"运河雅集、"鉴古藏今 共建共享千年运河"主题展、非遗展等多项娱乐活动。

9月24~26日，河北省沧州市举办"'匠心华韵 运河传承'流动的文化——大运河非遗大展暨第六届京津冀非遗联展"；9月24~27日，举办"2020年京津冀公共文化和旅游产品推介会"。活动分为线下和线上两种方式，线下活动包括"河海相济 文武沧州"沧州六大文脉展、非遗美食品鉴、非遗展销、非遗摄影作品展、非遗传习体验等，汇集了京津冀3地180余项特色非遗项目。线上活动包括直播现场、直播寻访、直播带货、云上展览等。

9月28~29日，河北省沧州市举办"2020年沧州市旅游产业发展大会"。大会以"河海相济 文武沧州"为口号，主会场设在沧州市文化艺术中心，另在黄骅市、任丘市、孟村回族自治县、海兴县、盐山县设立分会场。通过以大运河文化带建设为引领，加强与周边地区文旅合作。大会现场发布了 11 个重点旅游观摩项目，并举行了相关线上项目观摩活动。

9 月 28 日至 10 月 6 日，江苏省扬州市举办"2020 年世界运河城市论坛"。论坛以"运河城市文旅产业持续繁荣发展"为主题，开幕式在广陵区"京杭之心"商务区举行，采用线上、线下相结合的方式。共有国内大运河沿线及 60 多个国外大运河城市代表参加，共同探讨文旅发展这一主题。论坛期间，将举办为期 9 天的"华侨城·江苏邗建 2020 运河文化嘉年华"活动。嘉年华以"千年运河·精彩生活"为主题，在宋夹城景区、"扬州三把刀"集聚区、古运河、鉴真图书馆、运河三湾景区共五大区域举办 19 项彰显国内大运河沿线城市特色的文化活动。活动内容有运河城市非遗展示、文艺名家采风、运河城市非遗展示与"老字号"展销、裸眼 4D 灯光秀、花车花船巡游、大型无人机表演、异域风情秀、电竞嘉年华、B 站虚拟偶像秀等。同期举办的还有"2020 世界运河城市美食博览会"，地点设在扬州迎宾馆及扬州蜀冈—瘦西湖景区，内容有"2020 中国扬州淮扬菜美食节暨第二届中国扬州早茶文化节"、运河城市名特优食品展销、杭帮菜美食节等。

9 月 29 日，山东省枣庄市举办"2020 第四届'鲁风运河'美食节暨中国枣庄第四届辣子鸡美食文化节"。活动通过集中展示以辣子鸡产业为代表的本地美食文化，打造"鲁风运河"品牌，促进枣庄文旅与餐饮融合发展。活动内容包括美食展、辣子鸡争霸赛、文艺表演及枣庄优质文化旅游产品颁奖等。

9 月 30 日至 10 月 8 日，江苏省泰州市举办"2020 古盐运河文创节"。活动以"中国盐 东方韵"为主题，开幕式在泰州柳园举行。泰州古盐运河是大运河江苏段的重要分支，活动旨在通过文创节，促进文创产业发展。文创节共分为"盐运文化""国潮集市""文创泰州""戏曲曲艺""京韵梅郎"五大板块，活动有文创集市、国风民谣表演、非遗创意美食、古盐运河摄影展等。此外还推出"艺设泰州计划""薪火传承计划"，以培养当地文艺人才。

10 月 5 ~ 7 日，江苏省无锡市举办"2020'枕河人家·小康梁溪'长三角地区暨运河城市灯谜邀请赛"，地点位于梁溪区清名桥历史文化街区。活动通过线下、线上相结合的方式举行猜谜活动，体验中国汉字的独特魅力。开幕式上，梁溪区还被授予为"江苏省首批灯谜传承示范基地"。

10 月 30 日至 11 月 3 日，浙江省杭州市举办"'杭城老时光，庙会新风尚'——2020第七届中国大运河庙会",开幕式位于拱墅区大兜路历史文化街区香积寺广场。与本次庙会搭档举办的还有"第五届杭州素食文化节"。活动共分为四大区域,分别为大兜路历史文化街区、桥西历史文化街区、小河历史文化街区以及运河天地。活动现场还举行"素产品集市""素食名厨名菜秀""悦素演绎"等主题活动,以及昆曲、鼓舞、舞狮等表演,并专设庙会水上漕舫专线,让市民游客体验坐游船逛庙会。

11月6日,江苏省苏州市举办"2020中国·吴江运河文化旅游节平望主题日"活动,开幕式在吴江区平望镇运河文体中心举行。活动内容包括"2020年第七届中华灯谜文化节暨第七届'平望杯'中华灯谜邀请赛"颁奖、"第十三届吴江区健康节暨运河中医大讲堂"及众多丰富多彩的文艺演出。

11月7～15日,北京市通州区举办"2020北京大运河文化节"。文化节以"行走运河,赋能小康"为主题,内容分为八大板块共39项主题活动,采用线下、线上相结合的方式进行,包括文艺演出、专题展览、文体融合、文艺创作、非遗活动、云端展示、学术讲座等。

11月12～18日,河北省青县举办"2020年旅游文化宣传系列活动",开幕式在青县大运河广场举行。活动以"邂逅大运河 乐游在青县"为主题,采用线上、线下相结合的方式,吸引公众参与。活动现场举办了青县摄影大赛作品展及舞蹈、模特秀、武术、戏曲、相声等10余项文艺展演。

11月14日,浙江省嘉兴市举办"'运河之韵'系列活动——2020大运河音乐节",开幕式在嘉兴运河文化省级旅游度假区举行。活动分为三大主题,分别为"泾水流韵·好运启程""寻味运河·共享美食""游运河、赏民俗、祈福愿",内容除音乐节外,还包括美食集市、人气美食评选、绘画展、健康步行运河、文艺表演等。

11月27日,河北省廊坊市举办"2020'通武廊'(廊坊)文化和旅游产业发展大会"。大会以"携手京津冀 共享通武廊"为主题,旨在通过加强跨地合作,共同提升通州、武清、廊坊3地文旅发展水平。会上3地文旅部门联合发布了《北运河文化旅游创新发展·廊坊宣言》,并签署《"通武廊"运河文化保护传承利用交流合作机制》。大会期间,还举办了"2020'印象北运河'主题摄影展""'通武廊'文化旅游创意产品展暨第八届廊坊特色文化博览会""京津冀(廊坊)京东大鼓书会""月来月有戏"精品演出等活动。

同日，浙江省嘉兴市秀洲区举办"'食尚秀洲·四季有味'秀洲区 2020 大运河文化旅游美食节暨长三角美食文化峰会论坛"。活动旨在通过展现大运河文旅品牌，推动文化、旅游、餐饮融合发展。活动内容包括运河特色美食文化宴（团队展示赛）、运河美食创意大赛（个人技能赛）、长三角美食文化峰会论坛等。

11 月 28 日，江苏省扬州市举办"2020 大运河学术论坛"，地点位于扬州大学。论坛以"扬州运河文化解构"为主题，旨在通过对扬州丰富的运河历史文化资源的挖掘，为当地大运河文化带建设提供坚实的学术基础。

12 月 9 日，江苏省淮安市举办"2020 两岸青年大运河文化体验营开营仪式"。活动旨在以大运河文化体验为纽带，加强淮、台两岸青年交流合作。现场举行了"两岸青年大运河文化体验营"授旗仪式及"大运河文化研究中心"揭牌仪式。

同日，江苏省常州市举办"2020 常州运河工业文旅体验周"。活动以"百年工业"与"诗和远方"文旅融合为主题，聚焦本地工业遗产旅游，推动文旅融合。活动除组织工业遗产体验游外，还发布了常州工业旅游 VR 地图，倡议成立了"常州大运河工业遗产联盟"。

12 月 12 日，江苏省镇江市举办"镇江市第二届大运河文化论坛"。论坛以"江河交汇　山水名城"为主题，邀请省内外大运河专家参与，帮助挖掘镇江大运河文化资源。活动除学术交流外，还进行了 2020 年镇江市大运河专项研究成果颁奖仪式，发布了《镇江市大运河文化带建设研究三年（2021—2023）行动计划》。

12 月 18 日，江苏省无锡市举办"第二届大运河文化生活节暨 2020 东林祈福文创周"。活动内容包括祭拜孔子仪式表演、锡剧表演、民乐演奏，以及太极、茶道、香道、花道等非遗展示。

同日，江苏省常州市举办"'运河画脉　南田风骨'——2020 恽南田艺术双年展"，开幕式在武进区中国·环太湖艺术城文化艺术中心举行。活动以"运河画脉　南田风骨"为主题，通过展出书画作品，弘扬清代常州著名书画家恽南田的艺术精神，传承并加强书画艺术的交流与合作。活动共有来自大运河沿线城市及甘肃、福建、江西等省份的书画爱好者 400 余人参加，并展出优秀作品 193 件。

12月19日，北京市举办"大运河文化非遗纸艺展"，地点位于东城区南锣鼓巷敬人纸语展厅。纸艺展汇集了大运河沿线城市的21个系列创意纸作品与纸艺模型，按展品主题可分为大运河文化纸产品、纸艺大运河全景、大运河历史变迁三大部分。展品结合电、光、声手法，多方位展现大运河千年水道的风貌变迁，展示不同时期大运河文化的审美内容。

同日，江苏省镇江市举办"'共同守护精神家园'2020大运河文化保护志愿者日系列活动启动仪式暨大运河江苏流域戏曲艺术展演"活动。共有大运河沿线12个城市的志愿者参加，活动现场共同宣读了《大运河文化保护志愿服务倡议书》，并举行了"京杭大运河江苏流域戏曲文化传承与创新工程第三届戏曲艺术展演""'江河交汇·我爱运河'镇江市少儿绘画大赛获奖作品展""'行走江南运河'镇江—杭州摄影家采风作品展"等系列活动。

12月20日，江苏省宿迁市举办"2020年江苏省大运河竞走与行走系列赛暨宿迁城市定向赛"。共有来自市内外的近百名竞走运动员参加竞走比赛，2300余名健身爱好者参加行走比赛。通过比赛，不仅能近距离感受宿迁城市发展的脉搏，也能体味当地大运河文化魅力。

2021年3月12日，河北省香河县举办"2021年运河景观工程植树活动"，地点位于北运河香河段旅游通航景观工程区。活动由县政府组织，当地各企事业单位职工参加，以实际行动积极推动通航景观绿化建设。

4月8日，江苏省南京市举办"2021年大运河系列赛暨官网上线启动仪式"，开幕式在新华报业传媒集团举行。活动共包括大运河竞走与行走系列赛、大运河马拉松系列赛、大运河自行车系列赛、大运河小铁人三项系列赛、大运河城市足球精英邀请赛等5项赛事，参与城市由江苏省辖的10个地级市组成。

4月19日，江苏省苏州市高新区举办"'一泓清波通南北·三千章回最江南'苏州高新区首届运河文化艺术节暨2021全民阅读节"，开幕式位于白马涧龙池景区广场。活动现场发布了2021年高新区特色阅读空间及特色主题分馆，进行了"'阅享四季'流动图书驿站"授牌仪式及亲子绘本阅读公益平台等签约仪式。同时，为高新区"阅读达人"、"贴心"阅读组织、"网红"书店、"温馨"图书分馆及"2020年'美好生活'长三角公共文化空间创新设计大赛"等进行了颁奖。活动期间安排了演艺表演、主题展览等众多文娱活动。

4月23~24日，江苏省镇江市举办"第二届长三角自驾游产业发展大会暨2021中国大运河'驰骋文旅'启动仪式"。活动旨在通过宣传大运河沿线文旅资源，推动长三角区域一体化发展，内容包括"驰骋文旅"发车仪式、百辆房车嘉年华巡游、百车千人游镇江等。

4月24日，河北省沧州市举办"2021沧州'大运河'城市定向穿越赛"，开幕式在沧州市体育馆东广场举行。比赛以"大运河"为主题，赛道设置上体现出"狮城之美""魅力沧州""美食之旅""冰雪之韵""经济强市"五大城市特色，共吸引1500名选手参赛。

4月27日，浙江省宁波市举办"2021年浙东运河杭甬对话"活动。活动以"守护大运河、唱好双城记"为主题，共包括"解密大运河——进校公益宣讲""行走大运河——实地主题研学""保护大运河——遗产立法宣传""同一条运河——2021年浙东运河杭甬对话""亲历大运河——主题图文摄影展"5个子活动，持续至6月中旬结束。

4月30日，江苏省扬州市广陵区举办"2021年扬州市'大运河青年文创节'开幕式暨广陵区文化赋能产业升级大会"。活动旨在通过文化创意赋能产业升级，提升本地对青年创业的吸引力。活动现场举行了广陵区"大运河青澜文创湾"揭牌仪式，共有30个文创产业基金项目与文化赋能产业项目入驻。文创节期间，陆续举行音乐美食游园会、古风雅集会、短视频直播大赛等活动。

5月1~5日，天津市西青区中北镇举办"2021'百年花乡'五一运河文化节暨春日市集"活动，开幕式在天津热带植物观光园前广场举行。活动以"春日特色市集"为主题，以中北镇的特色花卉资源为载体，以文化节与集市的形式促进当地文旅产业发展。活动内容包括花卉展览与交易、歌手驻唱、热带植物园民族特色演出等。

5月5~10日，浙江省宁波市举办"2021中国（宁波）大运河国际钢琴艺术节暨郎朗杯钢琴大赛"，开幕式在宁波大剧院举行。活动内容包括郎朗大师课、韦丹文大师课、帕维尔·纳塞斯安线上大师课、朱傲文大师音乐会、浙江音乐学院青年钢琴家音乐会等，让听众近距离感受钢琴艺术的魅力。

5月18日，江苏省扬州市举办"2021世界运河古镇合作机制会议"。大会以"世界运河古镇文化遗产保护与绿色可持续发展"为主题，围绕乡村振兴、文旅融合、可持续发展等议题进行圆桌论坛，会上通过了《深化世界运河古镇合作机制倡议》，并对首批入选《中国大运河蓝皮书》的9家运河古镇颁发了证书。

5月27日，江苏省扬州市举办"2021'扬州游礼'文创设计大赛"。大赛以"扬州游礼·创享运河"为主题，面向社会各界征集体现扬州运河文化元素的文创产品，旨在通过对扬州运河文化与经济价值的挖掘，推动大运河文化带文旅资源融合转化。

5月28日，浙江省湖州市举办"2021国际滨湖度假大会·湖州大运河之约"论坛，开幕式在湖州奥体中心举行。活动由大运河沿线城市及上海市等从事文旅工作的人员参加，共同交流大运河文旅融合与高质量发展。活动内容除圆桌论坛外，还进行了有关浙江大运河沿线景区、人文美食、风土人情、研学线路等文旅资源的展示，并举行了"中国大运河研学基地"授牌仪式。

5月28～30日，江苏省淮安市举办"2021年'文化和自然遗产日'江苏省非遗系列活动暨第四届中国（淮安）大运河城市非遗展"。本次活动贯彻"人民的非遗 人民共享"这一全国年度主题，共汇集了大运河沿线8省市27个城市的90余项非遗项目集中展示展销。开幕式中还进行了"大运河的故事"丛书首发式。活动以"情景化、体验化、专题化"为思路，采用线上与线下联动的方式进行产品展销，内容包括经典戏剧展演、运河好味道、大师工作室、运河百工坊、非遗体验区、运河小梨园等10余个板块。

5月29日，山东省东平县举办"2021全国'行走大运河'全民健身健步走山东主会场"活动。全国"行走大运河"全民健身健步走活动是国家为发展体育旅游，进行大运河文化特色活动品牌建设的重要举措。山东主会场由东平县承办，开幕式在水浒影视城广场举行，现场发布了《守护大运河东平倡议》，另在著名大运河工程遗址戴村坝设分会场。活动提出"行走大运河888"的口号，即展示8省市、共植8棵树、健步8公里，以此推动全民健身运动，并进行了太极、武术、鱼鹰、端鼓腔、渔鼓等非遗项目展演。

6月10～12日，天津市西青区举办"2021年'文化和自然遗产日'天津非遗主场活动暨第四届'运河记忆'非物质文化遗产宣传展示"活动，开幕式在杨柳青古镇举行。活动以"运河记忆 红色传承"为地区主题，共汇集了大运河沿线 8 省市的 120 余个非遗项目进行展示展销。活动内容以"红色主题""运河风范""天津特色""杨柳青韵味"为特色，包括主题展、"运河记忆"非遗短视频大赛、"第二届天津非遗购物节"、《非遗法》颁布实施 10 周年"宣传展示等。

6 月 11 日，北京市通州区文化和旅游局主办"'运河映耀致敬百年'2021年通州区文化和自然遗产日主题活动"，开幕式在"三庙一塔"景区举行。活动以"人民的非遗 人民共享""文物映耀百年征程"为全国性主题，内容包括"古韵寻芳"通州文物摄影展、非遗展览角、非遗文化周、手艺人进百家、运河手艺人专题系列培训班、录制手艺人眼中的大运河等。

6 月 12~14 日，浙江省嘉兴市秀洲区举办"'运河情 秀洲味'2021 嘉兴端午运河美食嘉年华"活动，开幕式在秀洲运河文化公园举行。活动共分为"诗路运河""秀水优品""五彩嘉兴""非遗文创"四大展示展销区，分别展示展销运河沿线特色美食、非遗与文创产品，以及嘉兴与秀洲地方特产。活动现场还安排了精彩的文娱活动，包括"唱支歌儿给党听"群众歌会、国潮民谣音乐节、红色电影纳凉夜、艺术小品布景、运河国潮文创主题展、旗袍秀、汉服秀等。作为配套活动，"'悠游秀洲'品美景"活动也同步进行，市民及游客可通过旅游、水上巴士进行秀洲运河游。

6 月 14 日，江苏省苏州市姑苏区举办"大运河姑苏民俗文化旅游节·吴地端午暨五五特辑——苏州美食老字号缤纷市集"活动。活动以"运河上 最端阳"为主题，在盘门景区与古胥门广场同时举行。内容主要有"'运河竞渡 水韵姑苏'大运河端午龙舟邀请赛"、"'沙洲优黄杯'第五届运河诗会"及苏州美食老字号缤纷市集、"诗韵端午"曲水流觞、寻访"运河姑苏·端午民俗"打卡、伍氏宗亲祭祀、"端午之约"约克—苏州连线、"蟠龙令"玩转剧本杀等。

6 月 25 日，江苏省扬州市举办"2021 运河文化嘉年华·瘦西湖夜游"活动。活动以"二分明月忆扬州"为主题，在瘦西湖景区设主办场，在个园、何园、宋夹城等景区设分场。在瘦西湖景区，举办夜市与夜游活动，分为花车花船巡游、光影诗画夜游、千灯夜市、交互场景体验四大板块；在个园景区，举行盐商古琴文化、茶文化、竹文化等研学游活动；在何园景区，举办何氏家训大讲堂、何风汉韵文博游、《寄啸于心》演出等活动；在宋夹城景区，举办全国健身健美精英赛、童心向党画展、"城里的月光"集市等活动。

6月28日，山东省德州市德城区举办"德城区首届'运河古韵　幸福德城'大运河文化摄影展"，开幕式在德城区文化馆举行。活动共征集到德州市内外150余位摄影专业人员及爱好者的作品2500余幅，作品以大运河文化为主题，对外展览持续到7月10日。

通过对最近1年（2020年7月至2021年6月）来大运河文化研究与社会活动的状况调查，在文化研究方面，已公开出版或发表的论著数量十分可观，涉及面较为广泛，继续保持了以往对大运河研究的热度，这与国家重视"大运河文化保护传承利用""大运河文化带建设""大运河国家文化公园建设"等相关政策密切相关。相关论著在内容上涉及历史、考古、文化、水利、工程、航运、景观、环境、旅游、聚落、社会、政策、宗教、民俗、文献、文学、艺术等诸多领域，既有基础性研究，也有现实应用性研究。在研究区域上江苏省成果较多，河南、安徽两省较少。在研究重点上仍以顶层设计、文化遗产保护、文旅融合、城乡建设、环境保护等当下热门话题为主。此外文学、艺术方面的研究也较多，体现出大运河与人们日常生活的紧密联系持续得到关注。在社会活动方面，围绕大运河文旅融合、休闲娱乐、跨区合作、文化交流、强身健体、科普非遗、产品展销、阅读推广、环境绿化等内容，沿线各地区以政府为主导举办了众多丰富多彩的活动，实现文化娱乐与经济效益的兼收，彰显出大运河文化的社会与经济价值日益得到发挥。在举办地域上，江苏省举办活动较多，河南、安徽两省较少，体现出大运河在不同地区的影响及关注度的差异。在举办手段上，采用线上方式已成为重要选择，体现出新冠肺炎疫情对社会的影响，以及公众安全意识的提高。

运河城镇与乡村振兴篇

Canal Cities and Rural Revitalization

B.12
大运河江苏段沿线名城
名镇保护修复研究

贺云翱　干有成*

摘　要： 据初步统计，大运河江苏段沿线目前有中国历史文化名城13座、
江苏省省级历史文化名城4座，有中国历史文化名镇29个、江
苏省省级历史文化名镇7个，在全国处于前列，是大运河文化带
建设的主要阵地。随着大运河文化带和大运河国家文化公园建设
工作持续推进，江苏省对照《国家历史文化名城保护不力处理标
准（试行）》开展自查自纠工作，加强历史文化名城名镇保护
修复，并鼓励社会各界力量投入名城名镇保护修复工作中来，形
成政府主导、社会共同参与保护修复的良好局面等。本报告在分
析目前大运河江苏段沿线名城名镇保护修复存在的问题的同时，
结合名城名镇保护修复实际，有针对性地提出了一些具有可操作
性的对策建议。

---

* 贺云翱，南京大学历史学院教授、博士研究生导师，全国政协委员，主要研究方向为考古学、
文化遗产学。干有成，硕士，南京大学文化与自然遗产研究所研究部主任、副研究员，主要
研究方向为考古学、文化遗产学。

关键词： 大运河江苏段 名城名镇 大运河文化遗产

2020 年 11 月，习近平总书记在视察江苏时，指出要把大运河文化遗产保护同沿线名城名镇保护修复等统一起来，为沿线地区社会经济发展、人民生活改善创造有利条件。① 这为大运河名城名镇的保护修复工作明确了方向。2021年，住房和城乡建设部、国家文物局联合发布的《关于加强国家历史文化名城保护专项评估工作的通知》，为大运河沿线名城名镇保护修复工作制定了标准。同时以附件的形式发布了《国家历史文化名城保护不力处理标准（试行）》，对名城名镇保护划定了底线标准。大运河沿线名城名镇作为大运河历史文化真实、生动的价值载体，而且作为保护修复项目被重点推进。作为大运河起源地和申遗牵头省域，江苏自改革开放以来，其大运河沿线名城名镇保护工作在顶层设计、治理修复、文化遗存保护、文旅融合等方面多方发力，取得较为明显的成效。保护好、传承好、利用好大运河历史文化资源的重要举动为推进大运河文化带和大运河国家文化公园建设提供了助力，具有广泛的现实意义。

一 大运河沿线名城名镇保护修复研究的现实意义

（一）是全面贯彻落实中央号召，保护好、传承好、利用好大运河文化的重要战略行动

习近平总书记多次强调，大运河是祖先留给我们的宝贵遗产，要统筹保护好、传承好、利用好，并要求将大运河文化遗产保护同沿线名城名镇保护修复等统一起来。② 对此，江苏长期以来也是积极认真贯彻落实习近平总书记的重要讲话精神，并将大运河文化带和大运河国家文化公园作为建设江苏"社会主义文化强国先行区"、推动高质量发展走在前列的重大工程。而分布在大运

---

① 光明日报调研组：《古运河 新使命——江苏扬州贯彻落实习近平总书记关于保护好大运河重要指示精神的探索》，《光明日报》2022 年 1 月 24 日，第 5 版。

② 张毅、袁新文、张贺、王珏：《保护好中华民族精神生生不息的根脉——习近平总书记关于加强历史文化遗产保护重要论述综述》，《人民日报》2022 年 3 月 20 日，第 1~3 版。

河沿线的名城名镇与大运河文化带和大运河国家文化公园建设存在空间上的重叠，两者具备协同发展的条件。可以说，弘扬和传承大运河文化，离不开对这些名城名镇等文化遗产资源的整体保护修复和合理利用。尤其是大运河江苏段沟通水系最多、覆盖地域最广、文化遗产最丰富、流经城镇最繁华的省份，其大运河沿线名城名镇经济、社会、文化、生态等方面的发展，为大运河文化带产业转型升级、水环境治理和文化特色资源利用以及大运河国家文化公园建设等提供了强有力的精神与物质支撑。

（二）有利于保护城乡文化特色，促进文化振兴

名城名镇是民众与大运河建立和维系情感纽带的重要生产、生活空间。大运河生则城镇生，大运河兴则城镇兴。加强对大运河沿线城镇的保护修复以及保护好、利用好相关文化遗产，有利于大运河江苏段沿线城镇、乡村保持自身文化特色与优势，彰显地方风采，助力文化振兴和城镇更新，更好地保障大运河沿线的民生福祉。

（三）对发挥大运河遗产多重价值以及"水韵江苏"品牌战略实施具有重大意义

大运河江苏段沿线名城名镇将江苏境内的楚汉文化、淮扬文化、吴文化、江海文化、大运河文化等传统地域文化有机串联，形成兼收并蓄、包容多样、独具魅力的大运河江苏段沿线名城名镇历史文化系统，是富含江苏文化特质的传统文化大宝库、文化创新转化发展的大空间。江苏利用流经名城名镇的大运河干流、支流，以及与其互通的长江、黄海等水体和水文化空间，为"水韵江苏"品牌的打造提供了良好的助力平台。

二 大运河江苏段沿线名城名镇概况及保护修复现状

（一）概况

根据《中华人民共和国文物保护法》中对"历史文化名城"的概念界定，以及1986年国务院首次提出"对一些文物古迹比较集中，或能较完整地体现

出某一历史时期的传统风貌和民族地方特色的街区、建筑群、小镇、村寨等，也应予以保护"的要求，将大运河沿线名城名镇界定为与大运河形成、发展、变迁、演化、交通、运营、生产等密切相关的沿大运河所形成的历史文化名城名镇、历史文化街区、历史地段等，是中国历史文化遗产的重要组成部分，它们也因此得到学者的关注。

近年来，随着大运河文化带和大运河国家文化公园先后成为国家级重大文化工程，大运河沿线城镇保护与发展成为重要的研究课题。如学者王韬认为，江苏自先秦以来受大运河影响形成多个独具特色的沿运城市。[①] 吴晓等认为，江苏古镇在不同的演化阶段均受大运河水系演变、水利水工、文化特色等因素作用的影响。[②] 郑憩以大运河北端起点北京张家湾镇为例，分析古镇资源优势、现状以及存在的问题，进而有针对性地提出打造大运河文化景观带、推动文旅融合发展等规划建设策略等。[③] 基于这些相关研究成果，本报告试图从大运河江苏段网络体系审视沿运名城名镇，系统梳理沿线名城名镇保护修复状况、存在的问题等，为江苏在新时期推动大运河文化带和大运河国家文化公园建设提供一定的理论支撑。

大运河江苏段有着 2500 多年的历史，不仅是大运河全线历史最为悠久的段落，而且沿线区域文化遗存最为丰富。截至 2021 年，沿线有中国历史文化名城 13 座、江苏省省级历史文化名城 4 座，中国历史文化名镇 29 座、江苏省省级历史文化名镇 7 座（见表 1）。这一座座名城名镇由大运河串珠成链，构成全国历史名城名镇密度最高、文化内涵最为深厚的大运河城市系统，成为当代江苏文化强省建设的最坚强支撑。它们也是大运河江苏段历史的物质载体和文化遗存的展示空间，千百年来承载着江苏大运河文化中最真实、最细微的物质和精神，反映了大运河江苏段沿线不同时期、不同地域、不同民族、不同经济社会发展阶段聚落形成和演变的历史过程，是富有历史价值与文化价值的聚落形态的真实记录与展现。

---

① 王韬：《江苏大运河的特性》，《档案与建设》2019 年第 1 期。

② 吴晓、王凌瑾、强欢欢、宁昱西：《大运河（江苏段）古镇的历史演化综论——以江苏历史文化名镇为例》，《城市规划》2019 年第 4 期。

③ 郑憩：《运河古镇文化遗产资源创新转化研究——以大运河北端起点张家湾镇为例》，《中国经贸导刊（中）》2020 年第 11 期。

表1　大运河江苏段沿线省级及以上历史文化名城名镇一览

类　别	名　录
中国历史文化名城(13座)	南京市、苏州市、扬州市、徐州市、镇江市、淮安市、无锡市、南通市、泰州市、常州市、常熟市、宜兴市、高邮市
江苏省省级历史文化名城(4座)	兴化市、江阴市、南京市高淳区、如皋市
中国历史文化名镇(29座)	甪直镇(苏州市吴中区)、周庄镇(苏州市昆山市)、同里镇(苏州市吴江区)、木渎镇(苏州市吴中区)、沙溪镇(苏州市太仓市)、千灯镇(苏州市昆山市)、锦溪镇(苏州市昆山市)、沙家浜镇(苏州市常熟市)、东山镇(苏州市吴中区)、震泽镇(苏州市吴江区)、黎里镇(苏州市吴江区)、古里镇(苏州市常熟市)、凤凰镇(苏州市张家港市)、光福镇(苏州市吴中区)、巴城镇(苏州市昆山市)、邵伯镇(扬州市江都区)、大桥镇(扬州市江都区)、临泽镇(扬州市高邮市)、界首镇(扬州市高邮市)、荡口镇(无锡市锡山区)、长泾镇(无锡市江阴市)、周铁镇(无锡市宜兴市)、孟河镇(常州市新北区)、沙沟镇(泰州市兴化市)、溱潼镇(泰州市姜堰区)、黄桥镇(泰州市泰兴市)、栟茶镇(南通市如东县)、余东镇(南通市海门区)、淳溪镇(南京市高淳区)
江苏省省级历史文化名镇(7座)	西山镇(苏州市吴中区)、平望(苏州市吴江区)、桃源镇(苏州市吴江区)、丁蜀镇(无锡市宜兴市)、窑湾镇(徐州市新沂市)、宝堰镇(镇江市丹徒区)、马头镇(淮安市淮阴区)

　　江苏大运河沿线名城名镇装载了厚重的历史记忆，承载了丰富的江苏文化传统，彰显了浓郁的地域文化，留存了丰厚的文化遗产，如邵伯镇是大运河沿线遗产点最多的古镇，其中大码头、铁牛、明清运河古堤、故道等被列入世界文化遗产，完好地保存了从古运河至今淮扬运河不同历史时期的河道，并依然发挥作用，历代人民在此留下大量的水工遗存。它们特色鲜明、底蕴深厚，是"乡愁"的重要载体。

　　（二）现状

　　1.沿线名城名镇申报工作得到有效推进

　　近年来，为保护好散落在大运河沿线的名城名镇，江苏针对大运河沿线历史文化名城名镇申报及其境内历史街区划定、历史建筑确定等工作，制定了有效的推进措施，包括明确目标要求以及有效推进相关物质文化遗产保护的法定地位。如先后在全国率先出台了省级层面的《历史文化名城名镇名村保护条例》，印发了《关于加强历史文化街区保护工作的意见》，以及转发了《关于进一步规范历史文化名城名镇名村申报认定工作意见的通知》，等等，这些为有效推进大运河江苏段沿线历史文化名城名镇申报认定提供了方向指引和技术标准参照。

2. 沿线名城名镇保护规划体系较为完善

目前，江苏除最新公布的大运河江苏段沿线的几个名镇未有相关保护规划外，其他均已编制完成与名城名镇保护修复相关的规划。同时，编制完成《大运河文化带江苏段立法调研报告——空间布局专题报告》、《江苏省大运河文化保护传承利用实施规划》、《大运河国家文化公园（江苏段）建设保护规划》和《江苏省大运河文化遗产保护传承规划》等，不仅明确了大运河江苏段历史文化保护传承利用的总体要求，也为沿线名城名镇相关规划编制研究工作以及大运河沿线文化遗产的有效保护与合理利用提供了指引。

3. 沿线名城名镇内部分文化遗存得到合理有效利用

目前，随着江苏大运河文化保护传承工作持续推进，大运河江苏段沿线名城名镇相关文化遗存被合理有效地加以保护利用。2021年江苏省大运河文化带建设工作领导小组办公室出台的《江苏省大运河国家文化公园建设保护实施方案（2020—2021年）》，将14个历史文化名镇、9个历史文化街区纳入保护修缮项目；沿线中国历史文化名城扬州、苏州、淮安等，均积极开展了大运河沿线历史文化街区如东关街、仁丰里和已列入大运河世界文化遗产点的平江、山塘两处历史文化街区，名镇邵伯镇等，以及相关文化遗存传统民居等的保护修复，并对沿线环境风貌提升以及生态治理修复与景观打造的深入推进，取得了良好成效。

4. 沿线名城名镇特色空间体系初步形成，大运河文化遗产活态利用增强

近年来，江苏依托大运河沿线名城名镇分布的线性特征，借助大运河文化带及大运河国家文化公园建设对沿线文化遗产价值的识别与彰显之契机，基于对沿线名城名镇各自空间范围内的文化遗产和生态景观文化资源的系统梳理分析，通过串联分布于大运河沿线的文化遗产点和生态景点，规划建设了连贯江苏南北的具有大运河特色的文化与生态景观带。其中，以沿线名城名镇为核心承载空间，以突显大运河风光为主要目标，将彰显吴文化、金陵文化、淮扬文化等地域文化的文化遗产资源，以及体现江南水乡、里下河水网、苏北平原、江河湖泊等与大运河相关的自然生态特色的景观资源串联，形成承载江苏历史与自然交织辉映的文化与生态长廊。

5. 沿线名城名镇基础设施不断完善及其经济社会发展稳步提速

首先，江苏大运河沿线名城名镇积极推进历史遗存维修整治和基础设施改善，将名城名镇境内历史城区、历史文化街区、历史地段作为保护重点，推动保护利用，避免大拆大建，采取小规模、渐进式的有机更新，并推进镇村文化服务中心、卫生室、图书室、会议室、健身场地等公共服务设施建设，提升人居环境。

其次，沿线名城名镇经济收入稳步提高。截至2020年，大运河江苏段沿线常住人口仍占全省的85%，经济总量占到全省的91%。

最后，2020年9月由中共江苏省委宣传部、江苏省文化和旅游厅、江苏省文联、无锡市人民政府等主办的"创新文旅生态，链接美好生活"第二届大运河城市文旅消费论坛上，邵伯镇荣获"消费者最青睐的江苏运河名镇"之一，也给当地带来丰厚的经济收益。同时，努力建设社会主义新村镇，不断提升村镇绿化建设品位，促进社会和谐发展。

三　大运河江苏段沿线名城名镇保护修复面临的主要问题

（一）保护修复所需的政策和资金投入还是以大运河沿线名城为主，对名镇重视不足

目前，省市对大运河文化带建设较为重视，但基层普遍对名城名镇保护修复工作及大运河文化带建设工作的认识存在不足。如有些基层领导对大运河沿线名城名镇的数量把握不准，对沿线考古工作开展的重要性认知不足，而且有些认识和提法与中央有关精神及省委省政府、市委市政府的有关工作安排不够吻合和统一，存在重物质文化遗产、轻非物质文化遗产，拆旧建新，重经济价值、轻文化价值等倾向。资金投入还是以名城为主，对名镇重视不足，对苏北地区投入不足。社会资本介入名城名镇保护修复尚未形成行

之有效的科学监管机制。有的地方财政尚未将沿线名城名镇保护修复专项资金列入年度财政预算。

（二）建设性破坏较严重，原真性流失显著

大运河江苏段沿线名城名镇保护修复的对象大多是具有一定历史价值的古建筑，但居民现代生活所需的排水、供电、卫生等基础设施较差，亟须在以坚持保护为主的前提下加以修缮。而旧居的修缮成本通常比拆旧建新所需成本高，这使大量传统民居遭到非专业性的改建改造，新建的钢筋混凝土建筑更是与传统建筑风格差异明显，导致传统风貌遭到严重破坏。加之保护修复工作中部分工程队伍的不专业，或招投标要求不规范，导致保护修复性破坏问题产生。

（三）文旅融合产业发展不足，"千城一面""千镇一面"成为修复利用中的主要问题

随着城镇化建设发展以及乡村振兴战略深入开展，一些地方的老房子被拆毁，取而代之的是新建的仿古建筑；有的地方甚至直接在古建筑内进行大拆大建，将其改造成商业性空间。如采用青石板铺路，并在街道两边开设商铺等，使建筑风格相近。名城名镇旅游区内普遍存在文化内涵欠缺、地方特色不足的问题。"千城一面""千镇一面"状况仍存在，也容易出现多镇一业的现象，新业态培育缺乏力度，难以形成完整的产业链，以及大运河文化带江苏段的底蕴与特色得不到彰显等。

（四）部门间缺乏配合，区域间缺乏协调

大运河沿线名城名镇保护修复工作通常涉及多个部门，沟通协调难度较大，难以在短期内形成推动名城名镇保护修复的合力，容易造成保护修复碎片化。加之大运河江苏段跨区域特征明显，协调的缺失不仅不利于大运河与沿线名城名镇关系的妥善处理，还容易带来沿线名城名镇保护修复中因配合不力、协调不足而导致相关项目对接难度大、项目重复建设等问题，进而影响各具特色的名城名镇打造。

四 加强大运河江苏段沿线名城名镇保护修复的对策建议

（一）加强沿线名城名镇调查研究和考核评估及认定

随着江苏省大运河文化带建设工作的进一步推进，应对照《国家历史文化名城保护不力处理标准（试行）》中的相关内容，加强对大运河江苏段沿线名城名镇的调查研究以及考核评估工作。包括研究江河交汇、水利工程、航运技术、漕运盐业等对大运河沿线名城名镇形成与发展的推动，并对沿线名城名镇内历史文化资源开展普查、调查和评估等。重点加强对名城内的名镇、名村（传统村落）、街区、历史地段、历史建筑以及文物保护单位等的认定、核定并公布，同时按需设立标志牌或挂牌保护等。对尚未被认定或核定的名城名镇应做好登记，建立并动态更新记录档案等。

（二）突出保护规划的重要地位，强化各项规划的融合衔接

坚持原真性、整体性和持续性，由建筑保护、城镇规划、历史、艺术、社会、经济、生态等多领域的学者组成多学科的专家组，制定保护修复等相关规划。将进一步推进更多的大运河江苏段沿线名城名镇保护修复项目列入《江苏省大运河国家文化公园建设保护实施方案（2020—2021年）》、《2020年全省大运河文化带和国家文化公园建设工作要点》和《江苏省大运河文化保护传承利用实施规划》等省级规划方案的工作任务中，在全省大运河文化保护工作的总体框架下，进一步彰显沿线名城名镇的文化价值。其中，在推进《大运河国家文化公园（江苏段）建设保护规划》实施工作中，注重突出名镇、街区等特色展示点，将名镇作为省重点镇和特色镇试点优先支持对象，将名城名镇境内的传统村落作为特色田园乡村的优先支持对象。在推进传统村落保护工作中，明确传统村落保护发展规划编制的相关要求，突出强调"保护优先、兼顾发展、合理利用、活态传承"的原则，科学确定保护范围和各类保护对象，统筹提出传统资源保护及人居环境改善、经济文化发展等措施。

（三）强化沿线名城名镇境内文化遗产全面保护利用

一是加强对沿线名城名镇等特色大运河文化资源的挖掘和文化生态的整体保护，包括保护与名城名镇历史格局、大块面历史风貌相关的历史街区、历史风貌区、著名风景名胜区、风情民俗区、历史形成的路网格局等文化资源，体现城镇格局和历史风貌的延续性；依托江苏大运河历史文化禀赋，注重文化传承，以及在尊重沿线名城名镇中人与环境、人与自然和谐相处的生产生活方式的基础上，推动老城保护与合理更新，实现功能提升与大运河文化保护传承和弘扬相结合；保护与大运河传统风貌有密切关系的历史文化遗存，包括古河道、古驳岸、古驿站、古桥、渡口、码头、传统街巷、古民居、会馆、园林等，其中注重保持传统街巷的尺度与肌理，并整治和改善大运河沿线环境。

二是探索建立名城名镇中的古镇、古村落保护更新的长效机制，增强古镇、古村落生命力，并合理确定修缮内容和规模，制定适应名城名镇、文物建筑空间特征的市政、消防、环卫等设施的技术规范。

三是充分发掘沿线名城名镇境内传统艺术、传统民俗、人文典故、地域风情等非物质文化遗产资源，注重保护沿线名城名镇境内与大运河相关的独特的民间工艺、民俗活动、民间传说、传统体育和节庆文化，振兴传统手工艺。

四是推动江南水乡古镇、江北运河古镇、串场河盐业古镇等古镇群的系统专题保护修复。借助大运河文旅基金的力量，进一步加大苏北地区名城名镇保护修复的资金投入力度。支持江南水乡古镇申报世界文化遗产，鼓励符合要求的古城古镇积极申报历史文化名城名镇。

（四）加快沿线名城名镇文旅融合发展

推动文旅产业融合发展：一是抓住大运河文化带和大运河国家文化公园建设的契机，坚持以文化为魂，加速江苏大运河沿线名城名镇历史文化与旅游深度融合发展；二是以江苏大运河文化为基底，以建设沿线名城名镇文旅融合产业发展示范点为抓手，整合沿线名城名镇如窑湾镇、邵伯镇、平望镇等的历史文化资源，深挖沿线名城名镇在农事体验、休闲观光、文化创意、生态涵养等方面的内涵，发展大运河江苏段沿线名城名镇集文化熏陶与旅游观光等于一体的业态。

（五）加强沿线名城名镇生态环境改善

一是加强以文化为核心支撑、以景观绿化及相关配套设施为主导的大运河江苏段沿线名城名镇自然生态系统保护，以及建设沿线名城名镇境内乡村振兴风光带，广泛开展河道水系景观建设等。二是建立大运河江苏段沿线名城名镇文化生态保护区。明确在以大运河江苏段沿线名城名镇文化遗产为重点保护对象的同时，建立文化生态保护区，确保自然环境、社会环境与文化环境整体保护与协调。可通过建立文化生态补偿机制，对文化生态保护区因保护大运河江苏段沿线城镇文化遗产而付出或牺牲的经济利益进行有效补偿，从而调动保护区所在政府、社会和民众的积极性与主动性，协调各方利益，保证大运河江苏段沿线名城名镇文化生态保护区可持续发展。

（六）创新技术手段，推进沿线名城名镇保护修复数字化工作

鼓励有条件的地区结合专项评估工作需要，通过采用大数据、"互联网+"、云计算等新一代信息技术手段，推动大运河江苏段沿线名城名镇历史文化保护数据库建设，同时衔接相关评估信息平台或城市信息模型（CIM）基础平台。数字化资源应包括大运河江苏段沿线名城名镇境内物质文化遗产大数据、非物质文化遗产大数据和网络大数据等。围绕大运河江苏段沿线名城名镇各具特色的历史文化元素，通过数字化技术，打造数字化创意产品。

（七）加大政策支持与资金投入力度

一是大运河沿线名城名镇保护修复工作周期长、任务重、难度大，需各级政府加大财政投入，为保护修复工作提供保障。可设立大运河江苏段沿线名城名镇保护修复省级专项资金，提高地方开展沿线名城名镇保护修复工作的积极性，并主要投入文化价值大、文旅融合潜力大、示范带动效应强等方面的大运河江苏段沿线名城名镇保护修复，对与这些方面相关的项目进行重点扶持。督促市、区（县）人民政府依法将大运河江苏段沿线名城名镇及其境内的名村

和传统村落保护修复纳入国民经济和社会发展规划。

二是贯彻落实《中国传统工艺振兴计划》《曲艺传承发展计划》等，协调文化产业引导资金、省艺术基金和省非遗专项扶持资金对相关非遗项目给予资金扶持，并结合物质文化遗产保护、非物质文化遗产保护引导资金等专项资金安排，加大资金引导力度。

三是鼓励大运河江苏段沿线地区在名城名镇保护修复工作中，按照"政府主导、民众主体、市场参与"的原则，推进"国资平台+社会资本+村集体经济组织"的发展模式，通过订单式包销、村集体合作社入股、村民就业创业等多种方式，广泛吸引企业、金融机构和其他社会资本投入。

结　语

与其他省份不同，大运河塑造了江苏的城镇格局，许多名城名镇也因大运河持续发展而形成大运河城市带和城市群，直接成就了江苏的辉煌。当前，江苏正深入贯彻落实国家关于大运河文化带和大运河国家文化公园建设的重要指示批示精神，着力建设大运河文化带和大运河国家文化公园江苏样板，建设好"美丽江苏"的"美丽中轴"。基于此，本报告认为，江苏大运河建设发展更应在植根自身历史文化的基础上，做好沿线名城名镇保护修复工作，助力谱写大运河江苏段高质量发展新篇章。

参考文献

贺云翱、干有成：《中国大运河江苏段的历史演变及其深远影响》，《江苏地方志》2020年第3期。

李永乐、孙婷、华桂宏：《大运河聚落文化遗产生成与分布规律研究》，《江苏社会科学》2021年第2期。

单霁翔：《乡土建筑遗产保护理念与方法研究（上）》，《城市规划》2008年第12期。

熊海峰：《大运河江苏段的发展演进、鲜明特征与历史影响》，《扬州大学学报》（人文社会科学版）2022年第2期。

徐志明：《大运河文化带建设与乡村振兴融合发展的难点与对策》，《江南论坛》2021年第 10 期。

中共中央办公厅、国务院办公厅:《大运河文化保护传承利用规划纲要》,2019 年 2 月。

周岚:《历史文化名城的积极保护和整体创造》,科学出版社,2010。

朱东风、苏红、武浩然、申一蕾:《打造大运河物质文化保护的"闪亮名片"》,《中国建设报》2019 年 8 月 26 日。

B.13
京杭大运河南源首镇塘栖
文旅融合发展研究

王　进*

摘　要： 塘栖镇地处京杭大运河南端，是杭州城北水上门户，自古有着
　　　　 "江南佳丽地""江南十大名镇"的美誉，历史文化和自然资源
　　　　 非常丰富，是闻名遐迩的"鱼米之乡、花果之地、丝绸之府、
　　　　 枇杷之乡"。随着大运河国家文化公园建设的推进，塘栖文化旅
　　　　 游面临新的机遇和挑战，要全方位、深层次、宽领域地促进文
　　　　 旅融合发展，达到以文塑旅、以旅彰文的目的，让文化旅游更
　　　　 好地带动经济社会优质发展，必须坚持以国家文化公园建设为
　　　　 导向，与大运河国家文化公园建设相衔接，坚持保护优先、统
　　　　 筹规划、合理利用、协调发展的原则，促进文化和旅游资源的
　　　　 叠加、优势互补，推动文化旅游的融合发展，实现对大运河文
　　　　 化的保护与传承，达到对古镇水乡文化展示与宣传的双重
　　　　 效果。

关键词： 塘栖镇　大运河国家文化公园　文旅融合

　　近年来，塘栖镇认真学习习近平总书记关于大运河文化带系列重要讲话精
神，深入贯彻实施浙江省"全域美丽"大花园战略，牢固树立创新、协调、
绿色、开放、共享的新发展理念，以三个维度高点谋划，以系统思维、创新理
念、国际视野谋实项目，通过开展大运河文化带建设，深挖大运河文化内涵，

---

* 王进，硕士，浙江省杭州市临平区塘栖镇党群服务中心副主任，主要研究方向为公共经济。

在大运河综保项目建设的基础上，加强对大运河塘栖段沿线"低、散、乱"码头的整治和港口资源的整合，提升沿线产业能级；加快推进沿线基础设施建设改造和环境综合整治，加强对沿线社会生态系统的延续性保护，促进沿河村镇风貌提升与功能活化；积极推进美丽乡村、美丽城镇建设，挖掘辖区文旅资源，宣传推广民俗非遗；谋划枇杷采摘游、古镇文化游、美丽乡村游等精品旅游线路，做大做强大运河塘栖段文化和旅游产业。

一 资源禀赋

（一）地理位置

塘栖镇位于杭州临平区，著名的京杭大运河穿镇而过，有着1300多年历史，是江南水乡重镇之一，自古有着"江南佳丽地""江南十大名镇"的美誉，现已进入浙江省试立的27个小城市名录，成为首批撤镇改市的小城市。该镇距杭州市区中心约25公里，距上海约120公里，距临平高铁站15公里，距萧山国际机场40分钟车程，地理位置优越、交通便利。镇区东侧有赏梅胜地超山，而西南则是丁山湖原生态湿地。塘栖的历史文化和自然资源非常丰富，是闻名遐迩的"鱼米之乡、花果之地、丝绸之府、枇杷之乡"。

（二）文化历史

塘栖历史悠久，始建于北宋，自元代商贾云集，蔚成大镇，明清时富甲一方，贵为"江南十大名镇"之首。塘栖，有着深厚的文化积淀，文人辈出，书香传世；塘栖，文物遗产众多，广济长桥、郭璞古井、乾隆御碑、栖溪讲舍碑、太师第弄、水南庙……默默向人们细述当年风采；塘栖，人杰地灵，物产丰盛，枇杷名扬天下，丝绸远销海外，自古就是贡品。塘栖是座古镇，也是一座新城，虽然历经岁月沧桑，失去了"三十六爿半桥""七十二条半弄"的风貌，但是她的魂和根还在，并且充满了生机和活力。古镇景区核心区块有明清古建筑群、谷仓博物馆、何思敬纪念馆、余杭方志馆等人文和自然景点共12处，有广济长桥、郭璞古井、乾隆御碑、水利通判厅、栖溪讲舍碑等众多历史遗存，也有蚕茧仓库、同福永酒厂、新华丝厂等众多工业遗存。现存不可移动文物 149 处，其中全国重点文物保护单位 1 处、省级文物保护单位 3 处、市级文物保护单位 4 处、文物保护点 4 处。

（三）旅游资源

镇区旅游资源丰富，京杭大运河穿镇而过，现有塘栖古镇、丁山湖湿地、超山三大核心景区，古镇景区平均每年吸引游客 230 多万人次。超山梅花节期间，日均游客近 2 万人次。网红绿道塘超小径像一条丝带，串联起古镇、丁山湖和超山风景区。

（四）所获荣誉

塘栖镇依托厚重的历史和经济快速发展，先后获全国千强镇、浙江省文明镇、浙江省综合实力百强乡镇、浙江省十大历史文化名镇、浙江省卫生镇、杭州市经济发展十佳乡镇、杭州市现代化标志性教育强镇、国家枇杷原产地域保护之乡等荣誉称号。近年来，塘栖镇大力发展旅游产业，先后获得浙西（杭州）休闲度假旅游目的地、十大最美景区景点、杭州休闲美食体验点、杭州市市级商业特色街、十佳韵味江南小镇、4A 级景区镇、"诗画浙江·百县千碗"美食小镇等诸多荣誉。2022 年 3 月，塘栖镇获评"美丽浙江十大样板地"（乡镇、街道）。

二　经济社会发展状况

2021 年塘栖镇政府工作报告显示，塘栖现辖 18 个村、11 个社区，辖区内有近 10 万人口，总面积 79 平方公里。2021 年，全镇完成农村经济总收入 277.3 亿元，5 年累计 1290.4 亿元。其中，规模工业产值 98.3 亿元，5 年累计 440.8 亿元；财政总收入 8.6 亿元，5 年累计 37.4 亿元；固定资产投资 14.7 亿元，5 年累计 60.9 亿元；城镇和农村居民人均可支配收入分别为 70681 元、44117 元，年均增长率分别为 3.7% 和 6.7%。

（一）工业转型稳步推进

目前，全镇共有高新技术企业 120 家，省级企业研究院 8 家，省级研发中心 7 家，区级研发中心 13 家，省级科技型中小企业 26 家。

（二）特色业态蓄势发力

枇杷销售迈入电商时代，借助"电商直播""云上卖枇杷"，2020 年枇杷节期间，枇杷的线上销售收入达到 7233 万元，同比增长 83.5%；2021 年再创新高，同比增长 8.42%。塘栖镇着力提高枇杷经济价值，推进全株利用项目落地，加快打造三次产业融合全产业链，成功创建中国枇杷之乡。此外，辖区内有种粮大户 14 户，打响了"栖粒香"等塘栖大米品牌。

（三）三产活力充分释放

塘栖古镇获评浙江十佳韵味江南小镇、首批浙江省职工疗休养基地，知名度进一步提升。2021 年枇杷节期间，接待游客 75.21 万人次，同比增长 32.04%。守正创新"古镇年味、超山赏梅、塘栖枇杷、水乡开运"四大本土节庆品牌，推出"越夜越塘'嬉'"夜跑、"湖光山色"音乐会、后备箱集市等系列特色活动，引爆古镇周末和夜间经济。

（四）城镇面貌明显改善

统筹推进"美丽城镇+靓城行动"，成功创建美丽城镇建设省级样板，该行动方案获评省级优秀方案。引进合景泰富、上海绿地、上海伟业等优质房企，新建楼盘 5 个，城镇住房品质进一步提升。

（五）美丽乡村提质扩面

推进美丽乡村建设，塘栖镇获评浙江省美丽乡村示范乡镇。成功创建 1 个美丽乡村示范村、14 个美丽乡村精品村、6 个 3A 级景区村、9 个 2A 级景区村。塘超小径沿线村民充分利用沿线环境资源优势，开办农家乐 35 家，推动"美丽环境"向"美丽经济"转化。

（六）基础环境不断优化

推进"五水共治"，获评浙江省"五水共治"（河长制）工作考核优秀乡镇等荣誉称号。丁山湖、京杭大运河（塘栖段）创建省级美丽河湖，塘栖村等 5 个村获评杭州市水美乡村。

（七）平安建设深入推进

推进"微法庭"全覆盖，塘栖镇、塘栖村的"微法庭"双双被评为市级首届"微法庭"建设示范单位。利用"浙江解纷码"，远程调解矛盾纠纷，其做法和经验被《杭州日报》、平安浙江网宣传、报道。

（八）社会治理亮点频出

坚持数字赋能政府治理，推进塘栖"数字驾驶舱"框架及整体智治模块的建设，目前驾驶舱各项前期工作已基本完成并通过项目评审。推广"支部建在物业上"等经验做法，提炼党建引领小区治理"栖"字工作法，破局小区治理难题，莫家桥村"新居民党支部""以外管外"治理模式得到区委主要领导的批示与肯定。

（九）共建共享逐步形成

成功创建省级社区治理和服务创新实验区，发挥村规民约实效，全域推广河西埭村"六约工作法"，激发群众参与社会治理热情。组建"栖愿汇"四色志愿服务队伍，培育镇、村（社）两级各类志愿者队伍 252 支，注册志愿者1.5 万余名，累计开展志愿服务时长 10 万余小时。

（十）社会事业稳步推进

全面启动国家卫生镇创建，高分通过全国卫生镇创建省、市两级明察暗访，顺利通过省级卫生镇复评。教育医疗条件不断改善，养老服务提质扩面，建立镇、村居家养老服务照料中心 19 家，打造老年食堂（助餐点）21 处。

（十一）文化文明齐头并进

精神文明建设成果丰硕，收获全国文明镇、全国文明村等 4 项国字号荣誉；连续两届开展"百位十佳"评选活动，选出"最美战疫人""最美创业人""最美志愿者"等百位先进个人（集体），传播正能量。2021 年，塘栖镇 7 人被评为"最美临平人"，其中快递小哥叶阳辉的事迹被央视《新闻联播》、《人民日报》、新华电讯报道。全面完成新时代文明实践挂牌任务，搭建辖区内所、站、点全覆盖的三级阵地架构，统筹党史教育、基层文化和志愿服务等 80 余处阵地。推进"书香塘栖"建设，城市书房、"塘栖书苑"、塘栖人家客栈分馆和塘超小径分馆建成投入使用。创建浙江省文化礼堂示范乡镇，打造五星级文化礼堂 3 个、四星级文化礼堂 4 个，培育、发展各类文化队伍近 200 支，年均开展文体活动近 2400 场。

三　深厚文化底蕴

历朝历代以来，塘栖一直是苏、沪、嘉、湖的水路要津，杭州市的水上门户。随着城市化建设的推移，塘栖风貌渐变，特别是 20 世纪七八十年代，由于社会经济发展等诸多历史因素，塘栖原有的一些建筑遗存和水乡风貌逐渐被钢筋混凝土所替代，从而逐渐失去了河街相间的江南特色，仅水北历史街区因地处大运河北岸，且交通不便，经济发展以大运河以南为主，才得以被完好地保存。

（一）大运河文化遗产保护

1. 积极搭建平台，明确责任主体

随着大运河申遗呼声的日益高涨和杭州市大运河综合整治与保护开发工程的深入推进，古镇塘栖的保护引起了省、市、区各级领导的高度重视和社会各界的广泛关注。2008 年，根据杭州市委、市政府关于大运河综保总体工作部署，为做好大运河申遗保护工作，大运河综保工程从杭州主城区延伸至临平区，由余杭区政府、市大运河综保委、塘栖镇政府共同出资组建了杭州临平运河综合保护开发建设有限公司（简称"临平运河综保公司"），积极启动实施塘栖古镇保护与开发建设工程。

2. 启动拆迁安置，保护修缮并举

根据杭州市委、市政府的要求，塘栖古镇保护要借鉴大运河市区段综合整治与保护开发经验，包括实行"鼓励外迁、允许自保"等政策。因此，临平运河综保公司在实施水北、市南、三条半弄等区块征迁工作时，按照上述原则，共完成了 2700 余户的征迁工作，其中房屋安置 1300 余户，在水北景区（水北清流居）安置了 129 户。还留自保户（原住民）12 户，基本上分散在水北历史街区。考虑到街区风貌的统一性和协调性，在实施水北历史街区保护性修缮时，对自保护建筑也进行了统一修缮。同时，充分考虑到作为开放式景

区，如果景区内原住民、安置户、商户等混居情况复杂，也会对后期景区的社会化管理造成一定影响。

3.挖掘文化资源，成立塘栖文化促进会

为深入挖掘、整理、弘扬与促进塘栖的传统与当代文化，2015年8月专门成立了塘栖文化促进会，致力于对塘栖人文历史、人文故事和人文精神的研究、挖掘和完善工作。塘栖文化促进会成立以来，吸引了诸多文化爱好者参与塘栖古镇历史文化的挖掘、保护工作，为临平运河综保公司在塘栖古镇保护方面提供了更多的历史考证，增添了更深刻的历史内涵和更丰富的文化层次。

（二）历史文化遗存保护

自2008年大运河综保工程启动以来，先后实施了水北、三条半弄、市南、水南等历史街区古建筑修缮、恢复项目以及御碑公园等项目的建设，实施完成了广济长桥、乾隆御碑与水利通判厅遗址、郭璞古井、三条半弄的保护整治工程，致力于打造"没有围墙的博物馆"，为延续和传承塘栖的历史文脉打下坚实的基础。

1.历史建筑情况

旧时塘栖的建筑在江南颇为出名，廊檐和宅居是其主要特色。曾有"三十六爿半桥""七十二条半弄"，沿河诸街均建有廊檐，故有俗语称："跑过三关六码头，不及塘栖廊檐头。"塘栖的宅居建筑颇具特色，那些深宅大院皆高筑封火墙，隐于弄内，且镇上的街面大多沿河而建，落成在屋檐里面，俗称"过街楼"。为方便那些从水路而来的客商们休息，在沿河的一面都建有一长溜儿的美人靠，塘栖人称为"米床"。目前现存的遗迹有水北明清一条街、三条半弄、市南廊檐等明清时期的历史建筑集群。但由于年久失修，大部分建筑朽损比较严重。

2.保护修缮情况

临平运河综保公司以"保持和恢复历史原状"为原则，原汁原味呈现原有建筑的特色景象，修缮工程采用原工艺、原做法、原材料进行维修，确保维修建筑的原真性。维修工程重点是保护建筑内的墙体、门窗、板壁、封火墙、墀头与有较高艺术价值的砖、木、石雕、牛腿、灰塑、墨画、脊饰等艺术构件，并按原状保留，最大限度地降低干预程度，给世人重新呈现被尘封多年的塘栖明清街区风貌。

（三）非物质文化遗产保护及利用

塘栖古镇现拥有国家级、省级、市级非遗名录项目10余项。其展示的非

物质文化遗产都带有浓郁的江南水乡特色，如"清水丝绵""茧圆制作""缫土丝""打棉线"等。为保护和传承非遗文化，临平运河综保公司主要是通过主题文化展馆和商业活动相结合的方式进行活态传承和开发。

1. 建立文化展馆群

通过余杭方志馆、运河申遗馆、谷仓博物馆、塘栖城市规划展示馆、塘栖老字号展示馆、塘栖书苑、何思敬纪念馆、进士馆（拟建）等展馆，进行评弹、说书、民俗风情老照片展览、灶头画制作、讲故事等多种形式的民俗风情展示，从不同的文化方位，立体呈现当地的地域文化。

2. 四大节庆助推非遗保护

目前，塘栖镇形成了"一年四季，季季有节庆"的特色，推出"梅花节、枇杷节、开运节、年味节"四大节庆活动，将古镇景区作为各类非物质文化遗产展示活动的载体，宣传塘栖文化，推动节庆经济的发展，也进一步提升古镇旅游的知名度。如年味节期间的"土灶打年糕""登高走运过大年"；梅花节期间的"蜜饯加工制作展示"；枇杷节期间的"非遗民间工艺才艺展"；开运节期间的"传统记忆中的老技艺展示""百米长龙邀明月"中秋民俗展。

3. 利用开发传承非遗文化

塘栖古镇景区通过减免场地租赁费等方式招商引资，有选择性地将清水丝绵制作技艺、传统茶食制作技艺、蚕桑生产技艺之茧圆制作、圆木制作技艺等塘栖镇区内优秀的非物质文化遗产融入古镇，通过现场展示的方式，增强游客的互动性和体验感，拓展了旅游项目，丰富了景区业态。目前，景区内不仅拥有"法根食品""朱一堂""老刀""百年汇昌"这样的糕点蜜饯制作老字号，也拥有"金利丝业""梦蝶蚕丝被"这样的手工技艺老字号。

四 文旅开发现状

（一）古镇景区相对成熟

塘栖古镇核心景区占地约2.9平方公里，拥有包括广济长桥、明清古建筑群、谷仓博物馆、何思敬纪念馆、余杭方志馆等人文、自然景点 12 处，直接呈现塘栖运河古镇的文化风貌；拥有文化主题酒店 1 家、特色民宿 10 家，非物质文化遗产、传统老字号商户 10 余家，还设立了党群服务中心、24 小时书店、微型消防站等。世界文化遗产广济长桥南北向横跨在京杭大运河上，如长虹卧波是古运河上仅存的一座七孔石拱桥，也是大运河上至今保存规模最大的薄墩联拱石桥。景区内配备了游客服务中心、智能化旅游停车场、星级厕所、全网覆盖、数字监控等配套设施，基本实现了建设"观光加休闲体验型"水乡古镇景区的目标。先后有《梦想城》《在远方》《火王之千里同风》影视剧组在此拍摄取景。古镇景区于 2014 年 5 月被成功批准为国家 4A 级景区，同年 6 月，京杭大运河塘栖段被正式列入《世界遗产名录》。2018 年，塘栖古镇景区接待游客 239.76 万人次；2019 年，接待游客 231.13 万人次；2020 年，因疫情影响，游客接待量为 113.78 万人次；2021 年，游客接待量为 138.34 万人次。

目前，塘栖已建成经营性建筑面积约 8 万平方米，打造了水北历史街区、水南历史街区、广济路历史街区，初步形成了"一桥三街"的景区框架。临平运河综保公司充分利用老街原有的历史文化特色和建筑风貌，形成新旧共生的街区商业模式，在市井生活中融入新的产业特色。现已引进包括高端品牌酒店、特色民宿、传统老字号等百余家商户进驻，串联人文、自然景点 11 个。2016 年塘栖古镇获得浙西（杭州）休闲度假旅游目的地、十大最美景区景点、杭州休闲美食体验点、杭州市市级商业特色街等相关称号。

2021 年春节，受新冠肺炎疫情持续影响，塘栖古镇景区取消了许多聚集性表演类活动，更注重年味氛围布置，推出以"逛塘栖古镇，享国潮牛年"为主题的国潮集市活动，设置祈福墙、祈福亭和多个国潮拍照打卡区，水北教堂开设国潮集市抽盲盒活动。夜幕降临，广济长桥极光灯光秀与由 800 多个灯笼组成的网红幸福桥两者遥相呼应，成为景区夜景一大亮点，游客通过挂福牌、系福带、敲福鼓等活动，体验塘栖古镇新年祈福之旅。春节前，开展多场直播活动，通过多媒体渠道宣传造势。春节期间，塘栖古镇国潮过大年活动吸引了众多本地及周边游客前来游玩、打卡，央视《新闻联播》、浙江卫视、临平电视台都对其进行了播报。

（二）超山风景区发展缓慢

超山风景区为 4A 级风景名胜区。位于塘栖镇南面，景区面积为 5 平方公里，主峰超山海拔 265 米。超山以观赏"古、广、奇"三绝的梅花而著名。每年初春二月，花蕾爆发，白花平铺散玉，十余里遥天映白，如飞雪漫空，天花乱出，故有"十里香雪海"之美誉，为江南三大探梅胜地之一。唐宋以来吸引了历代文人墨客前来赏梅，留下了大量以超山为主题的诗文书画、摩崖石刻，积淀了丰厚的人文历史底蕴，形成了独特的超山文化。此外，超山还有许多著名的古建筑，包括大明堂、来梅亭、浮香阁、近代艺术大师吴昌硕先生之墓及纪念馆等。

超山风景区以其优越的自然历史文化资源在杭州久负盛名。但是，由于景区业态以赏梅为主，景区季节性较强，文旅产品有限，反而制约了其快速发展。

（三）丁山湖景区异军突起

丁山湖湿地位于塘栖西南面 3.5 公里，紧靠超山风景区，总水域面积 683 亩，单漾面 463 亩，沿湖周边四个村均为 3A 级景区村庄，网红绿道塘超小径沿湖铺开，滨水绿化、栈道景观、四季花卉、清新翠绿，美不胜收。漫步丁山湖，人们可以享受亲水之乐、阳光之浴、渔人之闲，可以体验江南水乡世俗的美好生活画卷。2016 年，为加快推进塘栖美丽乡村建设，打造塘栖"名山、名湖、名镇"旅游中轴线，塘栖镇充分利用塘栖水乡特色，启动塘栖水韵风情线主体工程——塘超小径绿色慢行系统建设，分两期于 2017 年底完工，总投资 7400 万元。塘超小径全长约 20 公里，其中栈道 2.8 公里，山林步道 2.5 公里，起于塘栖古镇八字桥，沿石目港、途经塘栖村、超丁村、丁河村、丁山河漾，向南沿深结港，跨沿山港上超山，过青莲寺至海云洞，将塘栖古镇集市、水乡湿地、风景田园、山林风光串珠成线。2019~2021 年，塘超小径沿线新增农家乐及民宿 30 余家，新引进各类文旅企业 4 家。截至 2021 年，丁山湖景区日均接待游客突破 2000 人次，节假日日均游客量在 5000 人次以上。

（四）文化节庆精彩纷呈

塘栖镇民俗文化节庆众多，现有春天梅花节、夏天枇杷节、秋天开运节、冬天年味节，有法根糕点、老刀食品、立夏狗、汇昌粽、米塑、蜜饯等一大批富有塘栖特色的小吃，还有清水丝绵制作、水乡婚礼、鱼鹰文化等众多特色习俗，充分展示了塘栖的民俗风情。"塘栖糕点盲品会""面王争霸赛""丁山湖相亲会""超山定向越野"等民俗文化活动推动塘栖农业经济和旅游业的共同发展。全镇共有非物质文化遗产项目 400 余个，其中，国家级非遗名录项目 1个、省级 5 个、市级 7 个，此外，还有各级代表性传承人 16 人。

五 存在的问题

近年来，塘栖镇以新时代美丽城镇建设和美丽乡村建设为契机，实施全域旅游发展战略，开展全域基础环境整治，围绕"名山、名湖、名镇"挖掘文旅资源，积极打造具有典型江南水乡特色的大运河文化、湿地文化旅游品牌。但是，由于辖区内众多文旅资源缺乏系统组织，文旅产品"低、小、散"，"珍藏"一方的江南山水需要进一步向体验化、富民化方向发展。

塘栖古镇建设虽已初现雏形，但在产业发展过程中存在与周边古镇的同质化现象，缺少自己的品牌特色。景区自 2010 年开放以来，游客数量虽逐年稳定增长，但在游客构成上仍以杭州周边及省内游客为主，且停留时间较短。据统计，其中 96% 的游客游览时间不到一天。另外，游客层次偏低，以老年游客及低端消费游客为主，人均消费在 50~60 元，购买能力较弱；游客数量、时间分布不均衡，其中，四大节庆及法定节假日游客数量较多，单日高峰可达到5 万人次，但平时游客数量明显偏少，落差较大。超山风景区与丁山湖景区在联动方面明显不足，总体来看，仍有极大的提升空间。

（一）旅游业态单一，旅游线路系统性不足

目前，景区业态以快消品零售为主，虽已引进部分民宿和咖啡馆等休闲业态，但现阶段景区整体环境还比较零散，品牌化、多样化、高端化明显不足。游览线路系统性不足，景区进入感和引导性相对欠缺，业态单一，在对商户的经营回访中，普遍反馈目前民宿、咖啡、酒吧等休闲体验类业态的经营压力较大，游客黏性不够，夜晚经济较难开展，相关产业链延展性较差，市场仍需进一步培育。

（二）旅游产品内容单薄，体验感不足

由于公司定位等历史因素，临平运河综保公司前期主要投入在征迁工作及塘栖镇小城市改造方面，对景区旅游开发的投入较小，发展规模较小，旅游业起步较晚，无法形成较为完善的旅游产业链。目前景区仍以观光旅游为主，休闲度假游发展滞后，缺少高品质、精品化的旅游产品。再加上旅游范围体量小，目前可供游览范围仅沿运两岸，且大多为零售店面或餐饮店面，与周边同类古镇相比较，缺少特色、亮点项目，游客的体验感不足，难以满足游客一天的旅游需求。

（三）缺乏营运性旅游项目，造血能力不足

目前，景区人员的管理费用、房屋物业维修费用只能依靠临平运河综保公司承担。景区收入来源主要是景区商铺租金（每年约 1000 万元），收入甚微且来源单一，难以支撑整个景区的运营。

六　改造提升建议

要提升塘栖镇文旅发展水平，只有紧抓大运河国家文化公园建设的时代机遇，借助全区实施"全域美丽"战略的新机遇，统筹推进塘栖"城靓村美"建设、文旅融合发展、生态环境提质等行动，整合塘栖资源，打响"名山、名湖、名镇"品牌的目标，打造新旧融合、文旅融合、村镇融合、产城融合的全域文旅产业小镇，有效促进大运河（塘栖段）景观、文化与旅游资源、乡村资源的深度融合，提高大运河（塘栖段）的影响力和核心竞争力，才能提升塘栖中国大运河南源首镇的品牌影响力，使其成为展示新时代塘栖历史文化和城市形象的重要窗口，成为国际化的大运河文化旅游城北新标地。

（一）加快推进大运河国家文化公园建设

持续深化大运河（塘栖段）的文化遗产的保护，全面启动大运河国家文化公园项目三年行动计划，以旅游为主要产业导入，以工业遗存和文化创意为补充，形成古镇产业。以打造"古镇风情、工业遗韵"为目标，围绕绿道与历史街区的串联和工业用地的活化整理，以桑蚕文化、工业遗存、民俗人文元素为主

要依据，构建"一带一核"的景观结构，以点、线为主要的设计手法，以蚕桑文化园、塘栖印象公园、水墨塘栖公园、塘栖工业遗址公园为主要的节点，以不同形式的绿道为整体的景观串联，形成独具塘栖特色的大运河文化带。要做深、做实、做足大运河传承与发展这篇文章，通过规划建设大运河文化带、生态带、产业带，充分发挥大运河在文物保护、文明传承、环境保护、和谐宜居、旅游休闲、协同发展等方面的作用。明确大运河保护边界，严格按照缓冲区、管控区的相关要求，落实工作责任，做减法不做加法。要从流动的文化这个高度和角度去看待大运河的过去、现在和未来，以更负责任的态度和更高的标准全面深入地梳理大运河的历史文脉，不断推进大运河文化的延续和发展。

（二）深入挖掘延伸传统文化

以水墨塘栖公园、塘栖印象公园、蚕桑文化园和塘栖工业遗址公园为文化区块，临平运河综保公司将对一些具有鲜明历史文化价值的工业遗存进行保护性修缮，以改造塘栖热电厂、新华丝厂、大纶丝厂为代表的工业遗存为载体，以新型文化旅游创意产业发展为主导，将近现代的建筑遗存与现代的经营理念和产品进行融合，形成集近代工商业发展展示、生态工业展示、创意产业、休闲娱乐于一体的综合性片区。

（三）结合文创产业创新运营思路

以将其建设成大运河湿地、江南水乡为形象定位，以将其建设成生态休闲农业田园综合体为产业定位，以将其建设成江南水乡湿地文化样板、全国乡村旅游示范点为其发展的目标定位。注重导入产业发展，以"产城融合、产旅结合"为抓手，实现古镇的发展转型，激发新的旅游增长点，突出景区运营和文化创意的主业定位，优化景区商业业态和模式，打造特色、亮点文化旅游新IP，从而进一步盘活景区旅游产业，实现收支良性循环。同时，引进专业的文化创意人才，开发文创产品，通过专业的创意型策划、设计，不断更新丁山湖文创产品，并将其推向市场。

（四）优化商业业态布局，提升商业品质

提高其作为旅游休闲地的文化品位，吸引优质的消费人群。景区通过

"以商招商"的理念，以招"好商、优商、名商"为目标，积极引进优质的民宿、咖啡馆等慢生活休闲类产业和夜间业态，打造夜间饮食文化、娱乐文化，逐步实现"慢生活、夜塘栖"的目标。沿塘超小径，布局农家乐、青年旅馆、乡村茶馆、土特产超市等；沿丁山湖周围，布局培训拓展基地、果蔬采摘园、水上乐园、垂钓、帐篷酒店等；沿水上游线路周边，布局花卉苗木基地、婚纱摄影基地、糕点制作体验项目等。丁山湖区块根据各村现有业态，适时布局生态休闲农庄、养老健身物业、水乡文化主题餐饮住宿、民俗博物馆、手工艺展览馆、水上演艺中心、休闲广场、人才培养教育业等综合性全域旅游产业链。

（五）打造"水陆"双环游线

为进一步提升古镇旅游市场的核心竞争力，塘栖将围绕"全域旅游"新理念，充分利用塘栖省级小城市培育试点和京杭大运河世界文化遗产的叠加优势，进一步完善旅游基础设施，提高旅游服务质量，优化旅游生态环境，提升旅游产业定位。打造以圆满河、老运河、市河、翠紫河为实际航线的古镇景区内部水上环线，与景区内陆游线互补，利用景区内的大型码头和河埠头，形成景区内部游线路和水上游线路的交汇点，打造整个景区内部的"水陆"双环游线。同时考虑到丁山湖湿地游的发展，将水上内环线进行延伸，与丁山湖湿地和超山进行水路衔接，将点连成线，从而打造塘栖全域旅游景区新片区。同时，为了让游客的游玩体验更具地域性，可推出以农产品、生鲜产品为主题的水上集市，以岸上、船上交易形式为主，以复原老塘栖水上交易传统为目的，发挥现有塘栖农产品较受周边城市居民欢迎的优势，增强游客的游玩体验，提升"水陆"双环游线的多样性和趣味性。

（六）打造"古镇+乡村"新游线

通过"水上游线"和"塘超小径"等水路、陆路游线，打造"古镇+乡村"旅游新线路。突出大运河风情旅游和美丽乡村旅游两大精品亮点，推出塘栖古镇游、超山风景游、乡村休闲游、丁山湖湿地游、枇杷采摘游、蚕桑文化游等特色旅游线路，以"全域旅游"推动新农村生产发展，又以乡风文明、村容整洁、管理民主的新农村助推"全域旅游"，提升古镇游、乡村游的体验感，打造全域旅游综合体，是塘栖旅游产业结构调整的新风向。

（七）多渠道宣传和推广

深厚的历史文化底蕴、清丽婉约的水乡古镇风貌、古朴的风俗风情都成为江南古镇的标志性特点。但也出现了大量古镇同质化的现象，如何实现差异化发展已成为古镇实现长远发展的目标。目前，长三角区域的古镇，特别是乌镇、西塘、南浔等古镇，在挖掘自身历史文化资源的同时，特别注重导入产业发展，以"产城融合、产旅结合"为抓手，实现了古镇的发展和转型，激发了新的旅游增长点，创造了"乌镇互联网模式""西塘文创旅游模式"等新型发展模式，成为江南古镇转型和发展的主流。塘栖要以四大节庆活动为契机，加强宣传推广，利用现代网络、社交媒体传播、直播等手段，宽泛化宣传、推广大运河文化和湿地文化。通过与旅行社和周边著名风景名胜区实行联合营销，扩大丁山湖湿地在长三角的知名度和美誉度。

（八）紧扣特色，走差异化发展之路

1. 打造"文化场馆群"，构筑新型文化客厅

商业古镇作为文化遗产的载体，拥有独特的历史文化遗产和文化品位，挖掘文化内涵的差异性成为当代古镇旅游发展新的增长点。我们通过余杭方志馆、运河申遗馆、谷仓博物馆、塘栖城市规划展示馆、何思敬纪念馆五大馆藏的建成并投入使用，从不同的文化方位立体呈现当地的地域文化，也进一步彰显城市的文化特色，使当地的地域文化得到活态的传承。

2. 优化商业布局，提升旅游品质

为进一步优化景区商业业态布局，提升其商业品质，目前已引进包括小茶姑娘、懿舍、汐塘等中高端民宿 10 家，引进包括星巴克等在内的休闲类咖啡馆 4 家，逐步调整水北街区原来以快速消费品占主导的业态市场。下一步将在现有基础上，积极引进夜间业态，如小酒馆、深夜食堂等，打造夜间饮食文化、娱乐文化，为实现"夜塘栖"做出尝试。

3. 高起点规划、精准定位古镇特色

塘栖古镇作为大运河重镇，且目前水南、水北区块古镇修复已经完成，古镇旅游已形成一定规模，但存在滨水岸线基本被城镇、工厂侵占，滨水绿道难以贯通，沿线的工厂区块景观界面效果差、厂区混乱等问题。因此，塘栖古镇

计划按照大运河文化带相关规划，全面启动大运河文化带三年行动计划，以旅游为主要的产业导入，以工业遗存和文化创意为补充，形成古镇产业。

4.高标准建设、全面提升古镇整体形象

拆除大运河文化带沿线的部分码头和不雅企业。对沿线的工业遗存和特色建筑进行风貌整治。对新华丝厂、大纶丝厂等工业遗存进行整治，结合塘栖工业特点，导入文创产业，改造滨河绿道，形成丝织艺术展览等绿道景观。在镇区核心范围内构建"一街二桥四园"的特色景观。具体规划如下。一街：打造民国风商业街，设计绿化带和休憩空间，打造民国遗韵的滨水意境。二桥：在大运河（塘栖段）东西两侧打造仿古的东桥和西桥。四园：水墨塘栖公园，以迎风阁、中式园林、水景等构成塘栖A岛的景观视点；塘栖印象公园，位于C岛岛尾，打造以画舫的建筑为主要景观视点；蚕桑文化园位于D岛岛头，以蚕茧的形状为设计元素，展示塘栖的丝织文化；塘栖工业遗址公园，以周边的工业遗存为载体，以船型种植池和船型铺装的形式，展现塘栖工业的历史观感。

运河名城泗县发展研究报告

张　甦*

摘　要： 大运河是中国典型的线性文化遗产，是中国古代一项杰出的大型
　　　　 水利工程。大运河泗县段作为通济渠安徽段仅存一段有水故道遗
　　　　 址，遗产价值突出。本报告以大运河泗县段为研究对象，在对其
　　　　 文化遗产情况进行调查的基础上，分析其历史沿革和遗产价值特
　　　　 色，进而围绕大运河泗县段文化遗产保护利用建设，总结其在文
　　　　 化内涵价值发掘、专业文旅人才队伍建设、大运河城市品牌创建
　　　　 和宣传等方面存在的问题和不足，初步探索大运河泗县段文化遗
　　　　 产保护利用建设策略。

关键词： 大运河泗县段　文化遗产　大运河交通

一　概况

（一）地理环境

泗县位于安徽省东北部，黄淮海平原南端，地处苏皖两省四县交界地带，
地近沿海，背靠中原，位于北纬33°16′～33°46′，东经117°37′～118°10′，与江
苏省徐州市、宿迁市接壤，是皖东北的门户城市。大运河泗县段东西横贯泗县
境内，途经长沟镇、泗城镇、开发区、草庙镇等区域。《泗州志》称其为"北
枕清口，南带濠梁，东达维扬，西通宿寿，江淮险扼，徐邳要冲，东南之户
枢，中原之要会"，"天下无事，则为南北行商之所必历；天下有事，则为南

---

* 张甦，考古学博士，安徽省泗县文化和旅游局文物综合股股长，主要研究方向为运河考古及
运河文化遗产保护利用。

北兵家之所必争"，是沟通大运河与淮河的重要节点城市。

泗县环境优美，自然、人文景观异彩纷呈。平旷的原野，纵横的河流，冠带般的岛状山群，分别自东北、西南向中部逶迤延伸，构成泗县的基本地域地貌。全境平原面积占总面积的 63.8%，山丘冈陵占 9.1%，湖泊湿地占27.1%。县城北枕屏山，赤山、朱山、老山、邢山屹于东北，鹿鸣山、阴陵山障于西南，素有"山川瑰异，毓秀结晶"之美誉。濉河、石梁河、隋唐大运河通济渠泗县段蜿蜒萦回于城郭楼宇之间，把古城装点成秀丽的皖北水乡。

（二）历史沿革

泗县古称虹县，古为淮夷之地，尧封禹为夏伯，在此建邑，名夏丘。西汉时置夏丘县，属沛郡。东汉至北周时期，属下邳国、夏丘郡、晋陵县。隋开皇十八年（598）复为夏丘县，隶下邳郡。唐武德四年（621），复置虹县；贞观八年（634），虹县隶属泗州；元和四年（809），改属宿州；大和四年（830），复属泗州。后复置宿州，治于虹县。宋元祐七年（1092），虹县属淮南路，宋金战争，虹城郭为废墟者近 60 年。元至元十三年（1276），复立虹县，属宿州。明洪武四年（1371），虹县隶属中立府（后改凤阳府）。清雍正三年（1725），泗州升为直隶州；乾隆四十二年（1777），并虹县入泗州，移州治于虹县。民国元年（1912），废泗州改为泗县，直属安徽省。民国 21 年（1932），泗县为安徽省第七区首席县。民国 37 年（1948）10 月全县解放，泗县属皖北行署宿县地区。1956 年改属蚌埠专区，1961 年复属宿县专区。1998年撤地设市，泗县属宿州市至今。

泗县名袭自泗州，泗州因泗水而名，据《括地志》载，"泗水源在兖州泗水县东陪尾山，其源有四道，因以为名"。今之泗县，即古之虹县。自清乾隆四十二年泗州迁于虹治，州县俱治于虹城，至 2022 年已有 245 年。

泗县历史上长期作为大运河漕运交通的中转城市，其城市历史沿革与发展一直与大运河密切相关。唐中后期，随着通济渠漕运功能的不断提升，其地位日益凸显，作为汴水东西运输之咽喉，具有突出的经济和战略地位。唐元和四年，为加强漕运管理，特从徐州和泗州各划出一部分属邑设置宿州，辖符离、蕲县（原属徐州）、虹县（原属泗州）。"宿州，本徐州符离县也，元和四年，以其地南临汴河，有埇桥为舳舻之会，运艚所历，防虞是资。又以蕲县北属徐州，疆界阔远，有诏割符离、蕲县及泗州之虹县置宿州。"唐至明清1000余年间，泗县作为大运河南北交通运输重镇，一直在宿州和泗州之间隶属更迭，长期以来具有十分重要的历史地位。

（三）大运河特色

原始的大运河风貌。1000余年来，大运河泗县段仍保留较为完好的原始风貌，形成了独具特色的大运河水文景观，是大运河活态价值的重要体现。虽历经岁月变迁，其大运河河道水系至今依然十分畅通，历史风貌比较清晰，大运河沿线文化文物遗迹遗存丰富，堪称隋唐大运河通济渠段的"活化石"。此外，大运河泗县段沿线区域普遍种植茂密的柳树、槐树，沿水河岸还有大量野生芦竹和芦苇，河道堤岸南北两侧则生有大量野草，整个大运河遗产区具有良好的郊野风貌。大运河泗县段的活态文化遗产价值突出，不仅具有文化遗产的自然属性，也是泗县历史与文化的重要见证，而且目前仍然具有大运河的使用功能，在现代社会生活中仍在持续发挥着作用。

完好的大运河遗存。通过安徽省文物考古研究所历年来对大运河泗县段所进行的重要考古发掘和考古勘探，现已基本摸清了泗县大运河河道的遗产线路走向和河床、河堤、河岸的具体范围，证实了大运河泗县段遗产的完整性、真实性和历史性。泗县大运河的完整发掘，对了解整个隋唐大运河的形制、规格、分布及其内涵有着不可替代的考古意义，为进一步探索隋唐大运河河道开凿、疏浚、漕运及大运河社会史提供了关键性证据，也对研究通济渠的历史发展和演变具有十分重要的历史价值。

丰富的大运河遗产。大运河泗县段沿线区域遗产数量较多，遗产类型也较为丰富。在物质文化遗产方面，大运河泗县段沿线尚保存有宋代的释迦寺大殿，明清时期的文庙大成殿、山西会馆、东八里桥、龙王庙、土地庙、十里井等物质文化遗存，包含了桥梁、庙宇、会馆等诸多大运河遗迹，充分反映了泗县境内大运河沿线的水运繁华。在非物质文化遗产方面，有彰显泗州水韵文化的泗州戏，具有泗州水韵特色的泗州琴书、泗县瑶剧、泗州大鼓等地方曲艺传唱不衰。大运河文化在泗县影响广泛，纳粟行舟、水母娘娘沉泗州、枯河头等故事传说耳熟能详。大运河泗县段沿线多样化的文化遗产为泗县大运河文化的传承利用提供了丰富的文化素材，也承载了流淌千年的大运河的厚重文化内涵。

（四）大运河关联与定位

大运河泗县段是连接大运河和淮河的节点城市，其城市发展因大运河而起，因大运河而兴，由于其南临淮水，西近汴河，因此也被称为"水路都会"。它在维系隋王朝的统一和获取江淮物资以及促进大运河沿岸地区社会经济的发展中起着巨大的积极作用，尤其是对后来唐宋王朝的繁荣昌盛发挥的作用更大。宋金分峙，大运河通济渠段近乎废弃，但鉴于泗县作为南北分界线之特殊地理位置，其"北可以通京师，东可以通山东，西可以通陈、蔡"，因其水陆交通便捷，地处枢纽位置，泗县境内大运河一直沿用至今。为便于两国之间的商贸往来，金朝特于泗县设立榷场，通过大运河进行物资转运交易，专供两国商贸经营，泗县榷场一时成为宋金之间规模最大、影响最大的榷场。明清之际，由于受"刷黄济运"大运河治理等政策的影响，泗州城沉于湖底，并迁治泗县，极大地促进了泗县城市的迅速发展。

大运河泗县段作为隋唐大运河通济渠段仅存的活态大运河遗存段，大运河自然风貌保存完好，大运河水系发达，城市历史文化内涵底蕴深厚。目前，泗县正积极融入长三角区域一体化和淮海经济区建设，致力于皖北振兴发展，大运河作为重要的线性文化遗产，是进行泗县文旅工作建设的重要支撑。大运河泗县段地理位置优势明显，其上承河南，下接淮扬，毗邻齐鲁，是京杭大运河和隋唐大运河的重要连接点，其大运河文化遗产的保护利用工作发展空间较大，文化旅游资源也具有较高的发掘价值。近年来，泗县一直致力于打造"水韵泗州　运河名城"这一城市品牌，把大运河泗县段规划建设成为面向长三角一体化的休闲、康养、生态大运河城市。

二　大运河遗产

（一）大运河遗产概况

大运河泗县段现存有水河道约47公里，其中大运河原始故道28公里，并且自泗县广播电视台向东至与新濉河交汇处的约5.8公里河段被列入《世界遗产名录》中，成为大运河通济渠段世界文化遗产段之一。大运河泗县段除保存较为完好的大运河故道之外，沿线还分布着众多的大运河附属遗存、大运河物质文化遗产和大运河非物质文化遗产。

1. 泗县大运河故道

大运河通济渠泗县段自隋唐时期延续至今，基本未经过大的改造，南北河道坡岸均为土筑，经测量，泗县大运河宽度为 42~46 米，河深 4 米左右，两岸堤坡 5~7 米，河道保存较为完好，基本保留了古运河的原有风貌。大运河泗县段河道横穿县境而过，西与安徽省灵璧县毗邻，东与江苏省泗洪县交接。其中，由灵璧县入泗县境的河段，其西与长沟镇的唐河交汇，东与泗县环城河西水口相接，长度约 22 公里。当地百姓称城西至唐河这一段河道为西汴河、大运河东段为东汴河，其西起自泗县环城河东水口，向东流至泗洪县马公店，长度约 18 公里。

2. 大运河附属遗存

大运河泗县段遗迹遗存众多，其附属遗存主要是位于大运河堤岸上的古井、古桥、乡土祀庙等。

（1）菜园井。唐宋时期泗县大运河沿岸居民多以漕运为生，随着北宋灭亡，国家政治中心转向南方，隋唐大运河通济渠也逐渐丧失漕运功能。大运河泗县段沿河居民也从大运河经济逐渐向农业经济转移，以种菜为生，到清代由于大运河河道年久失修，旱季时河水已不能满足农业生产灌溉的需要。为满足农业生产灌溉的需要，泗县大运河沿岸菜农在河堤北岸修建这座水井用以灌溉菜园，故名菜园井，目前菜园井内仍有水，且留有井圈和引水槽，是泗县大运河农耕文化的重要体现。

（2）十里井。泗县大运河沿线一直有"五里一座庙，八里一座桥，十里一座井"之说，十里井位于大运河泗县段曹苗村北岸，因其距离泗县县城十里而得名，民间流传的歌谣曰："十里井，水甘甜，清水沽沽连龙泉。"据地方史料记载，1877 年北方大旱，"淮河竭、井泉涸、野无青草""大运河龟坼，赤地千里，河中无勺水"，当地居民在此凿井而出甘泉，救济方圆百姓，该井至今仍然发挥着村民使用和农田灌溉的作用。

（3）东八里桥。该桥位于大运河泗县曹苗段运河之上，据《泗虹合志》记载，其因距县城八里而得名，具体修建年代已不可考，是连接古泗州城东西官路的一座重要桥梁，作为扼守进出古泗州城东关的咽喉要道，军事意义重大。抗日战争时期，东八里桥中间石孔拱洞被炸毁，后来在桥的一侧修建了便道，直到新中国成立后中间的孔洞才被填平，恢复交通。2019 年以来，政府曾在此桥附近发掘出土近 1 米长的精美镇水石兽一对，经鉴定判断年代为宋元时期，疑为改桥梁的石构件，由此可推断该桥历史久远、规模宏伟。

（4）清代土地庙。位于大运河泗县曹苗段北岸，质地为石质，其庙身左侧记载修建于清代嘉庆二十三年（1818）二月。土地庙又称土地公庙、福德庙或伯公庙，为民间供奉土地神的地方，多为民间自发建筑的小型庙宇，属于分布最广的祭祀神坛。这座土地庙地处曹苗村，该村及附近村庄的百姓遇有丧葬之事均有"上庙"习俗，即在此祭拜土地神，举行一系列丧葬仪式，其目的在于祈求逝者早日升天，并保佑生者平安无恙，福祉无边。

（5）清代龙王庙。泗县旧时大运河沿岸多有专门供奉龙王的庙宇，以求龙王治水，保佑境内风调雨顺，该龙王庙位于大运河泗县东八里桥对面的大运河南侧，是当地百姓祈福祭拜的一个地方。每年农历二月初二，当地百姓在此祭拜龙神，祈求平安。

3. 大运河物质文化遗产

大运河泗县段物质文化遗产较多，主要是位于大运河沿线附近的古建筑，是泗县大运河城市悠久历史文化的重要见证。

（1）泗县文庙大成殿。该建筑位于泗县泗城镇花园井社区文庙商城院内，据记载，泗县古运河自西水关入城，就河道凿学宫泮池，河穿泮池而东，长280 丈，出东水关南绕，旋而东流。文庙大成殿即位于城区段大运河北岸，新中国成立后，泗县城内大运河被填平修路，即现在的汴河路。

泗县文庙大成殿现为省级重点文物保护单位，原有大成坊、棂星门、泮池、戟门、东西厢、大成殿、明伦堂、尊经阁等古代建筑，现仅存"大成殿"一座，长 21 米，宽 12 米，面积 252 平方米。据《泗州志》记载，大成殿是清雍正四年（1726）修建，后经嘉庆九年（1804）和咸丰三年（1853）两度重修，距今已290 余年，除局部有损毁外，整个殿完好。近代以来，为弘扬儒家传统文化，促进泗县文化事业的发展，泗县于 2016 年 9 月启动泗县文庙大成殿陈列布展工作，现殿内陈列有孔子塑像、神龛、匾额、楹联、孔子圣迹图和钟鼓等祭祀礼乐器物，内部展示功能基本完善，现已成为泗县传统文化宣传教育的重要场所。

（2）山西会馆正殿。泗县作为重要的南北运河商贸城市，明清时期即聚集了大量的山西商人在此经商贸易，泗县山西会馆即为一处重要的商业聚集场所，该会馆位于泗县泗城镇花园井社区院内，距离泗县城内大运河不足200米，现为县级文物保护单位。泗县山西会馆久经风雨，目前仅正殿得以幸存。据记载，山西会馆建于乾隆十四年（1749），原有歌楼、春秋楼、东西两厢、牌坊、角门、墙垣等。目前，现存的山西会馆正殿，面阔13米，进深9.9米，坐北朝南，砖木结构，硬山顶，由此可以想象当年会馆的宏大规模。

（3）释迦寺大殿。据《泗虹合志》记载，泗县释迦寺原名寿圣寺，在泗县县城东南，位于泗县大运河东运口南侧约300米处。该寺初建于北宋英宗年间，后经明太祖朱元璋将其改名为释迦寺，它是中国为数不多的一座以释迦牟尼命名的寺院。据记载，释迦寺大殿坐北面南，有殿宇两进，后面有藏经楼，站其大殿之上可以俯览全城景观。寺院内有银毂树、罗汉石、九歆松、琵琶井、香水桥、透亮碑、皂角树等。由此可见，当时的释迦寺规模宏大，建制完整，庄严肃穆，盛极一时，是泗县历史上重要的宗教场所。不过，由于年代久远，历经战乱，释迦寺现仅存大殿一座。在1000余年的历史长河中，释迦寺都作为泗州重要的宗教圣地，是泗县大运河岸边较为知名的历史人文古迹。

4. 大运河非物质文化遗产

（1）枯河头的传说。枯河头位于大运河泗县段下游河段，原名"哭活头"。相传霸王在垓下兵败别姬后，携带虞姬头颅摆脱追兵逃到这里稍事休息，就将虞姬的头颅拿出来看看，因霸王对虞姬感情至深而不觉潸然泪下，这时只见虞姬的眼睛眨巴一下，被项羽哭活了。因此，这里就叫"哭活头"。据说虞姬的头颅就埋在这里的高滩上，后因隋唐大运河挖到此处干枯无水，于是施行纳黍行舟，就改成了枯河头。

（2）纳黍行舟的故事。据传说泗县段大运河开凿时，由于枯河头至通海店一段，地势较高，水流不畅，一向为航运所阻，为使龙舟通行，在河中以黍米（一种比较光滑的小米，类似于今天的高粱米）铺在河底，代替水流，在上面泼以香油润滑，通过人力拉纤的方法行进。1951年治滩时，在泗县大运河故道东段枯河头南岸处，曾挖出黍子数石。与泗县地方史料记载上传说隋炀帝开汴河时"纳黍行舟"之说相印证。

（3）水母娘娘沉泗州的故事。泗州位于大运河南北水陆要冲，贸易昌盛，清康熙十九年（1680），连下70多天暴雨，古泗州被洪泽湖所淹没，乾隆四十二年迁至虹县，也就是今天的泗县。由此，民间演绎了一个关于泗州沉沦的传说故事。相传，水母娘娘路过泗州，张果老骑毛驴恰巧到此，毛驴口渴，喝了水母娘娘司水宝桶里面的大半桶水，水母娘娘一气之下把剩余的水倾泻而下，淹没了泗州古城。当然这个传说具有神秘离奇的色彩，仅是大运河沿线的一个颇具神话色彩的传说故事而已。

（二）大运河交通

大运河泗县段地处"扼汴水咽喉，当南北要冲"的江淮要冲，其地接齐鲁，西靠中原，南接淮扬，交通位置突出，自古以来，统治者都较为重视泗县大运河河道的疏浚和维护。

对于大运河泗县段的交通维护，历史上曾多次记载对其大运河进行的疏凿和治理。《旧唐书·齐浣传》载："淮、汴水运路，自虹县至临淮一百五十里，水流迅急，旧用牛曳竹索上下，流急难制。浣乃奏自虹县下开河三十余里。"这里的虹县即今天的泗县，史书所载，泗县至临淮的河道水流湍急，行舟困难，于是在泗县东新开辟一条新河以入清河，及而入淮。虽然后来因河水险急，难以通行，未能长久维系，但也从侧面反映出泗县大运河段在隋唐大运河南北交通要道上的重要位置和作用。

泗县在宋代一度作为国家的重要大运河城市，成为南北物资转运的重要枢纽。其中，关于泗县大运河历史中也专有记载，据《宋史》记载，在通济渠疏浚过程中，"惟虹县以东，有礓石三十里余，不可疏浚，乞募民开修"。为维护泗县大运河的水路交通，宋代中期曾专门开挖泗县长直沟河道，引虹县万安湖水以济运河，此今为泗县西汴河河段。南宋绍兴九年（1139），郑刚中曾沿汴河西行，在其《西征道里记》中即有对汴河情景的记载，"十四日……宿虹县。城因隋渠为壕，潴水深阔，城具楼橹。虹西诸邑，往往皆城，虹独坚密，豫贼盖自此为边也。隋自虹以上为陆，木已丛生，县以东水接淮口"。综上可见，南宋初期，泗县境内的大运河还没有湮灭废弃，仍然保留着隋唐时期的一些水利和交通功能，对于城市防护和建设依然发挥着重要作用。

明清时期，泗县依然是南北漕粮运输的重要枢纽，其作为隋唐大运河与京杭大运河的交汇城市，一直发挥着地方物资运输等漕运交通功能，泗县境内的大运河故道也未曾废弃。

（三）大运河文化

泗县地处淮河之畔，是具有丰富历史文化底蕴的民间艺术之乡，以大运河为纽带而产生了独具地域特色的戏曲文化、民俗文化、饮食文化和商业文化。

泗县以大运河为关联，水系众多，河流密集，滋育了独具特色的泗州戏曲文化，其中以泗州戏为代表。泗州戏原名"拉魂腔"，是安徽省流行于安徽淮河两岸的具有重要影响力的地方剧种。其唱腔风格有一个非常重要的特点，那就是乡土气息浓郁，唱腔南、北方风格交融，婉约与豪放并蓄，它与山东的柳琴戏、江苏的淮海戏同是由"拉魂腔"发展而来，其形成、发展、传播与泗县所处的大运河南北交往的城市地理位置影响密切相关，也与大运河沿线城市关联较大。以大运河为题材的泗州戏比较著名的有《虹桥赠珠》《清官何诚疏运河》等剧目。

泗县自古以来的居民沿河而居，利用大运河进行生产灌溉，种植作物和蔬菜，形成了类型丰富的民俗文化。在泗县大运河岸边，如每年的农历二月初二，大运河岸边居民到龙王庙祭拜龙神，祈安纳福。端午佳节，泗县百姓在大运河中开展龙舟竞技，进行民俗文化展演。以大运河树木为材料，以大运河人物、船舶为题材形成了泗县古运河根雕技艺。另外，泗县大运河岸边水患频仍，居民赤足劳作，足病普遍，为治疗脚气、足癣而产生的泗县药物布鞋技艺等形成了丰富的泗县大运河民俗文化。

泗县通过大运河连接南北，地处淮河分界线，其饮食兼具鲁菜系与淮扬菜系之特点，饮食食材米面兼顾，形成了早晚吃面、中午食米的饮食习惯。同时，泗县当地的泗县绿豆饼、刘圩大饼、草沟烧饼、大路口粉丝、泗县朝牌、泗县撒汤等饮食名吃也是南北风味兼容、独具地域特色的地方小吃，这也是泗县大运河农耕文化所衍生的重要饮食文化。

泗县大运河商业文化历史悠久，据《旧唐书》载，江淮地区"俗尚商贾，不事农业"，贸易经商已成地域风俗，尤以开凿的大运河连接大江南北，物资转运，商贸交易往来不绝，虹县地处枢纽，一度成为漕运中转之地。宋金曾因泗县大运河城市影响，而于此专设榷场，以供商贸往来。明清之际，泗县商贸发展更趋繁荣，虹人通过大运河北迁京津，晋商因泗州迁虹频来经商，商业发展一时繁盛，江、浙、鲁、晋异地商人在此置产兴业。泗县境内，遍设票号，商贸繁盛，形成了兼容并包、融会贯通的皖北大运河名城的虹商精神，浓厚的商业文化，良好的营商环境，也使泗县连年入围"全国投资潜力百强县市"。

三 大运河保护与开发现状

（一）大运河保护利用情况

1.保护利用体制机制建设

2014年，大运河泗县段申遗成功以后，为进一步落实推进泗县大运河文化遗产相关保护建设工作，泗县人民政府成立了泗县文物保护工作委员会，对文物工作提出明确的职责要求。2019年，泗县县委、县政府成立了泗县大运河文化保护传承利用暨国家文化公园建设工作领导小组，该机构有效推进了大运河泗县段保护利用工作的开展和实施。2020年4月，泗县人民政府又成立了大运河文旅片区建设推进工作专班，由县委宣传部主要领导牵头负责，专项推进大运河保护传承利用工作。此外，为细化管护职责，加强管护机构建设，推进泗县大运河文化保护传承利用相关建设工作，泗县人民政府不断加强泗县文化和旅游局的大运河等管理保护机构建设。在县级行政和事业单位机构改革过程中，在泗县文化和旅游局下设了文物事业管理股，在泗县文物管理中心增设了大运河保护利用股，同时增加了4个编制数额，明确专人负责相关工作。

2.保护利用相关规划编制

2012年12月，安徽省人民政府公布了《大运河遗产安徽段保护规划》，该规划范围为安徽省境内地面现存以及由考古工作确认的隋唐大运河遗产及其相关环境，是大运河遗产安徽段保护和管理的总体规划，对大运河安徽段文化遗产的保护利用具有指导意义。其中，该规划对于大运河泗县段文化遗产管理保护工作和大运河泗县段的遗产情况、保护区域、管控区域、保护利用的相关目标与策略提出了具体明确的规划要求。2019年2月，中共中央办公厅、国务院办公厅印发了《大运河文化保护传承利用规划纲要》，大运河通济渠泗县段继续实施的清淤疏浚工程被列入"河道水系资源条件改善工程"；泗县石龙湖国家湿地公园被列入"滨水生态空间建设"；泗县石梁河被列入"重点河段水体污染治理"；泗城镇被列入"运河古镇记忆传承游"；大运河通济渠泗县段作为大运河文化带核心区被整体纳入。2019年12月，安徽省印发了《大运河安徽段文化保护传承利用实施规划》，对大运河泗县段保护利用做出十分详细的规划，其中涉及大运河泗县段的分别有通济渠泗县段专项科研平台展示系统打造，泗县药物布鞋制作等手工技艺等非遗戏曲文艺文化发掘利用，泗县文庙大成殿、墩集霸王城遗址等珍贵文物保护单位的保护利用，通济渠泗县段遗址保护展示工程的考古展示实施，泗县江上青纪念园等皖北历史风云探秘游精品线路打造等50余项内容，基本涵盖了泗县大运河沿线的各类文旅资源，是大运河泗县段文化遗产保护利用的一个重要的综合性规划。2020年7月，宿州市人民政府办公室印发了《宿州市大运河文化保护传承利用三年行动方案（2020—2022年）》，从大运河文化遗产的管护、环境整治、文旅融合、文化发掘等方面对宿州市2020～2022年的具体建设进行了明确规划，其中涉及大运河泗县段保护展示工程、大运河泗县段黑臭水体治理工程、泗县大运河国家文化公园等具体建设实施项目近40个，较为全面地对大运河泗县段文化遗产保护利用工作进行了规划和建设。

（二）大运河开发治理工程

1. 大运河泗县段黑臭水体治理工程

大运河泗县段河道水质长期遭受污染，水体环境较差，该工程是一项大运河水体专项治理提升工作，于2018年启动，2021年上半年实施完成，主要治理内容：一是对大运河河道垃圾和底部淤泥进行冲刷和清理；二是对大运河河道堤岸破损点进行修复；三是在河道和河坡部分进行植被补植，主要种植芦苇、水葱、荷花、苦草等与大运河生态环境相适应的自然植被。本次大运河水体治理较大地减少了古运河的河底淤泥污染和提高了河道的防洪排涝能力，减少了河道内部建筑垃圾和生活垃圾等，有效提高了古运河水质，极大地改善了古运河水环境质量。

2. 大运河泗县段保护展示工程

主要对泗县境内西起广播电视台的新虹桥处至新濉河交汇处的景观亭点的5.8公里世界文化遗产段进行保护性展示建设。该工程以大运河通济渠泗县段运河遗产本体展示为主线，根据泗县运河遗产本体所在周边城市建设环境状况，以泗县小汴河桥为界分成东西两大展示区域——城郊运河展示区和城市运河休闲区。此外，对大运河泗县段整个遗产展示区由东至西又分为大运河价值体验水岸、大运河自然生态水岸、城市绿地活力水岸和城市公园水岸等四个功能展示区。通过对遗址本体的保护提升，沿线相关遗迹遗存节点的打造，标识导览系统、堤岸河坡等的建设，突出其作为大运河通济渠现存河道特点，通过构建沿河道的、通廊式的城郊河道景观保护地带和城区河道景观带体现此段大运河所蕴含的文化价值和历史信息，借此不断扩大大运河通济渠泗县段的影响力。

3. 泗县大运河国家文化公园

该项目以泗县大运河世界文化遗产段为核心，规划打造8.35平方公里的泗县大运河文化公园，利用其特有的大运河资源优势，着力进行打造，主要建设隋唐大运河（泗县段）国家文化公园，建设围绕保护传承、研究发掘、环境配套、文旅融合、数字再现五大工程提出具体重点建设项目。保护传承工程建设项目包括泗县民俗博物馆、运河故道生态长廊、运河文化创意中心等；研究发掘工程建设项目包括运河研学营地等；环境配套工程建设项目包括景区内道路及绿化建设、运河生态林带等；文旅融合工程建设项目包括精品农业展示园、城市菜园、自驾营地、户外拓展、康养中心、运河精品酒店民宿等；数字再现工程建设项目包括泗县大运河国家文化公园数字基础设施、运河之夜3D运河体验区等。

四　问题与对策

（一）存在的问题

近年来，泗县立足大运河文化遗产的保护传承利用，一直进行积极建设探索，取得一定成效，但限于地方人力、物力、财力，在建设过程中，还存在诸多问题。

1. 大运河文化内涵价值发掘不深入

由于县域条件下各种因素制约，对大运河泗县段遗产的文化价值总体发掘不深入，大运河的历史价值和文物价值没有得到深入研究和展示，尤其是大运河泗县段进行的众多考古发掘工作取得的一系列发掘成果，目前都没有得到深入的研究和展示利用。大运河泗县段文化遗产保护利用的相关规划建设也往往重视常规性的基础设施建设，而缺乏对泗县县域下大运河地域文化的独特性和价值性的深入发掘和展现，各建设项目之间关联性、系统性结合不够密切，缺乏统一性和协调性。对于大运河泗县段文化遗产的保护利用传承建设，在文化资源的把握认知和合理利用方面，存在文化资源利用模式较为单一，整体利用水平较低，规划思路和理念不清晰，缺乏明确的目标定位，规划设计相对浅显，还未形成专业化和系统化的统筹规划等问题。

2. 大运河保护利用规划建设水平有待提高

围绕大运河泗县段文化遗产保护利用和泗县大运河国家文化公园的一系列建设项目，在《大运河安徽段文化保护传承利用实施规划》中涉及泗县的规划内容有50余项，而宿州市级的大运河建设三年行动计划中的重点建设项目也有近40项，此外还有一部分省、市、县各级各部门的相关项目。目前，虽然围绕大运河文化建设的项目较多，但是项目谋划的质量需要进行提高，要充分论证项目的可行性和必要性，注重项目之间的内在联系，对于大运河文物文化资源的整合方面还需要进行充分规划研究。大运河文化建设项目以社会公共服务、旅游和交通水利等民生项目为主，项目建设资金需求投入较大，而其所产生的经济效益却不显著。此外，在大运河文化建设项目的谋划方面，基础性的建设投资项目较多，而与文旅融合相关的文化产业类项目比较单一，尚未充分利用大运河文化遗产的珍贵资源，大运河遗址的文化产业价值没有得到有效发挥，在文化建设的产、学、研的协调性和整合性方面还需要持续加强。

3. 大运河城市品牌创建和宣传工作滞后

近年来，泗县围绕大运河文化遗产保护利用工作，以泗县大运河博物馆群落建设为重点，着力打造"水韵泗州 运河名城"这一城市品牌。但大运河文化遗产的保护传承利用是一项长期、系统和复杂的工作，其与城市规划建设、人居环境改造等方面均有密切相关的联系，泗县大运河城市品牌创建宣传需要将科学统筹、系统规划、综合考虑、长期推进纳入城市发展建设的方方面面。而泗县在大运河城市品牌创建宣传工作方面相对滞后，广大人民群众对大运河泗县段文化遗产的价值认识不足，保护利用意识较为薄弱，社会参与度与认同度不高，对大运河文化价值的宣传和保护等方面存在诸多不足。

（二）保护利用对策

大运河文化遗产保护传承利用是一项任重道远的工程，就县域层面而言，自身力量比较有限，难以行之有效地开展工作，只有立足县域实际情况，借助多方力量，在体制机制、建设规划、人力资源和宣传管理方面进行探索，建立县域文化遗产的保护传承利用模式。

1. 加强大运河文化遗产内涵挖掘研究

对于大运河泗县段文化遗产保护利用相关规划和建设，要充分认识大运河文化遗产的文化、社会和产业等价值。泗县作为安徽省大运河的核心区域，位于安徽省和江苏省的交界处，是中原城市群、淮河生态经济带的重要城市，其特殊的地理位置，形成了具有农耕文化、戏曲文化、民俗文化、饮食文化等多种特色的地域文化。首先，要做好大运河泗县段文化遗产区域范围内的各类资源的调查统计，逐一进行系统归纳。其次，在梳理归纳的基础上，进行系统研究，分析其与大运河遗产的关联性，对于不同类型的文化资源的展示和利用要把握其适用性和协调性。最后，泗县要充分利用大运河泗县段考古发掘的系列成果进行大运河文化遗产价值阐释、展示和利用，可以以泗县大运河出土文物为原型，开发系列文创产品，挖掘泗县大运河文化元素的产业价值。

2. 科学进行文化遗产保护利用规划建设

大运河文化保护利用工作是高起点、高定位、高水平的文化建设工程，对于其规划建设，要注重其功能和内在关系的把握，精心编制规划建设方案，把握规划建设内容的侧重点，制定合理的建设规划，避免贪多求全和大规模建设。大运河文化遗产具有不可逆的特点，是弥足珍贵的历史文物。一是大运河文化遗产保护利用规划建设还应立足长远，放眼全局，要与《大运河文化保护传承利用规划纲要》和各级大运河文化专项规划相衔接、融合，通过资源的逐步整合，形成建设合力，最终实现泗县大运河文化遗产保护传承利用的持续性长效建设。二是文旅融合是文化遗产保护传承利用的重要发展方向，对于大运河泗县段文化遗产保护利用而言，其区域内水系相互关联而常态化流动，且依然保存着大运河的原始自然风貌，自然轮廓和文化遗存清晰完整，集大运河自然、历史和生态价值于一体，是展示大运河价值内涵的重要载体。对于大运河泗县段文旅融合保护利用规划建设，可以以大运河泗县段自然生态环境和田园风光为依托，结合大运河沿岸的古井、古桥等遗迹遗存，融入各类非物质文化元素内容，利用泗县大运河现有景点、遗址点、古建筑等文旅资源，发展生态康养休闲产业，研发大运河水上悠闲体验活动和项目，集中打造一处4A级以上大运河文化景观带。

3. 着力加强大运河城市文旅品牌建设和宣传

大运河文化是中国优秀文化的重要体现，而大运河泗县段作为安徽第三处世界文化遗产，在皖北文化旅游资源相对薄弱的情况下，显得尤为可贵。对于泗县大运河城市的品牌创建，要建立系统的、长远的发展规划，结合泗县全域旅游开发、国家级文明城市创建、县域城市经济发展等方面，将泗县大运河城市的文化内涵转化为城市发展建设的重要支撑点。大运河文化遗产的保护利用宣传离不开人民群众的参与，要充分发动泗县广大人民群众积极参与大运河相关推介活动，广泛深入开展泗县大运河文化的宣传推介，使全社会深切感受大运河泗县段的地域文化价值。泗县宣传部门要充分发挥新闻媒介的舆论监督和引导作用，广泛开展大运河泗县段文化遗产保护利用宣传教育，积极组织开展不同形式的大运河文化遗产宣传保护等相关活动，利用多种途径搭建群众参与和监督的信息交流平台，确保信息渠道畅通。

参考文献

陈超：《安徽隋、唐、宋古运河遗址考古研究》，《中国港口》2019年第S1期。

（清）方瑞兰：《泗虹合志》，黄山书社，2012。

贾庆元、任一龙等：《安徽泗县刘圩汴河故道遗址发掘简报》，《东南文化》2011年第
    5期。

姜师立：《论大运河文化带建设的意义、构想与路径》，《中国名城》2017年第10期。

（唐）李吉甫：《元和郡县图志》，中华书局，1983。

朔知、赵卫东等：《安徽泗县刘圩汴河故道遗址的第二次发掘》，《中国国家博物馆馆刊》

2014 年第 12 期。

（元）脱脱等撰《宋史》，中华书局，1977。

王广禄：《系统推进大运河文化带建设》，《中国社会科学报》2017 年 12 月 29 日。

郑民德：《"运河文化带"视阈下的遗产保护与利用研究》，《华北水利水电大学学报》
（社会科学版）2019 年第 1 期。

B.15
大运河沿线乡村产业振兴研究*

王雪莹　罗衍军**

摘　要： 为推动乡村振兴，改善和提高村民的生活质量，加快推动美丽乡村建设，必须推动农业的转型升级，牢牢抓住乡村产业振兴这个关键所在。《乡村振兴战略规划（2018—2022年）》中提出乡村产业振兴，要结合当地特色，发挥各自的优势，从而指明了乡村发展的新方向。《大运河文化保护传承利用规划纲要》明确了大运河文化与经济社会发展特别是沿岸地区的发展之间的关系。《国务院关于促进乡村产业振兴的指导意见》明确指出乡村产业振兴在乡村振兴过程中的地位和重要性。本报告考察大运河沿线省市区域内乡村产业振兴发展情况，指出存在的问题，提出解决乡村产业振兴困境的合理化方案，为乡村振兴探求更多的发展模式与可能性，以求在更广范围内实现物质文明与精神文明的相互促进。

关键词： 大运河沿线区域　农业转型　产业振兴　乡村振兴

发展乡村产业，推动乡村振兴，缩小城乡差距，提升乡村生活质量和村民的幸福感，长期以来都是党中央、国务院十分关切的问题。通过出台一系列惠

---

* 本报告为山东省高等学校"青创科技计划"研究项目"山东运河区域乡村社会振兴研究"（2019RWD009）、山东省聊城市哲学社会科学基金重点课题"乡村振兴推进路径研究"（NDZD2021015）的阶段性研究成果。
** 王雪莹，聊城大学运河学研究院硕士研究生，主要研究方向为运河区域社会史、乡村社会变迁史。罗衍军，历史学博士，聊城大学运河学研究院、中国乡村研究院教授，主要研究方向为区域社会变迁。

农助农的政策文件，对乡村工作的开展进行引导。在乡村产业振兴的主体与路径方面，《乡村振兴战略规划（2018—2022年）》（以下简称《战略规划》）中提出要加快推动农村产业深度融合，发挥非遗文化资源的独特优势，促进乡村产业振兴的多元化发展，不断完善紧密型利益联结机制，更好地激发农村创新创业活力。在乡村产业振兴与乡村振兴的关系方面，《国务院关于促进乡村产业振兴的指导意见》（以下简称《指导意见》）中指出产业兴旺是乡村振兴的重要基础，是解决农村一切问题的前提。《中共中央　国务院关于做好2022年全面推进乡村振兴重点工作的意见》（2022年中央一号文件）中提出要聚焦产业发展，以产业振兴促进乡村发展。随着京杭大运河"申遗"成功，大运河文化与乡村产业振兴的结合程度日益加深，国家政策层面关于大运河沿线区域乡村产业振兴的政策的引导和支持力度不断加大。《大运河文化保护传承利用规划纲要》（以下简称《规划纲要》）的出台，明确提出大运河文化保护传承利用与大运河沿线区域经济社会发展相适应，形成大运河璀璨文化带、绿色生态带、缤纷旅游带。

一　相关政策文件中的阐述

《战略规划》中提出要统筹利用生产空间，优化乡村发展布局，发展乡村特色文化产业。以完善利益联结机制为核心，以制度、技术和商业模式创新为动力，推进农村三次产业交叉融合，加快发展根植于农业农村、由当地农民主办、彰显地域特色和乡村价值的产业体系。按照与国际标准接轨的目标，塑造现代顶级农产品品牌。实施产业兴村强县行动，培育农业产业强镇，打造"一乡一业""一村一品"的发展格局。由此可见，乡村产业振兴应结合当地实际，引入科技力量，形成规范化、规模化生产与经营，推动农产品不断升级，扩大市场范围和国际影响力。

《规划纲要》中明确提出要根据大运河文化影响力，以大运河现有和历史上最近使用的主河道为基础，统筹考虑遗产资源分布情况，合理划分大运河文化带的核心区、拓展区和辐射区，清晰构建大运河文化保护传承利用的空间布局和规划分区。大运河所蕴含的文化内涵及其所凝结的文化遗产，是历史的见证，是历代人民智慧的结晶，在新时代成为惠及中华民众的宝贵资源，大力推进大运河沿线区域乡村产业振兴，将从精神和物质两个层面，促进乡村振兴与社会发展。

《指导意见》明确提出，乡村产业振兴是乡村振兴的前提。乡村产业根植于县域，以农业农村资源为依托，以农民为主体，以农村三次产业融合发展为路径。要突出特色，培育壮大乡村产业；要做强现代种养业，做精乡土特色产业，提升农产品加工流通业，优化乡村休闲旅游业，培育乡村新型服务业，发展乡村信息产业；要科学合理布局，优化乡村产业空间结构；要推动创新创业升级，增强乡村产业发展新动能。由此可见，乡村产业振兴路径多样、主体多元，推动乡村产业振兴是实现乡村振兴的必然要求。

2022年中央一号文件继续聚焦"三农"问题。这是中共中央、国务院连续第19年发布关于"三农"问题的头号文件，充分证明了国家对"三农"问题的重视。2022年中央一号文件指出要持续推进农村三次产业融合发展，支持和帮助农民就地就近就业创业。鼓励各地拓展农业多种功能，挖掘乡村多元价值。重点发展农产品加工、乡村休闲旅游、农村电商等产业，推进农业农村绿色发展，推进乡村生态振兴。要大力发展县域富民产业，加强县域商业体系建设。推进现代农业产业园和农业产业强镇建设，培育优势特色产业集群，继续支持创建一批国家农村产业融合发展示范园。为解决农村土地流转经营、集约化生产的困难，提出保障和规范农村三次产业融合发展的用地政策。由此可见，引进企业入驻乡村是推动乡村产业较快发展的良策，这将直接帮助农户减少在农产品运输和零售过程中的耗损与额外费用支出，在惠民的同时，也给市场提供更多质优价廉的农产品，有利于乡村农产品更快地被社会公众所认可，形成乡村产业常态化绿色发展机制。

综上可见，乡村振兴是关乎国计民生的大事，乡村产业振兴是推动乡村振兴的利器，也是持久发展的内生推动力。乡村振兴主体多元，应因地制宜，找到适合自身发展的新路径，发展乡村特色产业，推动传统农业的转型升级，实现三次产业融合。在乡村物质生活水平提升的同时，也要重视自然文化与人文文化的作用，实现物质文明与精神文明的融合互动。乡村产业振兴需要良好的生态环境、完善的基础设施、向好向善的民风，而这些优秀的乡村文化基础也将真正成为乡村产业振兴的基石。大运河文化与乡村振兴的结合就是其中一种典型的模式。

近年来，大运河沿线区域各级政府相继出台了有利于促进乡村产业振兴的相关政策，重视发掘大运河文化与乡村产业振兴融合的更多可能性，涌现了许多具有代表性的成功案例。

二 沿运地区乡村产业发展状况介绍

近年来，京杭大运河沿线省市在响应国家政策号召并认真贯彻执行的基础上，结合自身实际，制定了符合自身发展情况的规划与方案，涌现了诸多农业转型、产业升级的成功案例。但不可否认，乡村地区农业转型、产业振兴还有许多工作要做，"三农"问题的解决任重道远。京杭大运河沿线地区乡镇较多，发展情况不一，现就部分较为典型的乡村农业转型案例及其在乡村振兴中所发挥的作用进行介绍，旨在提取不同农业发展模式的经验，为更多乡村地区的发展提供路径参考。

（一）北京市乡村产业发展概况

《北京市乡村振兴战略规划（2018—2022年）》中明确提出要推动农村产业融合发展，深入发掘农村产业的生态涵养、休闲观光、文化体验、健康养老等多种功能和多重价值。《北京市休闲农业"十百千万"畅游行动实施意见》中提出以美丽休闲乡村、传统村落、生态景观田、休闲农业园区、民俗接待户等休闲农业经营节点为依托，旨在打造区位优势明显、基础设施完善、生态环境优美、农民创业致富的景观线路、产业线路和人文线路。

北京市通州区西集镇抓住京杭大运河北京段全线通航的契机，致力于乡村农业转型与产业振兴。2021年，西集镇完善了肖家林村、吕家湾村、何各庄村等7个村庄的生活污水排放等基础设施，在改善人民生活环境的同时，也为农业转型奠定了基础。西集镇将各村落根据功能定位划分为田园体验、民宿等不同板块，成立了民宿发展专门领导班子，逐步明确了大运河沿线的沙古堆村、吕家湾村等各村民宿的定位与特色。2021年9月，在通州区推出的10家特色民宿中，西集镇有8家上榜。其中，沙古堆村将樱桃产业与旅游业相结合，推出独具特色的休闲农业文旅项目。2021年初夏，在大樱桃成熟之际，西集镇发挥了大运河古镇的优势，举办了包括首届西仪之集运河汉服文化活动在内的一系列活动，吸引了4万余人参与，活动期间，销售樱桃超过15万斤，彰显了大运河沿岸区域商旅文化的繁荣景象，形成了独具特色的农业转型发展之路，力求打造西集镇运河集市 IP。同时，也吸引了诸多在外打工的年轻人回乡创业，为经济发展注入新的生命力，激发新的活力与创造力。

北京市科协、北京市科委、北京市农业农村局和北京市农林科学院、北京农学会等单位携手帮助北京市通州区漷县镇军屯村开发了特色林下种养殖，创新性地提出"大厨下乡"助力乡村产业振兴的方案。在北京市文化和旅游局的指导下，首先在军屯村选取了一批具有一定餐饮服务基础且有意向提高自身餐饮服务水平的民宿，与北京市星级酒店、知名烹饪大师开展结对帮扶。通过邀请著名"三农"专家、北京市烹饪协会副会长王云等专家，在了解当地风土人文的基础上，查阅了《大运河文化》等相关资料和文献，在反复实践中，形成了颇具特色且具有可操作性的融合南北方菜系特点、顺应四季变化的包含"六冷十热"的"军屯大运河文化宴"，并撰写了菜系制作的培训和推广手册。通过举办大运河文化宴推广培训班，手把手教学，培训当地农户，取得了良好的效果，解决了村民的就业问题，增加了村民的收入，推动了乡风文明建设。大运河文化宴的举办，为周边游客提供了一个集大运河文化、农业采摘和食宿文化于一体的特色休闲农业参与式体验机会，让游客在感受乡村文化的同时，在味觉和视觉上获得充分的满足感，逐步探索出新型"农业文旅"发展路径。

（二）天津市乡村产业发展概况

《大运河（天津段）沿岸乡村产业发展规划》（2021 年）提出"生产强"，实施路径为"夯实一产，接二连三"。核心目标是推进大运河沿岸乡村产业高质高效发展，优化高品质、多类型的农业生产方式，促进农业提质升级；推动三次产业联动发展；促进产业配套设施的空间载体建设。打造引领现代都市农业发展的产业先行区，探索乡村生态经济振兴的动能创新区，彰显天津大运河文化特色的宜居示范区。

近年来，天津市武清区把乡村旅游作为乡村振兴的发力点，推动农旅融合。通过将传统农业种植向特色农业转变，致力于打造集生产、销售、供应于一体的"特色农产品优势区"，走标准化、品牌化的优质农业发展路线，打造一批优质的现代农业产业基地，以特色农产品助推三次产业融合发展，被评为"农业一二三产业融合发展先导区""国家农业可持续发展试验示范区"。

作为天津市农业大区，武清区培育出田水铺青萝卜、东马房豆制品、黑马水培蔬菜等一批附加值高、市场发展空间大且发展优势明显的特色品牌农产品。在"武清果蔬"这个农产品区域公用品牌下，衍生出"小兔拔拔"水果萝卜、"小鹊登枝"水果番茄、"小熊掰掰"水果玉米等30余种优质农产品品牌。其中，青萝卜生产专业村田水铺村种植的"小兔拔拔"水果萝卜已入驻北京多家高端超市，给村民带来人均超5万元的实际年收入，也带动了周边乡村的发展。未来，田水铺村将以品牌农产品为依托，向"农业+产业+旅游业"的发展模式转变。

天津市武清区河北屯镇李大人庄村是一座拥有300年历史古民居、500年古井和180年古槐树等历史遗迹的村落。2019年，该村入选天津市文化旅游创建村，成为武清区打造乡村旅游的"新样板"。李大人庄村在完成对村庄环境的美化后，充分发挥了该村历史文化资源的优势，进行了产业结构的调整与升级。该村通过土地流转，引进了特色农产品品种，建立起订单式种植园，让村民在收取土地租金的同时，也拥有了在产业园工作的机会，解决了部分村民的就业问题，也增加了村民的收入。此外，村里通过对百余处闲置宅基地统一进行规划和开发，逐渐形成了"村集体+农户+经营企业"的新型生产经营模式，同时，以精准种植园区、历史文化资源为核心，突出亮点，打造了斯维登·田宿等特色民宿，形成了集现代化农业、旅游业、服务业于一体的产业体系，成为"文农旅"相融合的京津冀乡村振兴典范。

位于天津市静海区静海镇南端、南运河沿岸的小高庄村，以脆枣种植而闻名，2019年，小高庄村成功入选天津市第一轮人居环境示范村。2020年11月20日，该村入选第六届全国文明村镇名单。全村耕地中约有910亩果木类经济作物，大田作物约占420亩。年均脆枣产量可达200多万斤，鲜枣收入约200万元。2020年，村集体收入达到30万元，该村在帮扶组的帮助下，成立了枣树种植协会，建成了百亩冬枣示范区，在一代冬枣的基础上，继续进行品种升级，产生了二代冬枣等良种，通过合理密植和在枣树株行间播种豇豆等农作物种植方式，提高了土地的利用率，有效地提升了村民种植的经济效益。小高庄村脆枣成为远近闻名的品牌农产品，小高庄村附近的批发市场会定期派车到村里收购脆枣，往往供不应求。村民免去了个人零售的奔波，解决了脆枣销路的问题，专心投入脆枣种植，收入逐年攀升。通过由传统农作物种植向脆枣等经济作物种植转变，小高庄村找到了一条适合本村发展的产业路径，使村民生活质量不断提升。

（三）河北省乡村产业发展概况

2022 年河北省委一号文件即《关于做好 2022 年全面推进乡村振兴重点工作的实施意见》的"四项重点任务"中指出，要推动乡村产业高质量发展，以发展现代都市型农业为方向，着力实施农业产业项目突破年行动，集中力量打造 15 个特色优势产业集群和一批农业特色高端精品，加快推进农村三次产业融合发展。《河北省大运河文化遗产保护利用条例》（2022 年）明确提出要发展大运河沿线休闲农业和乡村旅游，增强文化遗产资源转化活力。

沧州市印发的《关于发展旅游业促进乡村振兴的实施方案》（2021 年）中提出要依托大运河文化带、环渤海休闲度假带、沿雄安生态旅游带，打造一批产业融合发展示范园和田园综合体等重点项目。以大运河国家文化公园建设为统领，推动沿线重点文旅项目建设，打造全市旅游生态化建设的样板地带。

刘老人村位于大运河畔衡水市阜城县，该村水土适宜梨树的生长，种植梨树已有几百年的历史，被称为"运河古梨第一乡"。刘老人村的村民们通过对鸭梨、梨木等农产品进行加工，衍生出梨汁、梨干儿、梨酒、梨花茶、梨木家具等相关产品，延长了农产品的产业链，逐步形成了集源头产品种植与生产、农产品加工和特色农产品采摘与观光旅游于一体的三次产业融合发展的新业态模式。将传统农业种植向集现代化农业产业园区、工厂化生产与休闲农业于一体的农业产业综合体转变，深挖乡村旅游业的发展潜力，以多元化的乡村产业发展模式带动乡村振兴，实现良性发展。

河北省唐山市丰南区坚持把乡村产业振兴作为乡村振兴的基础，发挥集基地推动、龙头拉动、合作互动于一体的"三动"效应。丰南区建立了 2 个省级蔬菜种植园区、1 个市级水产园区、1 个市级辣椒种植园区。在农产品品牌方面，在充分发挥基础优势的前提下，培育良种，扩大品牌影响力。"丰南西红柿"已成为国家农产品地理标志，其种植面积达 12.5 万亩，产量稳居河北省第一位；同时，该区通过引进广东、海南等地南美白对虾一代苗种 97 亿尾，对虾养殖面积扩大到 2.1 万亩。在企业对接乡村产业发展方面，发挥龙头企业的带头作用。在资金、技术等方面，对乡村产业的发展给予支持与指导，将规范、高效的生产流程引入乡村产业发展中，提高了乡村产业发展的科技含量与效率，同时，也大幅带动了乡村的创业与就业，带动了乡村经济增长与村民收入水平的提高。该区引进投资 12.6 亿元的新好农牧百万头生猪项目，使村民年收入提升了 5000 万~9000 万元；投资 8.2 亿元的通威"渔光一体"科技园，通过上层光伏发电、下层水产养殖的方式，每亩综合效益超 5 万元；投资 3.5 亿元的君乐宝乳业集团君昌乳业有限公司项目，用于 1.5 万头奶牛的养殖，能够解决 500 多名村民的就业问题；投资 5220 万元的利民荣丰西疆农业园区项目，可带动辣椒种植面积 1 万亩，使农户增收 1500 多万元。丰南区逐渐形成以利民荣丰、君乐宝、鼎新蔬菜等加工企业为关键节点的休闲旅游观光线路和施尔得 3A 级工业游景区，按照"农业+工业+旅游"的发展模式，形成由点到线、由线到面的一站式乡村旅游示范基地。

（四）山东省乡村产业发展概况

《山东省大运河文化保护传承利用实施规划》（2020 年）提出，要实施特色富民产业专项行动，保护和利用好大运河沿线农业资源，以高效、生态、安全为方向，推进优质杂粮生产基地建设，推动农村三次产业融合发展，加快培育新型农业生产经营主体，打造一批旅游、特色种养、特色工贸专业村。《山东省"十四五"自然资源保护和利用规划》（2021 年）提出，要引导农村产业在县域范围内统筹布局；根据休闲观光等产业的业态特点和地方实际，探索灵活多样的供地新方式；鼓励对依法登记的宅基地等农村建设用地进行复合利用，发展乡村民宿、农产品初加工、农村电商等。

近年来，作为历史上漕运盛埠的临清市，重视农业的现代化发展和专业化、规模化经营。全市已建成高效集约蔬菜温室 7000 余个，"三品一标"农产品认证总数达 148 个，拥有国家级农业产业化龙头企业 1 家、国家农民合作社示范社 2 家。临清市刘垓子镇姜庄村通过采取"土地份额+合作社"的运营模式，将村集体和村民土地流转了 1260 亩，使村民的土地经营权资产化、股份化，增加了村民的收入，也让村民有了更多的时间和自由，村民可以选择在村中承包地、园区里工作，也可外出工作。同时，也有利于招商引资，实现土地的规模化生产与经营，提高土地的利用率，促进劳动力不足、生产效率低等问题的解决。该村还通过合作社牵头举办采摘节，通过收取门票、售卖农产品的方式提升了村集体收入。2019年，该村村民通过在合作社分红、在园区中获得报酬等方式创收，人均年收入达2万元，100多户贫困家庭实现了脱贫致富。在不少乡镇，曾经高能耗、高污染、低产出的传统乡村产业正在向行业园区化、品牌化、高端化发展方向转变，带来了人才回归、资金回流和技术升级，推动了乡村振兴。

德州运河新区将发展现代农业、智慧农业作为乡村振兴的重要引擎，坚持"瞄准高新、注重创新、突出绿色"的产业定位，深入实施"项目立区、产业强区、科技兴区、环境宜区"战略，形成了以龙头企业为引领、农民专业合作社为支撑的现代农业发展新格局。2020年，该区内被认定为农业产业化省级重点龙头企业的有1家，德州市农业"新六产"示范主体1个，2020年农民合作社示范社省级2个、市级1个，市级现代农业产业园二类园1个。位于德州运河新区的德州财金智慧农业产业园项目是山东省新旧动能转换示范工程项目和省级重点项目，拥有亚洲单体面积最大的文洛式智能玻璃温室，该项目总投资约10.5亿元，占地805亩。该产业园实现了农业技术与大数据、互联网等数字化技术相结合，实现了生产过程科学化、生产流程简洁化、生产模式可复制化。通过数字平台，实现生产与销售的信息对称，解决了供销矛盾、供需不对等的问题，同时，有了数字平台上的交易记录，也可引入农业发展信贷担保公司，为农业发展解决了融资难问题。农业转型与互联网等科学技术相结合，还体现在以乡村电商为代表的自媒体的崛起。2020年，张申村由党支部引领创办了专业种植合作社，新盖了6座大棚，种植桃树20余亩。该村以乡村旅游为切入点，通过线下举办采摘节结合线上电商带动宣传与销售，提高了该村农产品的知名度，扩大了消费群体的范围。乡村振兴，人才是根本。德州运河新区重视人才的引进和培养，为人才的就业与创业提供环境和机遇，为乡村产业振兴增添新的活力。

（五）江苏省乡村产业发展概况

《江苏省"十四五"全面推进乡村振兴加快农业农村现代化规划》（2021年）提出：要加强农业关联产业和供给体系建设；畅通城乡区域经济循环，强化农业在国民经济中基础性、战略性的产业地位；以农业农村资源为依托，以拓展第二、第三产业为重点，融合"农文旅"，培育新业态，提升乡村功能价值，提升农业产业链、供应链现代化水平。

江苏省响水县运河镇重视乡村产业的发展，大力培育富民强村产业。创建现代农业产业园，做大做强农产品加工产业链，重视发展农产品电商，形成特色农产品品牌，发展壮大集体经济，带领村民致富。致力于打造标准农田，借助大运河水系提供的便利的灌溉条件，建立起哈密瓜、胡萝卜、浅水藕、苹果等规模化现代农业种植基地。其中，运河镇的千亩红富士苹果基地是由山东烟台客商在此投资建立的，主要种植"响富"苹果这一新品种，已注册成立了响水县响富大山果业家庭农场，涉及四套、运西、运圩 3 个村，采用"公司+基地+农户"的经营模式，结合苹果深加工、休闲采摘等方式，形成三次产业融合发展，带动周边村经济的发展。按照"一村一品"的规划目标，运河镇二套村以"银杏乡村、长寿田园"为主要特色，全面打造集特色产业、观光旅游与农产品加工于一体的乡村产业体系，吸纳了乡村劳动力，在很大程度上解决了村民的就业问题。

江苏省淮安市盱眙县马坝镇三官村将传统的"一稻一麦"种植调整升级为"一稻三虾"的共生产业，使耕地得以休耕，同时，极大地增加了农作物的有机肥供给，减少了化肥、农药的使用，实现了生态、经济与社会效益的良性发展，逐渐建立起虾稻共生的生产、运输、加工、销售产业链，相关从业村民达到近万人，并进一步成立了合作社，注册了"龙墩口大闸蟹"商标，通过线上与线下销售相结合的方式，产品远销全国各地，形成了"公司+农户"模式。马坝镇还在西瓜种植上不断创新，通过与省市农科院合作，开发出"小糖丸""双色冰淇淋"等新品种，探索"西瓜+水稻""西瓜+水稻+羊肚菌"轮种栽培等新模式。马坝镇建立了盱眙县西瓜产业发展中心，通过线下与线上销售相结合的方式，形成了品牌效应。西瓜科技产业园亩产收益 8000～10000 元，年销售额 400 余万元，产业园已有 20 多家种植大户入驻，吸纳了周边乡村 1000 多名留守劳动力就业。马坝镇在发展乡村产业的同时，发挥大运河沿线景观资源秀美的优势，打造集休闲文旅、河湖文化体验、特色民宿于一体的"百里画廊"。

位于徐州市贾汪区汴塘镇朱古村 252 省道西侧的苏蔬农业科技产业园是苏北最大的红心火龙果种苗基地。园区内以火龙果种植为主，兼有百香果、牛油果、台湾青枣等南方热带植物，实现了"南果北种"。火龙果一年可收获八季，每年亩产在5000斤左右，该产业园为当地20多名村民提供了就业机会，成为带动当地村民致富的主导性产业，让当地乃至更广范围内的人们能够到此观赏热带风光，体会在北方采摘南方水果的独特乐趣。北侧的御品葡萄科技产业园是以葡萄种植为主的又一现代化农业产业园，种植的葡萄以阳光玫瑰、浪漫红颜等品种为主，实行标准化管理和种植，施用有机肥料、浇灌牛奶，产出的葡萄大小均匀、品质好、口感佳。成熟后的葡萄可卖到30元一斤，主要销往东南亚国家和国内大城市。当地政府正致力于将产业园打造成集特色种植、采摘与旅游于一体的农旅融合的典范，形成大运河农旅文化品牌。扬州市宝应县氾水镇同样重视乡村产业的集约化发展，形成了以5家龙头企业与农户、农场、农业合作社相结合的产业发展联盟，以农业产业项目化的方式，建立起新的农业发展模式。

（六）浙江省乡村产业发展概况

《浙江省大运河文化保护传承利用实施规划》（2020年）提出："五带"定位，即文化遗产展示带、生态文明示范带、文化旅游精品带、千年古道水运带、沿河开放利用带；促进文化旅游与历史经典、时尚等产业集聚和深度融合，赋予大运河文化新的时代内涵；重视农村人居环境整治提升、产业发展、基础设施和公共服务设施建设。

《嘉兴市新时代美丽乡村建设"十四五"规划》（2021年）提出：整合区域资源抱团开发，推动产业发展以精品线为单位进行整体统筹谋划；逐步调整产业结构，优化主客共享，致力于打造一批能够"展示嘉兴特色，引领乡村振兴"的新时代美丽乡村特色精品村。

浙江省绍兴市上虞区丰惠镇虞光村是以摄影器材研发与生产为特色的乡村产业振兴典型。该村共有60多家摄影器材厂，相关从业人员1600余人，年创产值达1亿多元。主要生产三脚架、灯架、摄影灯等摄影器材及其相关配件。虞光村组织成立了摄影器材协会，形成了恒丰光电实业有限公司、格林尔数码摄影器材有限公司、天涯摄影器材厂等具有科技创新能力的企业，逐渐产生集聚效应。近年来，随着直播经济的发展，虞光村的发展也进入新的红利期。直播间对摄影灯等摄影器材需求较大，给虞光村带来产业振兴的新发展机遇期，一种新的乡村发展模式在此落地生根，并蓬勃发展起来。

2020年，浙江省嘉兴市桐乡市开发区（高桥街道）安乐村、濮院镇永越村、濮院镇永乐村经营性收入超千万元。其中，安乐村是通过土地流转，建立起特色苗木种植基地，成立合作社，逐渐发展起来。永乐村通过成立村级工程队、建立厂房以及濮院羊毛衫市场第九交易区，促进了村集体经济的发展，惠及村民。永越村是桐乡首个经营性收入"千万元村"，也是全国最大的羊毛衫市场。该村村集体首先带头成立了羊毛衫门市部，围绕羊毛衫产业，形成了集供货、线上带货和网上销售于一体的产销一体化产业体系。2020年下半年，永越村建立起包含文化礼堂、网红直播基地、居家养老中心、宴会厅在内的建筑面积3.6万平方米的数字化综合服务中心，为该村村民提供更加周到、便利的服务，成为该村新的经济增长点。此外，桐乡市洲泉镇东田村是以"足佳"鞋业为核心产业发展起来的新农村。该村村民通过网络直播平台将产品销售到全国各地，并吸引了电商、鞋模的入驻和加盟，实现了全村村民生活水平的提升，该村500户居民中，至少已有1/3的村民住上了三层别墅楼，并获得"浙江魅力新农村"等荣誉称号。桐乡市梧桐街道桃园村是槜李的原产地，种植历史已有2500余年，该村在村党组织带领下形成了"一网三带"槜李产业发展模式。2020年，该村槜李产量500吨，销售额达到2000多万元，户均收入超过4.5万元。在种植业的基础上，该村还进一步开发了桃园村文化旅游项目，打造了水乡民宿，让游客在这里享受到吃、住、玩一站式体验与服务。2020年，该村接待游客近50万人次，村集体收入423.8万元，旅游收入1000余万元。桃园村形成了以槜李种植为基础的文化与旅游相融合的"农文旅"发展模式。

总结上述沿运各省、市地区乡村产业振兴的典型案例，在发展模式方面，主要分为三种类型。一是"农业+品牌"模式，即乡村农业向品牌化发展转型升级，拓展农产品生产的产业链。二是"农业+工业"模式，即向相关农业行业中引入较为成熟的企业经营模式，形成规模化产业链和体系。三是"农业+文旅"模式，即农业与文旅产业相结合，发挥大运河非物质文化遗产等历史文化资源的特色优势，带动休闲农业等乡村文化旅游业的发展。在发展路径方面，这些村庄在政策的引领和支持下，普遍发挥了村集体经济和村领导集体的带动作用，实现土地资源的集体化经营与承包，为招商引资提供良好的环境和基础设施。重视能人带头作用，吸引年轻人返乡创业，实现村内外力量的融合，多主体、多元化经营，实现三次产业的融合发展。在宣传推广方面，这些乡镇大都实现了线上与线下相结合。在线下，有实体的种植园、产业基地，让人们可以享受到种植和采摘的乐趣。在线上，重视并发挥新兴科技、互联网等新媒体手段的作用，通过信息追踪等技术，人们能够了解农产品生产的全过程，从而提升对产品的认可度。通过电商、直播等方式对本乡镇的好品、好物进行宣传和推荐，拓展了产品的销售渠道和范围。

三　存在的问题与原因

目前，大运河沿线区域乡村已涌现很多农业转型成功、乡村产业兴旺、乡村振兴稳步发展的典范。但不可否认，大运河沿线区域甚至更广范围内广大的农村地区在农业转型过程中，尚存在有待改进之处。分析这些乡村产业振兴过程中遇到的问题及其原因，有利于更好地助推乡村产业的发展，进而以产业兴旺带动乡村振兴。

第一，信息差导致供求不平衡。乡村农业以传统种植业为主，村民信息获取能力不足，导致其对政策的了解和市场变化的适应能力不足，在农业生产上，长期处于被动接受的状态。长此以往，容易导致供需不平衡，出现生产过剩或生产不足的情况，不利于村民收入的提高。

第二，集约型、规模化发展水平有待提升。在大部分乡村地区，村民以个体经营的方式进行农业种植，自主经营、自负盈亏，生产与销售的过程均是以家庭为单位，未形成产业集聚，难以产生规模化效应，导致资源的过程性消耗。区域性统一规划、联合发展联系不够密切，县域经济带动乡村经济发展的能力有待提升。各个乡村单独发展，势单力薄，难以充分发挥自身的特色优势，形成特色品牌。

第三，村民的生产知识与技能水平普遍较低。作为经营主体的农户存在文化水平低与专业知识匮乏的情况，往往依靠经验进行生产，缺乏科学化的管理与技术，导致生产效率低下。缺乏高素质的人才或企业提供管理和技术方面的指导，农业转型升级的技术困境难以突破。在宣传方面的能力不足，难以打出知名度。

第四，乡村基础设施和公共服务有待升级。要实施乡村产业转型升级，发展农旅业、大运河文化产业，优化乡村中道路、绿化、居住条件等基础设施及其人文和生态环境是必不可少的，也是建设美丽乡村、提升村民生活质量必须要做的，而这往往是制约乡村经济长期发展的短板之一。

第五，村集体经济对乡村产业振兴的引领作用有待加强。村集体经济发展水平不足，导致村集体组织对村民的组织和带动能力不足。村集体经济发展欠发达，在对村中基础设施进行建设、完善和管理维护时，资金欠缺，号召力不足，难以带动乡村产业的发展，形成集聚效应，导致三次产业融合发展能力不足。

四　推动农业转型与乡村产业振兴的建议

从乡村在农业转型过程中遇到的问题与存在的困境入手，根据不同乡村自身的特点和客观条件，吸取发展较好的乡村的典型经验，结合各村的实际，探索适合乡村产业发展的相关对策和最优路径。以产业兴旺推动乡村振兴，为乡村发展注入持久活力与新的动力。

（一）落实政策，搭建平台

"三农"问题一直是关系国计民生的"热点"问题，乡村产业振兴事关广大农村地区发展和村民幸福。从中央到地方，相关部门相继出台了有利于乡村产业发展的指导意见与规划方案，要求充分挖掘和发挥各地乡村的优势，为沿运地区乡村的发展指明了方向，提供了政策保障。因此，推动乡村产业振兴，必须了解相关政策，在政策的支持和引导下，主动寻求资金等方面的支持，不可盲目跟风、照搬其他地区乡村的发展模式，要在政策指导下，结合本村实际，找到适合自身发展的正确道路。此外，政府相关部门要进一步完善农商信息平台的搭建和使用，利用大数据和物联网等手段，及时调整各地种植的情况，使各地土地、资金、人才等实现利用效率最大化。同时，要将复杂多元的信息转化成村民易于接受的、较为通俗易懂的方式进行呈现，在乡村地区进一步拓展和推广村民获取市场信息的手段和途径，让村民尽可能地掌握市场需求变化，以便及时调整种植计划，避免出现生产过剩或市场供应不足的失衡情况，尽可能减少因产能过剩而导致的资源浪费。同时，通过对农产品生产过程数字化全记录，及时发现和纠正问题，促进农产品品种升级，保证农产品从产出到销售全过程的品质，实现村民经济收入持续稳定增长。

（二）产业集聚，树立品牌

因地制宜，形成产业集群。以特色瓜果种植为核心形成特色现代化产业园，以河湖及其周边地区的土地为核心形成水产养殖与农业发展相结合的规模化集约经营，以非物质文化遗产中的传统技艺或农产品的诞生地、原产地为主体进行农产品的加工和升级（如聊城市东昌府区的葫芦非遗产业），各地应结合自身资源情况，在适宜施行的土地范围内合理规划，形成产业集聚，生产出高质量的农产品，并通过与相关上下游产品相互融合、相互配合，延长产业链。通过县域范围内的整体规划，促进区域协调发展，将引进的企业、项目与农产品相结合，形成科学合理有保障的产业集群。通过产业集聚，形成发展合力。树立特色品牌，打造集生产、销售、加工、采摘、旅游于一体的产业体系。通过定期举办采摘节、农产品比赛等活动，扩大品牌的影响力，提高知名度。

（三）科技助农，强化宣传

乡村中劳动力普遍存在科学文化水平低、技术水平低的情况。针对这一情况，可从以下几个方面着手。首先，可以通过政策引导，吸引有志青年尤其是本村青年支持乡村建设，在乡村发展中实现自身的人生价值和社会价值。其次，通过制定和实施有利政策，引导企业助农，形成点对点技术帮扶。最后，可以邀请与农业相关的专家和技术人员到村指导村庄产业发展，以培训会等形式，逐步提高村民的知识和技术水平。组织村民外出学习样板村、示范村发展的有益经验，并将其应用到本村产业的发展实践中。此外，乡村产业的发展，需要增强线上与线下的宣传，以此来拓宽销售的渠道，进一步打开农产品市场，让更多的人关注和了解农产品的故事，增加农产品的品牌内涵，体现生产者的人文情怀。

（四）完善基础，改善环境

要改变传统的污染高、生产效率低下的农业生产方式，发展乡村休闲旅游业，实现产业升级、文旅融合，需要改善乡村的基础设施，完善相关的配套服务，打造吃、住、游一体化的一站式乡村休闲旅游胜地。并且，要对相关从业人员做好岗位培训工作，以保证服务的水平和质量，提供人性化服务，提升游客的体验感。乡村产业发展离不开乡村人文和生态环境的改善，沿运乡镇应充分发挥大运河文化与本村历史文化的优势，彰显本村的精神风貌，展现具有历史文化记忆与内涵的物质文化遗产与非物质文化遗产的魅力，并在发展中不断创新，实现乡村物质文明与精神文明同步提升。要在改善本村生态环境上下功夫，抵制一切破坏生态环境的行为，打造绿色、低碳、原生态的美丽乡村，让村民和游客在享受社会发展带来便利的同时，也能够拥抱大自然，见山见水，不忘乡愁。

（五）壮大集体，优化产业

集体经济在乡村产业振兴的过程中应扮演引领者的角色，通过带头成立合作社、招商引资等途径，主动寻求政策、资金和技术的支持，调动村民的积极性，带动全村共享发展的红利。要壮大集体经济，就需要更好地发挥基层党组织的作用。因此，村"两委"要带头发展壮大集体经济，发挥能人治村的作用，让更多的村民享受到集体经济带来的福利，齐心协力共谋发展。要加快推动农业转型升级，通过企业、项目带动乡村农业发展，形成三次产业融合发展的新型发展模式，走多元化发展路线。乡村产业结构的优化，能够解决乡村青壮年劳动力不足的问题。同时，也可为村民提供更多的工作机会，吸引更多年轻人返乡就业创业。乡村产业升级与人才的回流，必将进一步为乡村发展带来更多的新生力量。

参考文献

黄宗智、高原：《中国农业资本化的动力：公司、国家、还是农户?》，《中国乡村研究》2013 年第 00 期。

李涛等：《着重发展地方特色产业　积极实施精准扶贫部署》，《中国食品安全报》2019 年 3 月 12 日。

中共中央、国务院：《国家乡村振兴战略规划（2018—2022 年）》，人民出版社，2018。

中共中央办公厅、国务院办公厅：《大运河文化保护传承利用规划纲要》，《人民日报》2019 年 5 月 10 日。

运河交通与港口建设篇

Grand Canal Transportation and Port Construction

B.16
2020～2021年京杭大运河扬州段绿色
现代航运示范区文化建设调查报告*

刘怀玉**

摘　要： 扬州是京杭大运河原点城市，也是古代和现代的水运枢纽。近年来，扬州市与江苏省交通运输厅共建京杭大运河扬州段绿色现代航运示范区，有机融入大运河文化建设，形成了具有地方特色的成果和经验，但还存在缺少整体制度设计，南北发展不平衡的问题。本报告建议进一步确立工程文化理念，加强整体规划设计，以工匠精神和技艺建设世界运河航运窗口。

关键词： 大运河　扬州　航道　现代航运

---

* 本报告系扬州大学中国大运河研究院开放课题"大运河江苏段绿色水运提升路径研究"和京杭运河施桥船闸至长江口门段航道整治工程项目管理办公室委托课题"运河文化与品质工程建设研究——以京杭运河施桥船闸至长江口门段为例"的研究成果。
** 刘怀玉，扬州大学中国大运河研究院研究员，主要研究方向为运河文化。

2017 年 6 月，习近平总书记作出重要指示：“大运河是祖先留给我们的宝贵遗产，是流动的文化，要统筹保护好、传承好、利用好。”① 2020 年 11 月 13 日，习近平总书记在扬州三湾公园听取大运河沿线环境整治、生态修复及现代航运示范区建设等情况的介绍后，盛赞“扬州是个好地方”，并强调“古运河要重生”，就“要把大运河文化遗产保护同生态环境保护提升、沿线名城名镇保护修复、文化旅游融合发展、运河航运转型提升统一起来，为大运河沿线区域经济社会发展、人民生活改善创造有利条件”②。习近平总书记的重要指示成为大运河文化带建设的根本遵循，激励扬州将“好地方”建设得好上加好、越来越好。2022 年 3 月 16 日，国家发展和改革委员会印发了《大运河文化保护传承利用 2022 年工作要点》，要求“加快推进京杭大运河江苏段绿色现代航运综合整治工程”，“持续推动旅游航道建设，推进水运与文旅融合发展”。目前，京杭大运河扬州段绿色现代航运示范区建设正在顺利推进，有望成为“运河航运转型提升”的典范。

施桥船闸至六圩口门段，全长 5.37 公里，位于长江一级航道与苏北运河二级航道交汇处，为全国所仅有。施桥船闸至六圩口门段航道整治工程是江苏省京杭大运河扬州段绿色现代航运示范区建设的先导示范工程。2020 年 4 月，该工程作为交通强国十大样板工程之一被正式纳入江苏省委、省政府印发的《交通强国江苏方案》。近年来，我们采用课题研究的方式，以施桥船闸至六圩口门段为例，对绿色现代航运示范区航道整治工程与大运河文化融合发展进行了系统调查和研究，产生了一系列成果，并已“落地”实施，受到扬州市和省交通运输厅领导的表扬。2021 年 4 月，该航道整治工程被纳入《江苏省大运河现代航运建设发展规划》；6 月，入选交通运输部“平安百年品质工程”示范项目首批创建项目。在此基础上，我们将进一步调查研究京杭大运河扬州段绿色现代航运示范区文化建设问题，以期充分发挥大运河“大标段”、文化要素多类型的优势，高质量建设京杭大运河绿色现代航运样板段、示范段，贡献出扬州智慧和方案。

---

① 《保护好中华民族精神生生不息的根脉》，《人民日报》2022 年 3 月 20 日，第 1 版。
② 《这是习近平总书记一以贯之的理念和情怀》，“中国日报网”百家号，2020 年 12 月 4 日，https：//baijiahao．baidu．com/s？id＝1685109180750227625&wfr=spider&for=pc，最后访问日期：2022 年 3 月 21 日。

一 京杭大运河扬州段航道整治及其基本经验

扬州是京杭大运河原点城市，也是水运枢纽，在唐代曾经是世界十大港口城市。凭借舟楫之便，扬州在汉、隋唐、明清时期三度繁荣。20世纪50年代，为了增强北煤南运的能力，国家对京杭大运河徐扬段（徐州至扬州）进行整治，扬州段新开挖了瓦窑铺至六圩（都天庙）近30公里的航道。2019年12月31日，京杭大运河徐扬段续建二期工程通过了省交通运输厅组织的工程验收。

京杭大运河江苏段全长686公里，2020年货运量达5.3亿吨，相当于8条京沪高速公路的货运总量。扬州段北起宝应县和淮安市淮安区交界的涵洞，南迄扬州市开发区六圩河口，全长127.5公里，为二级航道，可通行2000吨级的船队和集装箱。扬州段是整个京杭大运河中船舶通过量最大的航段，2020年船舶通过量达4.2亿吨，货物通过量3.2亿吨，约占京杭大运河全线货运量的80%，占江苏省内河货运量的60%。2020年，施桥船闸船舶通过总量3.343亿吨共114次，单日船舶通过量超百万吨，连续四年船舶通过量超3亿吨，相当于3个三峡船闸总运量，居中国内河第一。

1958～1961年，国家曾实施京杭大运河徐扬段扩建工程，由于经济困难，该工程中途"下马"。1982年和1988年，为解决北煤南运与南水北调问题，又开展续建工程，苏北运河成为二级航道，也是京杭大运河等级最高的航段，但仍有部分航段存在通行不畅、运力不足的问题，需要进一步实施航道整治工程。为了进一步提升京杭大运河航运效益，响应大运河文化带建设，江苏省交通运输厅采用市厅共建方式，启动建设京杭大运河江苏段绿色现代航运示范区，其中扬州2段，苏州、淮安各1段。2019年10月17日，扬州市政府与江苏省交通运输厅联合签署了共建京杭大运河扬州段绿色现代航运示范区战略合作协议，主要内容包括共同推进邵伯船闸至茱萸湾段绿色现代航运示范区建设、茱萸湾至施桥船闸段生态修复和景观提升、施桥船闸至长江口门段绿色现代航运示范区建设、京杭运河扬州段绿色港口建设和船舶污染防治等方面。京杭大运河绿色现代航运示范区建设项目，作为"十三五"江苏省重点推进的交通工程，对于进一步促进中国大运河航运转型提升、充分发挥"黄金水道"

综合效益具有先行示范作用。

长江和苏北运河一横一纵,畅通东西、贯通南北,在施桥交汇。施桥船闸至长江口门段是京杭大运河苏北段唯一一段未实施整治的航段。施桥船闸至长江口门段整治工程起点为施桥船闸下游引航道,终点为六圩入江口门,全长5.37公里,概算投资约13.3亿元,重点实施航道综合整治、航运功能提升、智慧船闸等工程,并结合大运河(长江)风光带规划,配套实施生态修复和景观提升。该工程的实施将能突破京杭运河"最后一公里"的通航瓶颈,也将有效助力扬州推进绿色现代航运示范区和大运河文化带建设。2020年2月29日,相关部门签发航道整治工程开工令,建设单位克服疫情重、拆迁任务重等困难,经过紧张的施工,于2021年11月30日通过交工验收。2020年8月20日,开工建设六圩大桥改建工程,2022年1月完成全部工作量。灯塔公园、服务区、大运河文化工程等其他附属工程正在全面推进,预计将于2022年上半年完成。

扬州市交通部门按照市厅共建协议,高标准建设邵伯船闸施桥船至长江口门先导段工程,同时,积极向省交通运输厅争取,将剩余98公里的宝应至江都段整治纳入省交通运输厅基本建设项目。2020年,江苏省发改委发布的《省发展改革委关于京杭运河江苏段绿色现代航运综合整治工程可行性研究报告的批复》(苏发改基础发〔2020〕767号),2021年6月3日,批复了项目初步设计,剩余航段建设省级概算投资约为7.4亿元,地方政府配套相应资金。整个工程项目共涵盖十一大类,包括航道疏浚、跨河桥梁改造、锚地服务区、导助航设施提升、船闸提升、智慧运河、护岸提升、应急执法保障站点建设、文化标识、桥梁美化、航政管理站点建设等。通过扬州段绿色现代航运工程建设,将实现大运河航运全线全面转型提升,为江苏省乃至大运河全线做出示范。

高邮段:该段整治里程约45公里,计划总投资约16.9亿元,包括航道综合整治,提升承载力;生态景观亮化,提升观赏性;优化服务品质,提升功能性;打造智慧运河,提升现代感。2021年9月28日,京杭大运河江苏段绿色现代航运综合整治高邮先导段工程正式开工,总投资约1.7亿元,按照"一带、三核、多点"的结构设计,即运河沿线特色生态航道修复带,锚地、水上服务中心、水上搜救中心三个高效水工核心工程,航标绿化、城区斜坡挡墙软化处理、老渡口修复、交界处精神堡垒、岸边LOGO、特色景墙、桥梁美化亮化、航道疏浚等多个景观生态和航运功能提升节点。

宝应段：已完成施工图设计，将于 2022 年上半年开工建设宝应大桥，全年项目投资 0.8 亿元。

其余段：正在抓紧完善施工图设计，力争在 2022 年开工建设。

扬州港航部门牵头统筹剩余段的建设工作，与大运河沿线有关县（市、区）政府密切配合，共同将京杭大运河扬州段打造成高颜值的生态长廊、高品位的文化长廊、高效益的经济长廊，以彰显扬州在大运河航道建设上的领先地位。到 2024 年，扬州段绿色现代航运示范区建设将全面完成。

近年来，扬州航道系统摒弃过去就航道建设抓航道建设的思维方式，不断创新和拓宽工作思路，坚持以文"化"航，航道、岸线、社区并举，大运河航道的品质得到有效提升，成为大运河文化带建设的亮点。

（一）主动作为，优化资源

为贯彻落实习近平总书记关于"传承好、保护好、利用好"大运河文化的重要指示精神，2019 年，扬州交通部门先谋快动、主动作为，在全省率先促成市厅共建京杭大运河绿色现代航运示范区战略合作协议，将 127.5 公里的京杭运河扬州段全线纳入建设范围，并于 2019 年 11 月在全省率先启动邵伯船闸至长江口门段 29.5 公里先导段建设。在共建协议中，有意识地将大运河文化融入航道整治工程建设，致力于建设世界航运窗口。京杭运河江苏省交通运输厅苏北航务管理处、扬州市交通部门和有关县、市、区也建立共建机制。市厅共建模式是航运工程建设理念和模式上的创新，有利于充分发挥市厅不同层面的资源、项目、资本和管理等优势，提高航运工程的综合效益，实现"双赢"的效果。根据大运河文化带建设的需要，京杭运河施桥船闸至长江口门段航道整治工程项目管理办公室（简称"项目办"）主动和扬州大学中国大运河研究院合作共建重点项目，该研究院在项目办挂牌设立专家工作站，项目办委托研究院课题组进行有关大运河文化与品质工程建设融合发展的研究，课题组提交的研究报告获得了扬州市委主要领导和有关职能部门的高度肯定，并已经落地实施。双方通过采取"项目办+研究院"的共建模式和合作方式，有效实现资源共享、成果共享，为建设高品质的绿色现代航运示范区提供了重要的技术支撑。

（二）合理规划，分段实施

2019年11月，扬州在全省率先启动邵伯船闸至长江口门段29.5公里先导段建设。项目设计坚持高标准，按照"一带、三区、多点"总体布局，"一带"即大运河文化带扬州段，"三区"即江淮生态展示区、千年古城活力区、黄金水道江河交汇区三个功能板块，重点实施航运效能提升、运河文化展示、绿色生态廊道营造、南水北调船舶污染防治等四大建设工程。通过调整结构、优化功能，达到既一脉贯通，又各具特色的效果。

1. 邵伯船闸至古运河口段（约11公里）：江淮生态展示区

该段列入省养护专项工程。2019年11月27日，京杭运河江苏省交通运输厅苏北航务管理处、扬州市交通运输局和邗江区政府三方签订共建协议，建立共建合作机制，明确各方职责任务，邗江区政府负责该段具体建设工作。该段护岸和绿化工程于2020年4月初开工，同年6月底完工。此外，邗江区政府还投资建设了"大运河生态文化公园"及沿线乡镇段节点沿河景观、步道等配套工程设施，不仅改善了通航条件，而且使大运河两岸环境得到明显整治提升。

2. 广陵城区段（约12.5公里）：千年古城活力区

广陵区是古城区，也是主城区。该段建设主体为广陵区政府。2020年完成了7.5公里长的一期工程，建成了江扬大桥、文昌大桥、扬州大桥等桥头公园和古运河口交汇点公园。2021年续建二期工程，推进文昌大桥西北侧环境整治。经过两年的建设，广陵城区段临水步道、绿化景观、文化小品等项目相继建成，大运河沿线呈现一幅美丽的滨水画卷。

3. 施桥船闸至长江口门段（约6公里）：黄金水道江河交汇区

扬州市政府成立了项目建设指挥部及项目管理办公室，具体负责工程建设管理工作。工程勘察设计单位为中交第二航务工程勘察设计院有限公司（综合甲级资质），监理单位为江苏科兴项目管理有限公司（水运甲级资质）。扬州航道部门为工程项目实施主体，扬州市开发区负责属地征地拆迁和实施绿化配套工程，2020年2月工程启动建设，2021年11月30日实现交工验收。该段航道整治工程采用二级双线航道建设标准，航道水深不小于4米，弯曲半径不小于540米，河底宽度不小于70米。工程内容：生态岸线修复和航道疏浚，拆建桥梁 1 座，配套完善船舶停靠服务区、标志标牌、大运河文化工程等。其中，格宾护岸 1836 米，承台式护岸 5270 米，灌注桩 3944 根，钢板桩 8786 根，水下疏浚 109 万立方米；六圩大桥主桥采用钢桁架结构，跨径 136.34 米。工程概算总批复 13.3 亿元，批复建设工期 36 个月。

（三）航岸一体，综合治理

按照"宜航则航、宜岸则岸"原则，着力打造多元化滨水生态长廊工程。在 29.5 公里先导段建设中，沿线地方政府全力开展环境综合整治工作，共拆除民房 253 户，老旧船厂、码头企业 180 家，取缔住家船 315 条，沿河部分地区的"脏、乱、差"等环境问题得到全面整治。坚持大尺度景观、低成本维护的生态思维，开展大规模植树造林和高标准生态修复，大幅度提高绿化覆盖率和植物多样性，并对沿线重要节点实施园林化、景观化改造和提升，新增绿化面积约 64 万平方米，大运河沿线成为集休闲观光、健身游乐、生态湿地等功能于一体的多元化滨水生态走廊。黄金水道，碧波荡漾；两岸景致，精彩纷呈。

打造通畅高效的内河航运样板工程。2021 年全面建成施桥船闸至长江口门段航道整治工程，开工建设高邮段绿色现代航运综合整治工程。推进智慧大运河建设，升级完善集智慧管理、智慧养护、智慧运行于一体的智慧航道管理平台，进一步提升大运河扬州段通航能力和管理水平，全力将其打造成全国内河航运标杆。

（四）文化融入，品质至上

打造大运河文化展示样板工程。深挖大运河沿线航运文化资源，打造一批大运河文化地标。依托京杭大运河施桥船闸至长江口门段航道整治工程，充分挖掘大运河（长江）文化记忆，建设扬州文化标识。该工程紧扣大运河文化带建设主题，以"绿色·文化"为主线，建设格宾生态护岸和平安百年承台结构护岸，系统规划"一河两岸六大文化功能分区"。根据文化项目定位，将项目文化元素分解落地。重点打造以六圩灯塔为核心的灯塔公园和航标展示厅以及以六圩轮渡为核心的渡口乡愁文化；在统筹做好沿线景观绿化的基础上，在靠船墩背水面集中展示扬州和大运河相关的诗词文化，打造"诗词水岸"；建设施桥口门公园，让城市共享大运河航道建设成果。

二 存在的问题：缺少整体制度设计，南北发展不平衡

一是有的点段处于"人治"状态。缺少制度设计和技术支撑，导致大运河文化展示利用的力度、深度不够。如茱萸湾段，茱萸湾之称始于汉代，吴王刘濞开茱萸沟，通运至海陵仓（今泰州），北有茱萸村。据说隋唐时京杭大运河由北向南进入扬州，拐了 13 道湾（其实并无 13 道湾），其中第 1 道湾为"茱萸湾"，后世又称湾头。运盐河和里运河在此交汇，茱萸湾历来是水陆要冲。隋炀帝、康熙和乾隆皇帝等经此舍船登陆扬州。目前，湾头镇定位为中国玉器小镇，航道、码头、古闸、造船等大运河文化元素众多，具有重要价值，但缺少整体设计和展示。

二是部门间常态化协作机制尚不完善。长期以来，地方上的大运河建设和管理存在条块分割、"九龙治水"的弊端，诸如扬州境内的大运河航道归京杭运河江苏省交通运输厅苏北航务管理处管理，水质的监测归环境保护部门管理，河堤用地归国土部门管理，河堤上防护林归农林部门管理，等等。大运河沿线遗产点管理部门也十分庞杂，除了分属不同的县、市、区外，还分属不同的行业部门，如水利、园林、房管、建设等部门。由于行政隶属关系藩篱和利益的纠葛，各涉水部门之间，建设单位与地方政府之间容易互相掣肘，统筹协调难度相当大。有的部门或单位出于多种原因的考虑，对推动文旅融合发展的积极性不高。

三是个别航段（河段）存在保护不力或利用过度的问题。地处背水坡的高邮市北港码头堆场在大运河河道管理范围内，未完善许可手续，码头环境"脏、乱、差"，存在违建问题。扬州市海洋环保设备有限公司设在背水坡的部分用彩钢瓦建设的临时厂房，也在大运河河道管理范围内，被水利部暗访交办。2022 年 3 月，扬州市领导现场督办了高邮市北港码头、扬州市海洋环保设备有限公司部分厂房占用河道问题，目前正在整改。

四是全线发展不平衡，有"南北失衡"之虞。邵伯船闸至长江口门段自然禀赋比较好，又毗邻扬州主城区，作为现代绿色航运示范区，领导比较重视，投入的力度比较大，该段航道工程既有颜值，也有气质。而邵伯船闸向北的航道线路长，经过的乡镇多，文化建设投入不足，文化特色不够鲜明，影响整体效果。

三 建议:"工程文化理念+经典设计+品牌建设"

(一)克服"路径依赖",提升文化品质

中共中央办公厅和国务院办公厅印发的《大运河文化保护传承利用规划纲要》,将淮扬运河的功能定位为"以调水、排涝、饮用水水源地、航运为主,兼顾防洪、农业灌溉、工业用水及生态景观功能"。绿色现代航道是指在航道全生命周期内,以可持续发展为理念,通过合理的规划设计、施工建设和养护管理,在满足功能需求的基础上,最大限度地减少资源占用,适当增加文化供给,形成与资源、环境、生态、文化、社会和谐发展的航道。京杭大运河扬州段不仅与新、老大运河交汇,而且与长江、淮河入江水道、南水北调东线工程交汇,除了有许多江淮特色自然景观外,还有大量的人文景观和文化遗址、遗迹,为大运河航道文化建设提供了宝贵资源。要认真贯彻落实习近平总书记在扬州视察时的重要指示精神,克服工程建设的"思维定式"和"路径依赖",牢固确立工程文化理念,扎实做好"大运河航运转型提升"的大文章。要处理好航道工程建设与大运河文化建设的关系。文化是项目的"根"和"魂",也是项目差异化的"命脉",而项目是大运河文化展示与利用的重要载体。大运河文化只有附丽于工程项目,才能更好地发挥其"根基"和"灵魂"作用,工程项目也因大运河文化的"嵌入"和"渗透"而"形神兼备"。要从设计、施工、管理、服务等主要环节,把航道工程当作大运河文化工程来开展。

(二)创新工作机制,确立"一盘棋"格局

由于漕运关乎国计民生,历朝历代坚持统一管理漕运。淮安"扼漕运之冲",唐宋以来,楚州(今淮安区)和泗州是漕运中心城市。为了加强对漕运和河道的管理,明清时期在淮安设立漕运总督府衙和河道总督衙门两大国家机构。自大运河申遗以来,杭州成立国有企业运河集团,无锡成立清名桥古运河景区管理处和江苏古运河投资发展有限公司,运行机制比较顺畅,效益相当明显。2020年3月,淮安市成立淮安市大运河文化带规划建设管理办公室,统

筹规划、督导推动大运河文化带和大运河国家文化公园建设。大运河是"国之大者",国家应建立健全统一管理、多部门协调合作的机制。在适当时机,可参照对长江、黄河、淮河、海河等重要河流的管理模式,设立一体化的大运河专职管理机构。扬州大运河文化带建设的任务艰巨,迫切需要改变"九龙治水"的格局,建议参照淮安的经验,设立大运河文化带建设市级管理协调机构。考虑多方利益问题,建立利益共同体,调动多方面建设的积极性,可合理解决相关方的项目、资金投入、利益分成问题以及引进民间资本建设的问题。

(三)加强整体设计,延续传统风貌

本着"跨界、融合、系统、创新"的原则,坚持精品内容生产,形成集成效应。城区段和乡镇段要坚持规划引领,坚持系统保护,延续传统风貌。城区段体现古代航运和现代航运相融合的特色,乡镇段体现里下河的航运特色。以城区段为例,贯穿用"心"竞"眼"的主线,实现"开心""开眼"的境界,即用"心"品大运河文化,用"眼"看大运河变迁,将"江淮之心"(茱萸湾)、"京杭之心"、"江淮之眼"(扬州闸)、"运河之眼"(三湾)、"江河之眼"(六圩口门和瓜洲口门)等串联成珠,形成多元素(长江、大运河、淮河)、多节点(六圩口门、瓜洲口门、茱萸湾、扬州闸、三湾)、多视角("心""眼"并用)的扬州大运河文化脉络,通过"人"的感知,产生沉浸式体验,享受流动的大运河文化带来的幸福和快乐,最终构成人、河、城命运共同体,形成航道上的世界运河之都,成为扬州"好地方"的新标识。

(四)定位江河门户,建设航运窗口

以施桥船闸至长江口门段为例。

1.总体定位

总体定位:江河门户(苏北)、航运窗口(世界)。

"江河门户"主要是针对扬州施桥船闸作为京杭大运河苏北段和长江互为口门、苏北运河南大门、扬州南大门这一重要而又特殊的地理位置而言的。"航运窗口"基本契合扬州市和省交通运输厅共建绿色现代航运示范区协议中关于"合力打造通畅高效的世界内河航运之窗"和"世界运河文化高地"的

建设目标，彰显出施桥船闸作为绿色现代航运示范区和通勤量居于世界之最的现实优势。意在涂好"绿色底色"，打好"口门牌"，念好"江河经"、唱好"航运谣"。上述定位从历史、地理以及未来发展等方面突出扬州新运河航运符号、自身优势及其特色，区别于镇江市"江河交汇山水名城"的定位，相对比较通俗易懂。通过打造"黄金水道"口门段上的"绿钻石"，将扬州施桥船闸由绿色现代航运示范区升级为大运河国家文化公园（主要类型为"集中展示带"）和长江国家文化公园，围绕六圩口门地域优势、丰富的航运文化和周边的自然风貌进行深度设计，提升外在颜值，修炼内在气质，使"口门美得有形态、有韵味、有温度、有质感"，在扬州形成"古运河看三湾，新运河看施桥"的良好口碑。

2. 设计理念：一"门"贯通南北

鉴于江河口门的空间特性和水上运输廊道线型属性及其具体品相，以"门"字贯通江河，并将其作为扬州大运河航运的标志性文化符号。"门"的基本含义：在"门"言"门"，破门户之见，展门户之长，开门笑迎天下客、承揽天下物。既有时间上的穿越感、空间上的疏朗感，又能契合大运河文化包容开放的精神特质，并彰显扬州航道人改革开放的精神面貌和包容万物的胸襟气度。

突出口门特色。长江口门、运河口门、扬州南大门、苏北运河南大门等，具有和合南北、连接东西的空间地域优势。以航运文化为重点，以"口门"文化为脉络，深度挖掘"口门"文化要素的内涵，全方位、立体化展示"口门"文化，构建独特的"口门"文化空间，打造"口门"文化标志性品牌。借形于"门"的设计理念，突显大运河、长江双"口门"特色，充分发挥其特殊地理位置和超大流量的先天优势，积极整合大运河文化和长江文化两种优质资源，形成大运河文化带和长江经济带叠加效应。围绕"门"的设计理念展开，形成"门"系列，尽显"口门"文化既雄阔又浪漫的特质，打造高品质的大运河 IP，给人以无限的想象空间，激荡心灵、放飞心情、近悦远来。

（1）六圩口门：口门客厅

既突出长江、大运河口门的重要地理标识，又界定景区的休闲观光性质，彰显"口门"文化品牌的重要性和唯一性。随着扬州城市向南发展，特别是绿色现代航运示范区建成后，六圩一带的人气逐渐增加，六圩口门有望成为长三角尤其是扬子江城市群新的休闲旅游观光打卡点。"口门客厅"不同于一般闹市中的城市客厅,而是远离城市的喧嚣和凡俗,带有乡村野味,以纯粹的江河自然风光为主,辅以地方特色的人文景观,再现唐代扬州诗人张若虚笔下"江天一色无纤尘,皎皎空中孤月轮"的胜景,使之成为人们天然的心灵栖息"驿站"。

以"口门客厅"为核心诉求,"临内河第一灯塔,坐口门自然客厅,赏山(镇江焦山)、水(大运河、长江)、天、航(航运)风光"。以"口门客厅"为文化标识,突出"自然、清新、疏朗、雄阔"的口门气质,便于保护、传承和利用口门文化,并与"诗渡瓜洲"相区隔,形成错位发展、相互支撑的格局。

围绕"门"字做文章。突出水上口门和陆上水门的衔接和融合,尽显"口门"的地域特色。陆上景区形成以"门"字形为主框架,既相对闭合又开敞通透,形成水门和陆门互相借用、互为倚重的岸、水、船、天四重一体的布局效果。建设六圩灯塔公园,依托中国内河第一塔——六圩灯塔(高 66.9 米),设立灯塔展示馆。灯塔上设立高倍望远镜,以便登高望远。立京杭大运河扬州段纪念牌,记述其开挖的背景、过程和价值。

六圩口门自然景观丰盈,但人文景观欠缺。都天庙曾是六圩重要地理标识和文化符号,建议恢复重建都天庙和炮台。苏北运河 1 号航标——六圩灯塔,白天塔身显形视距和夜间灯光视距均在 10 公里以上。隔江为镇江著名景点焦山,北邻 188 米高的中航宝胜立塔(全球最高海缆交联立塔)。两塔基本在一条直线上,形成"灯塔牵山塔"的奇妙景观。六圩灯塔公园按照长江下游民居客厅格局和风格设计,穿插航运工作和船民生活小品,设立休闲商店,形成公共文化空间,以方便游客在室内或室外坐下来观光赏景、品茗用餐。策应江苏打造世界级运河文化遗产旅游廊道建设,将六圩口门辟为文化遗产旅游廊道的重要起点。要适当建设具有国际范的重要旅游标识和基本设施。利用滨江公园湿地资源,恢复建设"曲江亭""钱家湾八景",拓展六圩灯塔公园的纵深延展范围。

(2)六圩轮渡码头:乡愁之门

六圩轮渡码头曾是历史上苏南、苏北运输的重要枢纽。自清同治年间(1862~1874)起,因长江坍江,先后六次北移,至 20 世纪 70 年代才基本稳定，当地人长期被迫居住的房子是便于迁移的"芦巴墙"。鉴于六圩轮渡码头历史变迁和新运河的现状等情况，建议在六圩轮渡原址恢复建设 20 世纪 70 年代码头、饭店、旅社、邮局以及"芦巴墙"等，新建六圩轮渡陈列室，展陈承载六圩尤其是六圩弯道及其码头、扬州—六圩公路（1923 年 1 月建成，扬州境内最早的汽车客运线）等历史变迁的实物，凸显六圩码头交通咽喉之地的价值以及六圩的巨大变化，并通过展陈与当地人衣食住行有关的实物、文图、影像、三维动画以及居民和游客的语音口述等方式，反映不同时代不同年龄人们的生活印记，唤起丝丝乡愁。"走进当年轮渡，重拾六圩印象"。以六圩弯道和轮渡变迁为主线，讲好六圩尊重自然、改造自然、利用自然的精彩故事，打造留得住记忆、记得住乡愁的轮渡特质，让六圩轮渡码头成为"乡愁追忆重要目的地"。

（3）施桥船闸：苏北运河的南大门

近年来，施桥船闸年货物通勤量居中国内河第一。在拓展施桥船闸功能和美化环境的基础上，建造施桥船闸陈列室，充分利用历史文献资料、考古发掘和重要实物，充分反映历史上的扬州港和施桥船闸的内在联系和沧桑巨变，凸显施桥船闸所发挥的重要作用。在 2 号船闸和 3 号船闸之间建造"苏北运河南大门"微型公园，新建船闸码头，设立"苏北运河南大门"标识。穿过地面上的浮雕苏北运河六景（扬州东关古渡、瓜洲古渡、淮安河下古镇、宿迁龙王庙、徐州窑湾古镇等），建起能够反映扬州大运河重大事件的浮雕文化墙，如公元前 486 年吴王夫差开挖邗沟、605 年隋炀帝疏浚邗沟、1018 年开挖扬州城南大运河、1959 年建施桥船闸等。在 1 号船闸和 3 号船闸之间建造以"百舸"为主题的系列建筑小品，将江淮风格的"门""船"进行组合，凸显苏北运河南大门和第一梯级船闸的重要地位与价值。

（4）古今航道上的"三都"之门

近年来，扬州开启"三都"建设，即世界运河之都、世界美食之都和东亚文化之都。以平开门、推拉门、隔断门等三组不同形式的门，连续组成水岸文化墙。以航运文化元素为切入点，以扬州"三都"建设为现实主题，进一步丰富发展大运河航道上的"三都"建设的内涵和业态，既有扬州大运河航道的特色展示，也有自身目标价值追求的呈现，给广大船民和游客留下深刻的印象。

①"运之都"：世界运河之都

起源于东晋的邵伯船闸延续了 1600 多年的历史，成为中国船闸发展史的缩影。茱萸湾在历史上是一个重要港口和造船基地，隋炀帝、康熙和乾隆皇帝等经此舍舟登陆至扬州。本报告建议以邵伯船闸至六圩口门绿色现代航运示范区为主轴，突出邵伯古今船闸、茱萸湾扬州北大门、施桥三线船闸扬州南大门、六圩口门等四个重要节点，南北相连，古今贯通，集中反映京杭大运河绿色现代航运基础上的世界运河之都的面貌。

②"美之都"：世界美食之都

南来北往的盐商和船民在扬州、淮安等地集成了清鲜平和的淮扬菜。扬州和淮安是中国淮扬菜之乡、世界美食之都。本报告建议以园盐商婚宴为主，搭配船民特色菜、家常菜，既体现淮扬菜"贵族菜""文人菜"的"精致"，又体现船民特色菜的"实用"，反映淮扬美食"和而不同"的特点。

③"文之都"：东亚文化之都

扬州在历史上是东亚文化交流的重要纽带城市。唐代日本圆仁法师曾沿运盐河经扬州到达长安。唐玄宗时，日本宰相长屋命人制作千件袈裟，送给大唐高僧，袈裟上绣了"山川异域，风月同天。寄诸佛子，共结来缘"十六个字。鉴真东渡弘法，成就了中日文化交流的美谈。"山川异域，风月同天"被刻在了扬州大明寺大雄宝殿前的一块石碑上。本报告建议以鉴真东渡日本弘法为文化墙，既有鉴真六次东渡日本的路线图，又有鉴真等人航海乘风破浪的画面，称颂鉴真一往无前、大力弘法的献身精神。

"诗词水岸"。扬州自古以来就是一个富有文化内涵、深受文人喜爱的地方，枚乘、李白、杜牧、欧阳修、苏轼等人在此留下了很多脍炙人口的诗词。为了展示流动的航道文化特色，本报告建议利用 130 多个靠船墩背面，建设歌咏扬州和大运河的"诗词水岸"，与绿色的航道、行驶中的船队共同构成一道"流动文化"风景线。

结　语

近年来，我们以施桥船闸至长江口门段航道整治工程为例，就航道整治工程与大运河文化融合发展进行了深入研究，形成了一系列研究成果。施桥船闸至长江口门段航道整治工程建设方根据研究成果，将大运河文化元素有机融入航道整治工程，大大提升了航道工程的品质，具有样板和示范意义，为大运河文化带建设做出了贡献，但就其未来发展方向来说，还需坚持工程文化思维，加强经典设计和精准施工，切实做好"大运河航运转型提升"的大文章。

参考文献

陈晓佳：《京杭运河施桥船闸船舶通过量再过3亿吨》，《扬州日报》2021年1月5日。

《货运密度世界内河第一的京杭运河，焕发新生、流向未来》，新浪网，2020年7月19日，http://k.sina.com.cn/article_5675440730_152485a5a02000vf4e.html，最后访问日期：2022年3月21日。

施科：《江苏扬州生态"雕刻"大运河之美》，《中国交通报》2020年11月24日。

《习近平在江苏考察时强调　贯彻新发展理念构建新发展格局　推动经济社会高质量发展可持续发展》，中共中央党校（国家行政学院）网站，2020年11月15日，https://www.ccps.gov.cn/xtt/202011/t20201115_144841.shtml］，最后访问日期：2022年3月21日。

《打造"交通强市"　共建京杭运河扬州段绿色现代航运示范区》，扬州市人民政府网站，2019年10月18日，http://www.yangzhou.gov.cn/yangzhou/zwyw/201910/61d26fd755b442cc923d72d603523b66.shtml，最后访问日期：2022年3月21日。

世界运河篇
World Canals

B.17

2020~2021年英国运河
总体发展状况报告

孙学美　李德芳　郝兆鑫　周洪彬*

摘　要： 英国运河分布广泛且文旅价值独具特色，英国各相关运河组织、
机构和个人一直致力于挖掘运河潜在的经济、社会价值。英国运
河取得的主要成就包括：运河的历史和文旅价值被充分发掘，运
河组织的公益性、社会性增强，运河再开发与城市更新、重建协
同发展。在2021财政年度内，受新冠肺炎疫情影响，英国运河
业遭遇巨大挑战，但各运河组织、机构等采取各种措施积极应对
疫情，在维持基本的年度财政收支平衡，修缮基础设施，传承、
推广运河文化等方面都取得一定成就。新冠肺炎疫情促使运河在
英国民众心目中的地位进一步提升，疫情防控常态化时期凸显的
民众对运河的新诉求，势必会影响英国运河业的未来发展走向。

* 孙学美，历史学博士，聊城大学历史文化与旅游学院讲师，主要研究方向为英国史。李德芳，
政治学博士，聊城大学马克思主义学院副教授，主要研究方向为国际政治、国际关系。郝兆
鑫，聊城大学历史文化与旅游学院2021级本科生，主要研究方向为英国运河史。周洪彬，聊
城大学历史文化与旅游学院2021级本科生，主要研究方向为英国运河史。

关键词： 运河 英国 文旅融合

一 英国运河总体发展状况及取得的主要成就

英国拥有发达的运河水运网。大规模开凿于工业革命时代的人工运河，作为介于天然河流运输与人工创新成果"铁路运输"之间的一种运输方式，曾经扮演着英国的重要交通命脉的角色，在英国运输史上具有承前启后的重要历史意义。运河运输方式是促进英国工业革命发生的重要基础。英国拥有丰富的露天煤田，它们大都分布在特伦特河、索尔河、埃文河和塞文河等构成的天然河流线附近。开凿自煤田直通天然河流的人工运河，能有效改善煤田外运的运输线，促进煤田的开发，进而促进工业革命的发展。与此同时，依托运河构建起的四通八达的内陆水运网，也一度将英国的内陆部分变成了可以进行对外贸易的"海岸"，如著名的曼彻斯特运河（Manchester Ship Canal）。曼彻斯特运河总长度为 58 公里，宽 14~24 米，深约 9 米，经由此运河，大型远洋轮可直接进入曼彻斯特，使曼彻斯特从一个内陆城市变成了一个远洋港口，将英国国内市场和广阔的海外殖民地市场连为一体，从而极大地推动了英国海外贸易的发展。

自 19 世纪中叶起，运河运输的主导地位逐渐被更具优势的铁路等运输方式取代，英国运河业随之逐渐走向衰落，运河逐渐淡出民众的视野，多数运河逐渐被荒废、遗弃甚至填埋。

进入 20 世纪中叶，运河所蕴含的历史和文旅等方面的生产力价值日益受到人们的关注。英国运河沿岸途经地区大多风景秀丽，景色宜人，且运河及其沿线地带拥有丰富、多样的历史建筑遗产。鉴于英国运河特有的文旅价值、历史价值及其分布的广泛性等特征，二战以后，英国各相关运河组织、机构和个人一直致力于挖掘运河的既有价值，并努力挖掘运河潜在的现代社会经济要素。历经传承、创新和变革，英国运河的生产力要素已经得到大规模开发。英国运河在实现功能转型，推进各区域运河相关遗产保护、文化与产业协调发展等方面取得显著的成效。

（一）运河的历史和文旅价值被充分发掘

二战后初期，人们对英国工业化所带来的社会变迁产生怀疑和批评。受民众休闲时间增多、受教育水平提高等因素的影响，运河独特的文旅和历史遗产价值越来越受到人们的关注。作为一处完美融合了传统与生态的和平港湾，一处休闲娱乐的好场所，运河的维护和复建工作被提上日程，运河开始得到大规模的开发。

英国运河的维护和修复工作起初主要由运河爱好者协会、民间信托基金组织和社会公益组织等发起，如内河航运协会（Inland Waterways Association，IWA）、英国国民信托组织（the National Trust）、英国水路局等。20 世纪中叶，运河爱好者自发组织成立了内河航运协会。该协会在成立后不久，就发起了一项旨在提高国家对运河及其商业、娱乐价值的认识的运动。内河航运协会成员广泛利用议会游说、组织商业和游船集会、鼓励运河沿岸居民广泛地参与相关运河活动等方式大力宣传运河的历史和休闲娱乐功能。与此同时，该协会同英国国民信托组织、英国水路局等其他非政府机构通过积极采取公众捐款、发动志愿者参与等方式，完成了斯特拉特福德运河（the Stratford Canal）、阿什顿运河、峰林运河、格兰瑟姆运河等大量运河的复建工作。

在运河的维护、复建等工作不断开展的同时，运河的历史价值和旅游价值也得到进一步挖掘开发，现在英国运河已经以一种全新的存在方式继续在英国民众的日常生活中发挥着不可替代的作用，例如著名的庞特基西斯特输水道和布里奇沃特运河（Bridgewater Canal）等。

庞特基西斯特输水道是英国最长、最高的人工高架输水道，也是世界上最高的人工高架输水道，因其独特的创意和历史贡献，于 2009 年被列入《世界遗产名录》。输水道位于迪河上部约 38 米的高处，是一条弧形铁槽结构输水道，全长约 307 米，宽 3.6 米，内部水深 1.6 米，该水道在 19 世纪上半叶一经投入运输使用，就对这一地区的经济发展产生了显著的影响，极大地促进了该地区煤炭开采、农业生产等部门的发展。时至今日，该输水道运输功能远不似从前，但其历史价值和文旅价值历久弥新，该输水道独特的渡槽景观深受休闲娱乐者、旅游观光者、度假者等群体的青睐。①

布里奇沃特运河是由英国议会授权、私人开凿的第一条人工运河。该运河在开通之初发挥了巨大的运输价值，它将布里奇沃特公爵的沃斯利煤矿井与曼彻斯特连接起来，大大降低了当时曼彻斯特的煤炭运输成本，其所带来的丰厚利润昭示着经营运河业的巨大经济潜力。随后，一大批运河建造工程项目如雨后春笋般纷纷涌现，英国历史上掀起第一次运河投资高潮，英国进入"运河时代"。时至今日，布里奇沃特运河早已褪去其巨大的历史运输功能，逐渐转型为广受运河沿岸居民欢迎的一个休闲娱乐景点。现有运河沿岸相关的休闲旅游景点包括步行或骑行的环形线路、巴顿摇摆桥等。这些娱乐设施的建造和功能的开发离不开布里奇沃特运河基金组织以及当地的议会机构对运河发展愿景的准确定位和规划。

总体来讲，英国运河功能的转型是相当成功的，其历史价值和文旅价值都得到很好的挖掘。

（二）运河组织的公益性、社会性增强

英国各运河基金组织等的公益性和社会性不断增强，这在英国于1963年成立的水道局，并于2012年更名为运河与河流信托基金组织（Canal & River Trust）的发展历程中体现得比较明显。

英国水道局（British Waterways）成立于1963年，是代表公众利益的非政府组织，其主要的工作职责是最大限度地发挥经济、社会、环境和历史文化传统等方面的效益，将商业开发与公共利益相结合，通过商业运作获得资金来维护和改善英国2200多英里（合3540多公里）的运河和内河航运环境。英国水道局与许多私人、公共机构、政府部门、志愿者和慈善机构是合作伙伴关系，如野生动植物保护协会及其他地方性运河协会、历史遗产组织等。其管理的资产包括商业、居所、码头、仓库、船闸及水路沿线的工业遗存设施等。英国水道局的商业导向性比较强。为了筹措运河大规模改造计划所需要的资金，该组织引入大量私人资本，而这些私人资本需要相应的资金回报，常常需要通过增

---

① 《世界上的运河｜英国——庞特基西斯特输水道及运河》，搜狐网，2020年3月2日，https：//www.sohu.com/a/377108708_ 120059164，最后访问日期：2022年3月18日。

建运河沿岸的娱乐设施、提高运河上的游船经营量等方式来获取利润，这势必会降低运河的公益性和社会性。

2012年，英国水道局更名为运河与河流信托基金组织。相比前者，后者的公益性和社会性更强。在对运河开发的同时，该组织更加注重对运河的维修和保护，致力于使其悠久的历史文化得以更好传承。首先，该组织每年花费大量时间维护英国的运河，包括水闸、桥梁、隧道、渡槽、水库、涵洞、岩洞、堤防以及水道本身，保护拥有几百年历史的各类人造建筑，确保它们的安全性和可用性等。其次，该组织将运营理念设定为"通过水（路）让生活变得更美好!"。运河与河流信托基金组织的一些志愿者和整个英格兰和威尔士的社区合作，将运河和河流改造成了当地人们亲近自然和休闲娱乐的好场所。该组织通过有效地经营运河，在降低英国民众的肥胖率、减轻民众的生活压力、提高民众的心理健康水平等增进英国民众的社会福祉举措方面做出巨大贡献。最后，该组织也致力于出台各种政策，促进运河开发与各相关城市更新、重建之间的关系，通过活态化传承和创新方式，促进运河和现代城市之间的有机融合，使运河不断焕发生机与活力，使其悠久灿烂的运河文化得到更好的传承和发展。

（三）运河再开发与城市更新、重建协同发展

运河与城市的共生性在英国表现明显，运河横贯英国的各大主要城市，运河沿岸拥有众多的码头仓储区，富含的建筑遗产多、分布广，这决定了运河是英国现代城市环境中的重要组成部分，决定了运河复兴改造在促进英国城市经济社会发展、提高环境质量、保护历史遗存、提供发展旅游和休闲娱乐场所等方面具有重要的再生价值。为此，英国运河相关个人、组织机构乃至政府部门一直围绕着运河方面做研究，以"水"活力激发城市活力，以"水"发展促进城市发展，在汉普顿、利兹、曼彻斯特、利物浦以及伯明翰等城市，都涌现出大量的运河再开发项目。截至2019年，英国境内至少有80个运河复兴计划，这些项目旨在依托城市运河打造新的大型宜居城市社区，促进运河与城市的共荣共生、协同发展。

英国伯明翰市在以运河为目标的城市更新和重建方面一直处于世界前列，在运河再开发方面经验丰富，具有重要的借鉴意义。伯明翰城内运河分布广

泛，市区中心33%的城市人口居住在距运河1公里的范围之内；运河上的船闸更是独具特色，一些船闸如同楼梯状分布，且船闸无人看守，需要游客亲自完成运河船闸的开闸—蓄水—关闸这一完整升降船闸过程，对游客来说，体验感非常强。① 伯明翰市议会充分发挥当地运河特色，积极采取措施将运河转化为有用的资产，将运河的复兴与再开发定位为现代伯明翰城市复兴与转型计划的核心。布林德利运河区开发项目是伯明翰运河重建工程的典型，该项目依托原有废弃的运河区域进行升级改造，设计师在设计时秉承"创造安全、易达、富有吸引力的环境"的原则，在保留古运河区独有历史特色的基础上，糅进许多新的现代建筑、文化元素，使建成后的布林德利广场既精致又怀旧，富有场所感，极具特色。该运河区于1995年获评国际知名水畔景区，是英国第一个获得该荣誉称号的风景区。②

总体来讲，英国在促进运河与城市更新、重建协同发展方面是比较成功和典型的。运河再开发项目具有巨大的社会生产力价值，运河潜在的旅游和休闲价值能为其他零售、餐饮等活动提供重要的市场基础，能为当地民众创造新的就业岗位，为所在社区的民众提供新的居住空间以及无污染的步行、划船和自行车骑行道路等。而运河的线性特征同时意味着自然的线性特征，它能有效地将运河沿线各孤立的开发个体联系起来，在运河及其沿线构筑起一条独具特色的绿色长廊，并借此将城市与自然联系起来，将自然引入城市中心，从而实现城市与自然系统共生、有机增长的可持续发展愿景。

综上所述，英国的运河再开发取得令人瞩目的成就，具有重要的借鉴意义。首先，英国的运河在坚持以人为本、尊重运河历史本身的基础上，呈现了较好的文化表现力，其文化内涵和本质得到较好的挖掘。英国各运河多由私人、运河公司、运河与河流信托基金组织等自行管理和运营，它们注重根据各运河特色"量身"开发各种运河娱乐、休闲等项目，使英国的运河业百花齐放、各具特

---

① 《伯明翰的城市运河和船闸》，英国邦利，2018年6月27日，https：//www.bangli.uk/post/224638，最后访问日期：2022年3月21日。

② 《英国伯明翰运河区城市更新》，畅言网，2014年9月29日，http：//www.archcy.com/focus/redevelopment/cbe39736136efae9，最后访问日期：2022年3月21日；《［英国］伯明翰运河区，城市更新的典范》，新浪博客，2011年11月20日，http：//blog.sina.com.cn/s/blog_ 539fa9620100vdlz.html，最后访问日期：2022年3月21日。

色。其次，随着英国各运河基金组织功能的不断升级，其社会性和公益性也不断增强，在增进民生福祉、促进运河文化的传承和创新等方面做出巨大贡献。最后，英国的运河开发较好地实现了与当地城市的协同发展，在向现代社会生产力要素转化，促进现代英国城市的更新、重建方面具有重要的价值和意义。

二 英国运河建设发展状况

2021财政年度，受新冠肺炎疫情肆虐影响，英国运河业遭遇了巨大的挑战。但各运河基金组织更多地直面疫情下的各种问题，并致力于采取各种可行的方法解决问题，在维持基本的财政收支平衡，修缮基础设施，传承、推广运河文化等方面都取得一定成就。

（一）各运河机构、组织基本维持了2021财政年度的收支平衡

英国运河系统2021年的系列现代化功能的开发与改造在一定程度上受到新冠肺炎疫情的影响，导致其部分休闲娱乐价值有所下降。但部分运河信托基金组织和机构，如运河与河流信托基金组织、伦敦运河博物馆等积极应对新冠肺炎疫情挑战，通过改变营销和运营策略，吸引运河沿岸居民，多元融合开发，广泛吸纳社会慈善救助等方式，基本维持了2021财政年度的收支平衡状况。

2021财政年度内，运河与河流信托基金组织的总体收入维持在2.154亿英镑左右，仅比上一年度减少了70万英镑。就其具体财政收入状况而论，因各类收支项目受新冠肺炎疫情影响程度不同，与上一年度相比，有一些收入项目呈现上升的态势。捐赠和遗产收入增加了510万英镑，增至1150万英镑；交易收入增加了240万英镑。也有一些收入项目受疫情影响，呈现下降的态势。慈善活动收入为7860万英镑，同比下降5.4%，原因包括政府对新冠肺炎疫情管控，以及第三方资助项目在一年中大部分时间被推迟等。划船、系泊、船舶牌照、投资等相关业务收入也有所下降：船舶牌照收入减少了210万英镑，原因是疫情防控常态化时期向客户提供优惠以及订单取消等；从当地和国家合作伙伴处收到的第三方资助款项，以及信托基金管理的博物馆和游客景点的收入与上一年度相比下降了16.7%，原因是第三方资助的活动出现延误，以

及博物馆和景点在一年中大部分时间关闭等；总投资方面的收入下降了7.2%，降至4800万英镑。在财政总支出方面，与上一年度相比，也呈现不同的变化态势。2021财政年度总支出约为1.833亿英镑，同比减少了1080万英镑。但其中涉及关键基础设施等的维修、维护和工程建设等方面的总支出约为5250万英镑，与上一年度相比，增加了280万英镑，其中包括由极端天气和洪水等不可预测性自然灾害导致的计划外工程花费。例如，由于亚耳河和卡尔德航路（Aire & Calder Navigation）发生断裂，支出约290万英镑的维修费用。① 总体来讲，得益于多样化的运营方式以及弹性化的收入机制，运河与河流信托基金组织在2021财政年度内基本维持了财政收支平衡状态，但具体到各类收支项目上，因受新冠肺炎疫情影响状况不一，而表现出一定的差异性。

与运河与河流信托基金组织不同，受政府对新冠肺炎疫情管控限制，伦敦运河博物馆在2021财政年度内大部分时间里处于闭馆状态，因此盈利非常少。新冠肺炎疫情对博物馆经济效益的总体影响使2021财政年度收入与上一年度相比减少了156273英镑，同比下降了约82%。其中，闭馆导致门票收入下降了94%，场地租用收入下降了99%。2021年7~9月，由于出行限制政策放宽，游客人数有所反弹，超出一定的预期，但仍低于以往正常水平。场地租用方面受到的影响同样非常大，受新冠肺炎疫情影响，诸如婚礼等聚集性活动被推迟或取消，而其他会议和活动大多未如期举行。因为几乎没有门票制作发售、场地租用和商店经营活动，博物馆的总支出额也相应下降，但博物馆的修缮、展览和其他重大展出等的开支仍旧非常大，利用闭馆的几个月，博物馆对一些重要的历史建筑进行了全面的维修和复建工作。收入大规模减少，一些必要的支出仍然存在，这使博物馆年度净收入为−48039英镑。幸运的是，政府因新冠肺炎疫情向博物馆提供了50832英镑的资金援助，抵消了财政赤字部分，使博物馆在2021年度内维持了基本的财政收支平衡。② 总的来讲，伦敦运河博物馆因为运营方式和收入机制比较单一，受新冠肺炎疫情影响较大，这也启示我

---

① Canal & River Trust：Annual Report & Accounts 2020/2021，https：//canalrivertrust.org.uk/about-us/annual-report-and-accounts，Accessed April 18，2022.

② London Canal Museum Annual Report and Accounts 2020 - 2021，https：//www.canalmuseum.org.uk/annualreport2021.pdf，Accessed April 18，2022.

们，诸如运河博物馆等种类的运河文化产业，在新冠肺炎疫情等特殊时期，需要政府、社会慈善机构等部门、组织的更多帮助才能更好地渡过难关。

（二）运河的升级和改造工作进展良好

英国各运河机构、组织利用疫情发生以来闭馆、休业、船舶停运等机会，出台了众多涉及运河河道治理、桥梁修复、船闸升级、运河博物馆改造、运河文创产品开发等方面的文件，进一步推动了运河原有基础设施以及相关建筑的整顿和修复工作。

伦敦运河博物馆信托基金组织利用闭馆的几个月，对一些重要的历史建筑进行了全面的维修和复建工作。泰晤士运河信托基金组织年度报告显示该组织于 2021 财政年度内在一些核心维护、维修和基础设施工程等方面的基本支出继续保持增长状态。运河与河流信托基金组织相关负责人也指出，该组织在2020 年冬季的维修工程计划一直保持正常实施状态。布里奇沃特运河基金组织规划的巴顿渡槽拉船路工程也在 2021 年冬季如期开工，该项目的重点是为骑行者提供便利的道路，为曼彻斯特船舶运河提供安全通道，进一步推进布里奇沃特之路的阶段性建设工作等。①

概括而论，相关运河机构在疫情发生以来组织的系列维修和复建工作，进一步加快了英国运河文化产业的升级和改造，以此而论，新冠肺炎疫情无疑也是英国运河业发展过程中的一次重要契机。

（三）应对各类突发事件和自然灾害的能力较好

英国各运河机构、组织密切关注英国政府新冠肺炎疫情政策动向，并就运河相关运营政策做出适时调整。

在新冠肺炎疫情发生初期，针对新冠肺炎疫情颁发《冠状病毒病（COVID-19）期间船主应备船舶安全方案检查指南》（BSS Examination Preparation Linked to Covid-19 Protocols）等系列文件，以帮助运河上的船家在响应英国政府封控政策的前提下更好地应对新冠肺炎疫情。布里奇沃特运河基金组织在英国首相

---

① Barton Swing Aqueduct Towpath Works to Be Submitted for Planning-Bridgewater Canal，http：//www. bridgewatercanal. co. uk/news/barton-aqueduct-towpath-works-submitted-for-planning，Accessed April 18，2022.

宣布政府谨慎放宽英格兰封锁限制政策后，于 2022 年 3 月 8 日开始有限度地开放以单个家庭为单位的开放式船上的私人划船活动，4 月 12 日开始取消对单个家庭过夜或仅娱乐的限制，5 月 17 日开始允许六人或两户人乘坐封闭的船只。①

除了新冠肺炎疫情，英国运河事业在 2021 财政年度内还遭遇了克里斯托弗风暴以及洪涝灾害等极端天气的影响，例如，2020 年 12 月古尔郊外的 Aire & Calder Navigation 遭到破坏，2021 年初的克里斯托弗风暴对整个西北地区的运河网造成了广泛的破坏。对于这些不可预测性自然灾害带来的影响，运河相关机构做出了积极有效的应对，如对受损的 3 号船闸进行为期一年的重建工作，以及成立高风险资产调查团队等，最大限度地降低了灾害对运河正常运营所产生的影响。运河相关公司董事会还设立了一个新的基础设施委员会，以提高拥有 200 多年悠久历史的运河水运网应对各类突发自然灾害等的能力。

（四）运河的文旅价值和社会公益价值进一步凸显

在新冠肺炎疫情的灾难性影响面前，英国运河开发所带来的巨大文旅价值和社会价值更为凸显。在英国的许多社区，运河比以往任何时候都更受人们的广泛赞赏和重视。在民众被封锁在生活区域内之时，位于家门口的水道为数百万人提供了他们迫切所需的活动空间。在英国境内广泛分布的运河网络系统给处于封锁期的民众缓解精神压力和放松身心提供了重要的保障，它们为当地民众提供了通向户外、接近大自然和呼吸新鲜空气、置身绿色和蓝色空间的重要通道，这对居住在人口密集地区的人来说尤为重要，因为人口稠密的城镇和城市的自然环境空间相对是非常有限的。在这些地区，运河成为他们在封锁期间能够舒缓身心的重要场所。总之，在新冠肺炎疫情防控常态化时期，运河与当地民众日常生活之间的联系更为紧密，在此特殊时期，运河对当地民众的身心健康和福祉贡献了巨大力量。

2021 年布里奇沃特运河官方网站公布了一份调查报告。此次调查由皮尔公司（Peel L & P）发起，受访者大多居住在距离运河 2 英里的范围以内，调

---

① Coronavirus（COVID-19）Communication to Bridgewater Canal Users，http：//www.bridgewatercanal. co. uk/news/article. aspx？ID＝295，Accessed April 18，2022.

查目的是了解拥有 260 年历史的布里奇沃特运河在新冠肺炎疫情防控常态化时期对当地民众的心理健康的影响状况，以帮助该运河进一步完善其相关功能，提升运河潜在的经济和社会价值。

调查结果显示，自 2020 年 3 月封锁以来，前往运河的游客比在疫情发生前去过的游客增加了 25%，在新冠肺炎疫情防控常态化时期，运河有助于提高当地居民的心理健康水平和幸福感。此次调查的受访者中有超过 40% 的人表示运河让他们感到放松或快乐，58% 的人表示他们游览运河是 2020 年疫情防控的直接结果，35% 的人表示在疫情防控常态化时期他们每周至少去该景点一到两次。针对此次调查结果，皮尔公司旗下布里奇沃特运河总监彼得·帕金森（Peter Parkinson）总结称："我们一直都知道布里奇沃特运河非常特别，但听到人们在疫情防控期间如何依靠它进行锻炼，更加向我们证实了它是多么宝贵的自然资产。""自封锁以来，我们有更多的步行者、跑步者和骑行者使用运河，人们告诉我们，他们很幸运能在家门口有这样一个地方，80% 的人说他们对运河感到自豪。"皮尔公司的可持续发展总监乔·霍尔顿（Jo Holden）进一步补充说："我们都与大自然有联系。对于我们中的许多人来说，靠近水可以帮助我们感到平静，并提高我们的健康状况和幸福感。我们对运河的改进正在帮助人们安全地享受沿岸风景，并为工作和休闲娱乐提供绿色环保的交通线路。"①

总之，在新冠肺炎疫情防控常态化时期，随着英国运河潜在的文旅价值和社会价值进一步提升，运河在英国民众心中的地位也进一步提升，此后，英国民众保护运河遗产、传承运河文化的自觉性和主动性也必将进一步增强。

（五）运河文化的传承与创新模式更加灵活多样

受新冠肺炎疫情影响，运河相关私人、组织、机构更加积极地转变运营、管理和宣传模式，通过线上与线下相结合等方式，开展了大量形式新颖、内容丰富、影响广泛的运河遗产保护、传承、利用工作，进一步推进了英国运河文化的传承与创新工作，英国伦敦运河博物馆的做法堪称典型案例。

英国伦敦运河博物馆在新冠肺炎疫情防控常态化时期通过线上方式开展了

---

① Bridgewater Canal Helps Improve People's Mental Health and Wellbeing During Covid - 19 Lockdowns, with Requests for Paddle Boarding on the Waterway-Bridgewater Canal, http：//www. bridgewat ercanal. co. uk/news/article. aspx？ ID＝294，Accessed April 18, 2022.

丰富多彩的讲座、新书发布会等活动，维持甚至加大了运河历史文化的传承力度。虽然该博物馆一些与运河历史等相关教育类的线下推广项目几乎全部暂停，但相关组织者将一些项目改由数字化渠道进行。例如，受新冠肺炎疫情影响，伦敦运河博物馆的传统线下教育活动无法开展，学校参观活动几乎全部被取消。对此，伦敦运河博物馆相关人员改变策略，将一些按照惯例承办的运河系列讲座改为以线上视频会议方式进行。此外，该博物馆还通过线上方式举行了卡罗琳·克拉克（Carolyn Clark）的《东区运河故事》（*The East Canal Tales*）一书的新书发布会，该书揭示了莱姆豪斯（Limehouse）与国王十字街道（King's Cross）之间的摄政运河沿岸的运河社区的社会历史发展状况，该书的顺利出版发行，进一步加强了学界对摄政运河相关历史问题的认识，有助于进一步推进英国运河历史文化的传承工作，具有重要的学术价值和现实意义；同时，博物馆在口述历史藏品方面也进行了大量的整理编纂工作，并将其中一些录音作品在官方网络平台上公开发布，该举动同样意义非凡，是活态化传承运河历史文化的重要举措之一。[①]

总体来讲，伦敦运河博物馆为有效应对新冠肺炎疫情，积极转变运营策略，将部分运河文化产业转由线上方式继续运营，而这些新型在线公开演讲、展览、新书发布会等活动反而扩大了民众基础，不再仅仅局限于伦敦及其周边地域内的民众，取得的效果非常好。

综上所述，新冠肺炎疫情是英国运河业面临的一次重大挑战，也是一次前所未有的机遇，在疫情限制解除之时，英国运河上的船闸使用量激增等情况说明船只运营者、划船休闲者以及乘船观光旅游者等对重回运河的期待，这预示疫情过后运河业的发展前景将会非常好。

三　关于英国运河总体发展状况的反思与建议

在历史文化遗产保护、传承意识较强的英国，运河作为英国历史上一项伟大的创举，其沿线的非物质文化遗产的保护和传承早已成为运河沿线社区民众

---

① London Canal Museum Annual Report and Accounts 2020 - 2021，https：//www. canalmuseum. org. uk/annualreport2021. pdf，Accessed April 18, 2022.

的自觉行为。依托运河基金组织等民间慈善组织、公司或机构，英国运河的文旅建设工作持续推进，如今已经形成许多以运河遗产、文化保护为基础，彰显时代风貌和文化生态特征，将文化和旅游全方位、多领域、深层次融合的运河文化产业建设项目，充分实现了社会效益和经济效益的双效统一。而新冠肺炎疫情更是一次重要的契机，经历此次疫情，运河在英国民众心目中的地位进一步提升，运河潜在的经济、文化价值以及社会价值等也必将得到更大幅度的提升。但细细考量，不难发现，英国运河在不断开发的过程中同样存在诸如协调统一性不强、忽视航运功能开发等问题，需要采取措施加以解决，以更好地推动英国运河业的进一步发展，更好地实现英国运河与现代城市的协同发展，更好地促进英国运河文化的传承与创新。

（一）建立各运河间的协调、统筹发展机制

运河作为历史上的一种重要运输方式，在建设与投资上具有工程浩繁、耗资巨大、建设周期长、资金回收慢等特点，因而世界各国在实施这项工程时，通常采用政府拨款或银行贷款两种方式，但在英国，此类资金筹措方式占比却很小。英国运河建造资金的来源通常可以分为三类：第一，完全由个别财力雄厚的大土地所有者独自承担；第二，由议会委任的地方运河委员会等从对过往船只征税中拨付资金；第三，组建股份公司发行股票，这是英国运河建设中最常见的筹资方式。英国运河的建造资金筹措方式决定了它在后续的运营、管理等方面与中国、西欧等国家和地区均不相同，作为地区、私人、公司等利益的产物，英国各运河普遍存在各自建设和各自管理的问题，导致各运河之间统筹性不强、协调机制不健全，且政府在其中的运作能力相对较弱。

这些问题延续至今，在英国现代运河复兴和改造过程中持续存在。英国运河的再开发仍主要由运河所属的公司、机构、组织等承担，这种方式虽然能将各自运河的潜力发挥到最大，但各运河之间的综合协调能力仍显不足。

英国运河内网的改造绝非一蹴而就，需要各运河机构、组织协同发展，制定统一的发展规划，且在实践过程中，各合作方必须有足够的决心并承担各自的责任，要明确英国运河总体发展目标与规划政策，并根据各自运河的实际情况适时做出必要的调整，唯有如此，才能更好地实现利用英国独具特色的内陆水网让英国民众的生活变得更美好的时代愿景。

（二）在践行可持续发展理念基础上提升运河航运功能

英国的运河再开发取得令人瞩目的成就，运河的历史文化和旅游价值得到充分的挖掘，但在开发过程中也存在一些问题，例如忽视对运河航运功能的开发。英国是一个岛国，生产和生活资源不足，高度依赖与欧洲及世界其他国家之间的贸易往来，需要便捷的海内外贸易交通方式做支撑。英国境内目前利用率比较高的是铁路运输和公路运输，与运河相比，这些交通运输方式对环境可持续发展的压力比较大。英国运河网遍布全国，具有天然的交通运输开发价值，但英国运河通航能力自开凿以来未曾改变，存在巨大的不足。英国运河多为窄运河，可通航的船只也多为窄船，货物通行量非常有限。适应全球环境可持续发展和低碳出行要求，提升运河航运功能，应当成为英国运河进一步开发的关注点之一。

在转变现行运河开发模式，提升运河航运功能的同时，不能忽视运河的可持续发展问题。在运河航运功能提升之后，运河上的船只通行量必定会增加，这势必会弱化运河原有的优势，降低民众对运河原有的情感体验。这是英国运河在未来的开发过程中需要高度关注的问题之一，运河航运功能的再开发需要在坚持可持续发展原则的基础上合理、适度地进行。

参考文献

布里奇沃特运河官网，http：//www. bridgewatercanal. co. uk/。

伦敦运河博物馆官网，https：//www. canalmuseum. org. uk/。

泰晤士运河官网，http：//riverthames. info/。

英国运河与河流信托基金组织官网，https：//canalrivertrust. org. uk/。

英国水路局官网，https：//waterways. org. uk/。

D. E. Owen, *The Manchester Ship Canal.* Manchester University Press, 1983.

J. Boughey & C. Hadfield, British Canals：The Standard History. *The History Press*, 2008.

R. Ward, The Fiance of Canal Building in Eighteenth-Century England. *Oxford University Press*, 1974.

B.18

2020～2021年巴拿马运河发展报告

——航运概况、防疫举措与可持续发展

田肖红 孙 卓 孙亚萍*

摘　要： 2020年全球新冠肺炎疫情突袭而至，巴拿马运河管理局勇于面对挑战，合理调整各项政策，在努力加强自身防疫管控的同时，积极参与国际抗疫合作与援助，并继续坚持实施可持续发展战略，不仅成功保障了年度收入的稳定增长，还为世界防疫和全球可持续发展做出贡献。其主要经验在于正确认识自身价值，立足民生，把握经济运营与可持续发展之间的平衡，这当成为巴拿马运河对其他国家和地区的运河经营和发展所具有的借鉴和启示意义。

关键词： 巴拿马运河　巴拿马运河管理局　防疫措施　可持续发展

2020年发生的全球新冠肺炎疫情对各行各业及世界各地造成了广泛而深刻的影响，作为全球重要航运通道的巴拿马运河也未能免受疫情影响。本报告主要关注疫情发生后巴拿马运河的航运概况、巴拿马运河管理局为保障运河通行而采取的防疫措施及对运河长远发展的规划。

一　运河航运概况

新冠肺炎疫情的全球大流行在短时期内对巴拿马运河的航运通行造成了较

---

* 田肖红，历史学博士，聊城大学历史文化与旅游学院副教授，聊城大学太平洋岛国研究中心研究员，主要研究方向为世界近现代史、美国史和太平洋国际关系史。孙卓，聊城大学外国语言与外国历史专业本科生，主要研究方向为世界近现代史。孙亚萍，聊城大学外国语言与外国历史专业本科生，主要研究方向为中外交流史。

大影响，但这一影响并未持续太久，运河通行总吨位数的变化证实了这一点。

在疫情发生前最后一个财年即2019财年（FY19，2018年10月至2019年9月）①，巴拿马运河通行总吨位数以4.69亿巴拿马运河吨（PC/UMS，下文简称"吨"）②结束，与2018财年相比增长6.2%。这一数据超过了2019财年预估的4.51亿吨，以及2018财年实际登记的4.42亿吨，创造了新纪录。从货物构成来看，与上一财年相比，2019财年液化天然气（LNG）和液化石油气（LPG）运输量分别增长了37.6%和6.9%，在所有行业中增幅最大；原油油轮和车辆运输船或滚装船运输量次之，分别增长5.6%和5.5%。从航运方式来看，集装箱运输仍然占据最主要地位，在2019财年贡献了1.65亿吨的通行量，其中1.26亿吨通过巴拿马运河新闸运输。2019财年，运河航运主要用户为美国、中国、日本、智利和墨西哥。③

2020财年，即2019年10月至2020年9月，巴拿马运河航运呈现两种不同的情景，上半年运河通行量高于预期，但随后发生的新冠肺炎疫情扰乱了全球生活与经济秩序。2020年5月至7月，新冠肺炎疫情大流行对巴拿马运河的影响达到顶峰，主要由于客运船、车辆运输船和液化天然气油轮减少，运河通行量减少了20.0%。然而，2020财年最后两个月，即2020年8月到9月，运河航运和货物运输恢复正常。最终，在新冠肺炎疫情冲击全球的艰难形势下，2020财年巴拿马运河通行量以4.75亿吨结束，略高于2019财年。作为全球贸易的主要航线，巴拿马运河的活动反映了全球经济走势。据国际货币基金组织2020年的估计，受疫情影响，当年全球经济可能收缩5.0%左右，美国经济降幅则可能高达8.0%。在这种情况下，巴拿马运河2020财年通行总吨位数仅比预估下降4.0%，而高吃水量船舶通行总吨位数则比2019财年增长1.0%。④

---

① 巴拿马运河管理局以当年10月1日至第二年9月30日为一个财年。

② PC/UMS（Panama Canal/Universal Measurement System）为巴拿马运河通用计量系统。

③ Ingresos del Canal de Panamá Aumentan 3.9% en año Fiscal 2019, Canal de Panamá, 24 Octubre, 2019, https：//micanaldepanama.com/ingresos-del-canal-de-panama-aumentan-3-9-en-ano-fiscal-2019/, Accessed March 15, 2022; Panama Canal Closes 2019 Fiscal Year with Record Tonnage, Canal de Panamá, 9 October, 2019, https：//pancanal.com/en/panama-canal-closes-2019-fiscal-year-with-record-tonnage/, Accessed March 15, 2022.

④ Panama Canal Closes 2020 Fiscal Year with 475 Million Tons, Canal de Panamá, 5 October, 2020, https：//pancanal.com/en/panama-canal-closes-2020-fiscal-year-with-475-million-tons/, Accessed March 18, 2022.

2021 财年结束时，巴拿马运河通行总吨位数创下 5.17 亿吨的纪录，比 2020 财年增长 8.7%，比 2019 财年登记吨位高 10.0%。其中，集装箱运输仍然占比最高，为 35.6%，达到 1.84 亿吨。液化天然气、液化石油气、汽车和散货运输大幅度推动了 2021 财年运河通行量的增长，通过运河的液化天然气更是比上一财年增长近 1/3（31.4%）。在新冠肺炎疫情持续影响和供应链中断的情况下，巴拿马运河成功取得优秀业绩。① 据 2022 年 1 月 20 日巴拿马《星报》报道，2021 年巴拿马运河共通过新巴拿马型和巴拿马加型货轮 1628 艘，是 2005 年的 2 倍以上。2021 年运河港口巴尔博亚港（Balboa，又译巴波亚港）货物吞吐量为 233.59 万标箱，同比上涨 19.3%。巴拿马国际港货物吞吐量为 120 万标箱，与 2020 年持平。② 2021 年 12 月，巴拿马运河管理局（ACP）向该国总统科尔蒂索递交了一张价值为 20.81 亿美元的支票，其中运河运营盈利 14.88 亿美元，船舶吨税收益 5.91 亿美元。自 1999 年底巴拿马运河收归巴拿马政府所有后，累计向巴拿马财政贡献 207.23 亿美元。③ 根据世界银行 2022 年 1 月公布的《全球经济展望》报告数据，2021 年巴拿马经济增长率预计为 9.9%，2022 年为 7.8%，2023 年为 5.0%，充分体现出国际社会对巴拿马经济发展的信心，巴拿马将成为中美洲乃至整个拉丁美洲和加勒比地区最具增长活力的国家之一。④

巴拿马运河通航近百年来，已成为西半球乃至全球重要的航运通道，对巴拿马及世界经济贸易发展发挥了重要作用。据中国商务部信息，巴拿马运河承

① Canal de Panamá Cierra año Fiscal 2021 con Récord de Tonelaje Mientras Planifica Importantes Inversiones al 2030, Canal de Panamá, 16 Octubre, 2021, https：//pancanal. com/es/canal-de-panama-cierra-ano-fiscal-2021-con-record-de-tonelaje-mientras-planifica-importantes-inversiones-al-2030/, Accessed March 15, 2022; Canal Connection, Canal de Panamá, October, 2021, https：//pancanal. com/en/canal-connection/, Accessed March 15, 2022.
② 《2021 年巴拿马运河通行货轮共计 1628 艘》，中华人民共和国商务部网站，2022 年 1 月 20 日，http：//panama. mofcom. gov. cn/article/jmxw/202201/20220103240230. shtml，最后访问日期：2022 年 3 月 18 日。
③ 《2021 财年巴拿马运河贡献财政 20.8 亿美元》，中华人民共和国商务部网站，2021 年 12 月 16 日，http：//panama. mofcom. gov. cn/article/jmxw/202112/20211203230213. shtml，最后访问日期：2022 年 3 月 18 日。
④ 《世界银行预测 2022 年巴拿马经济增长将达到 7.8%》，中华人民共和国商务部网站，2022 年 1 月 11 日，http：//panama. mofcom. gov. cn/article/jmxw/202201/20220103238343. shtml，最后访问日期：2022 年 3 月 18 日。

担着全球 5%~6%的贸易货运量，美国与亚太地区之间 23%的贸易货物通过巴拿马运河运输。运河已成为巴拿马政府重要的收入来源，对巴拿马财政贡献突出，在运河主权收归巴拿马后，其财政贡献率更是显著提高。据巴拿马运河财政部统计，运河产值约占巴拿马 GDP 的 8%，加上在运河基础上衍生的海事服务、港口、贸易、旅游等产业，其对巴拿马经济的贡献率在 20%以上。[①]

面对全球新冠肺炎疫情的巨大冲击，同时面对其他运输路线的竞争，巴拿马运河得以继续保持良好发展势头，除其得天独厚的地理位置外，还在于疫情下的特殊机遇及巴拿马运河管理局为抓住机遇而积极采取的一系列措施。

二　疫情应对与国际合作

2020 年以来，受新冠肺炎疫情冲击发生巨大变化，全球经济发展陷入低迷，国际贸易受疫情影响尤为严重，人员、货物流动受阻，不稳定和不确定因素持续增多。在非常态化的疫情环境下，巴拿马运河作为"世界的桥梁，地球的心脏"，其常规运营面临前所未有的风险和挑战。

为有效控制和应对新冠肺炎疫情，巴拿马政府和巴拿马运河管理局积极出台并实施了一系列防疫措施。

（一）多重措施应对疫情，保障运河通行

巴拿马政府采取的防疫措施是巴拿马运河应对疫情的基本前提和基础，主要有：限制游客出入境、实施医疗物资管制、封锁边境口岸、停工停学、建设巴拿马临时医院、规范民众卫生行为、免费提供新冠病毒检测、设立新冠肺炎疫情咨询热线、将巴拿马费加利（Figali）国际会展中心改造成方舱医院为新冠肺炎患者提供隔离场所、推出团结巴拿马计划、向民众发放食品包和消费券等。[②] 在巴拿马政府应对疫情措施的基本前提下，巴拿马运河管理局也出台了应对疫情的具体措施，以保障运河的持续运营和员工、客户及通行船只船员的

---

① 商务部国际贸易经济合作研究院等编写《对外投资合作国别（地区）指南：巴拿马（2020年版）》，第 15 页。

② 商务部国际贸易经济合作研究院等编写《对外投资合作国别（地区）指南：巴拿马（2020年版）》，第 67~68 页。

健康。

据巴拿马运河管理局发布的公告，2020 年 1 月起巴拿马运河管理局即启动相关措施以应对疫情。3 月，在巴拿马政府宣布施行全国强制隔离措施后，为阻止病毒传播并保障运河运营，巴拿马运河管理局根据世界卫生组织的提议并在巴拿马卫生部指导下进一步升级了相关防疫措施，具体包括：减少运河现场工作人员，成立运河运营必备人员团队；通过特殊交通工具以小组形式将运营团队运送至工作区域，减少感染风险；建立运营班次，保障工作人员充分休息。巴拿马卫生部还为通行船舶制定了过境指南，要求所有抵达巴拿马运河水域的船只报告其最后停靠港口及在抵达任何有新冠肺炎病毒传播警报的港口前两周内船员的任何变化。巴拿马运河管理局密切关注疫情进展，注重加强与员工和客户的沟通，以随时应对各类特殊状况。[1]

面对世界经济的不稳定及新冠肺炎疫情对航运公司的影响，运河管理团队在与行业领导者沟通后，听取了关于如何在疫情下更好地为客户提供支持和服务的建议。2020 年 4 月，巴拿马运河管理局发布公告，宣布将对预订系统进行临时调整，以为客户提供更多的灵活性服务。根据该公告，巴拿马运河管理局自 2020 年 5 月 4 日起临时更改了确认预订后预定保证金的放置要求和预订费的预付款要求，客户可以在船舶开始运输之前为预订舱位的付款提供担保。该临时措施初步预计实行 120 天，于 9 月 1 日解除。由于疫情的持续，巴拿马运河管理局于 2020 年 8 月 25 日再次发布公告称将延长该临时救济措施至 2020 年 12 月 31 日，以进一步为行业复苏提供支持。巴拿马运河管理局局长里考特·巴斯克斯（Ricaurte Vásquez）表示，"巴拿马运河已为客户服务了一个多世纪，因此我们知道当前时期适应和合作的重要性"，"未来几个月我们行业仍将充满挑战，我们的目标是帮助客户减轻当前的财务负担，以便我们都能准

---

① Panama Canal Adopts Measures to Guarantee Sustained Operations Amid COVID-19, Canal de Panamá, 25 March, 2020, https：//pancanal. com/en/panama-canal-adopts-measures-to-guarantee-sustained-operations-amid-covid-19/, Accessed March 18, 2022; Our Commitment to Safe, Continued World Trade, Canal de Panamá, 3 April, 2020, https：//pancanal. com/en/our-commitment-to-safe-continued-world-trade/, Accessed March 18, 2022; Panama Canal Closes First Half of 2020 Fiscal Year with Eye on COVID-19 Impact, Canal de Panamá, 16 April, 2020, https：//pancanal. com/en/panama-canal-closes-first-half-of-2020-fiscal-year-with-eye-on-covid-19-impact/, Accessed March 18, 2022.

备好迎接更美好的明天"。巴拿马运河管理局承诺，巴拿马运河始终致力于为航运公司和托运人提供行业领先的环境条件、较短的通行时间并节约成本。①

（二）参与国际合作，共抗新冠肺炎疫情

作为重要的全球航运通道，巴拿马运河不仅是各类贸易物资的运输通道，还是全球防疫物资的运输通道，对防疫物资的及时分发至关重要。巴拿马运河管理局充分认识到这一点，积极参与全球防疫合作，为争取国际抗疫胜利贡献力量。

新冠肺炎疫情威胁着全人类的安全，仅依靠某个国家或某些国家采取应对措施是绝对不够的，只有全人类及世界各国密切合作、共同反击，才能取得国际抗疫斗争的胜利。巴拿马和巴拿马运河已成为拉丁美洲和加勒比地区的交通和物流枢纽，这一地位还因其当地港口及连接整个大陆的空运枢纽而得到提升。运河的战略地理位置使其成为向整个拉丁美洲和加勒比地区运输疫苗及医疗用品的主要推动者。

随着全球新冠肺炎疫情的持续，接种新冠肺炎疫苗成为防治疫情的有效手段之一，而疫苗的全球运输和分发则成为其中的关键环节。为更好地保护弱势群体，在联合国儿童基金会（UNICEF）倡议下，世界经济论坛（World Economic Forum）下属的供应链与运输行业行动小组（Supply Chain & Transport Industry Action Group，SCT）签署了一份支持联合国儿童基金会和新冠肺炎疫苗实施计划（COVAX）关于疫苗分发的宪章，以实现在全球广泛、安全和可持续地分发新冠肺炎疫苗。② 应世界经济论坛邀请，巴斯克斯宣布巴拿马运河加入世界经济论坛的供应链与运输行业行动小组成为宪章签署方。宪章再次确认了运输行业各部门联合起来为新冠肺炎疫苗运输和分发做好规划和准备的承诺。宪章

---

① Panama Canal Implements Temporary Relief Measures for Customers Amid Economic Uncertainty, Canal de Panamá, 29 April, 2020, https：//pancanal. com/en/panama－canal－implements－temporary－relief－measures－for－customers－amid－economic－uncertainty/, Accessed March 17, 2022；The Panama Canal Extends Temporary Relief Measures for Customers to End of 2020, Canal de Panamá, 25 August, 2020, https：//pancanal. com/en/the－panama－canal－extends－temporary－relief－measures－for－customers－to－end－of－2020/, Accessed March 17, 2022.

② https：//www3. weforum. org/docs/WEF_ SCT_ IAG_ Charter_ for_ Collective_ Action_ in_ Support_ of_ UNICEF%20_ COVAX. pdf, Accessed March 18, 2022.

的签署者还包括丹麦马士基集团（A. P. Møller-Maersk）、瑞士地中海航运公司（Mediterranean Shipping Company）、法国达飞海运集团（CMA CGM Group）、德国赫伯罗特船务公司（Hapag-Lloyd）、瑞典 Stena AB 航运集团、新加坡国际港务集团（PSA International）、迪拜环球港务集团（DP World）和安特卫普港在内的全球港口运营商，以及敦豪航空（DHL）、汉莎航空（Lufthansa）和新加坡航空（Singapore Airlines）等航空运输公司。根据世界经济论坛供应链与运输行业行动小组的规定，宪章签署者将通过规划、准备、优先运输和分发新冠肺炎疫苗和相关用品，支持 COVAX 参与国。宪章支持联合国儿童基金会的全球疫苗物流配送（Global Vaccine Logistics Distribution），并代表 COVAX 为疫苗及相关物资的国际和国内配送提供优先顺序和解决方案。巴斯克斯表示"很荣幸和自豪地签署这一宪章，进一步加强巴拿马运河在全球人道主义努力中的作用"，"在这次（新冠肺炎疫情）大流行期间，我们一直在为全球服务，并将继续利用我们的重要地位来连接世界"①。

巴拿马运河还发挥其联动和协调作用，联合运河周边各港口码头为疫苗运输贡献力量。2021 年 1 月，巴拿马运河管理局首先与位于太平洋一侧的巴拿马港口公司（Panama Ports Company，PPC）和 PSA 巴拿马国际码头（PSA Panama International Terminal）签署谅解备忘录，以优化新冠肺炎疫苗和物资在拉丁美洲的供应和分发路线。2 月，巴拿马运河管理局又与位于大西洋一侧的曼萨尼约国际码头（Manzanillo International Terminal，MIT）和科隆集装箱码头（Colon Container Terminal，CCT）签订合作备忘录，这两个码头也加入优化新冠肺炎疫苗和物资供应路线计划。根据签署的备忘录，巴拿马运河将与各个港口建立合作联盟，分别致力于在巴拿马运河太平洋一侧和大西洋一侧建立物流中心，为拉丁美洲地区储存和分发新冠肺炎疫苗和其他物资提供便利。巴拿马运河管理局和各港口码头负责人分别表达了对合作备忘录和工作的重视。巴斯克斯强调，"通过建立这种伙伴关系，我们致力于确认巴拿马为克服这一全球挑战所做的贡献"，"巴拿马运河将研究和开发更多的设施来储存和（或）分装疫

---

① Panama Canal Supports WEF and UNICEF Charter to Facilitate COVID-19 Vaccine Transportation and Distribution, Canal de Panamá, 21 December, 2020, https：//pancanal.com/en/panama-canal-supports-wef-and-unicef-charter-to-facilitate-covid-19-vaccine-transportation-and-distribution/, Accessed March 18, 2022.

苗、能源物资和其他盈余物资，以及连接到太平洋一侧和大西洋一侧两个码头的路线"。

国际海事组织（International Maritime Organization，IMO）制定了保护并帮助"重点员工"的指导方针，世界各港口都要求船员更替时出具疫苗接种卡或护照。据此，巴拿马海事局也开展行动助力巴拿马运河和各港口的防疫活动。尤其是致力于为抵达巴拿马水域的任何国籍和登记在任何国家名下的船舶上愿意接种疫苗的海员提供疫苗接种服务。巴拿马海事局局长强调，"（海员）作为优先和重点员工，对他们进行免疫接种对抗击全球新冠肺炎至关重要"①。巴拿马海事局的防疫措施，不仅仅有利于全球抗疫斗争的胜利，更有助于为巴拿马运河的通航提供一个安全环境。

三 经济恢复与可持续发展

巴拿马运河及其衍生产业对巴拿马经济总量的贡献率在20.0%以上，是巴拿马共和国赖以生存和发展的重要支柱。保障运河及相关产业的正常运转及可持续发展，成为巴拿马政府及相关机构的重要工作内容。自新冠肺炎疫情全球大流行以来，除为保障运河通行而采取的各类防疫措施之外，巴拿马政府和巴拿马运河管理局还致力于运河附加产业，如运河旅游等行业的恢复和发展，并坚持落实和推动可持续发展战略，保障运河成为巴拿马人民长远的发展利益。

（一）及时出台措施，重振运河旅游业

对于巴拿马共和国而言，巴拿马运河的重要性不仅在于其在世界航运中的作用及由其产生的经济利益，还在于运河衍生的海事服务、港口和旅游等附加产业为巴拿马财政的重要贡献。其中，运河区域旅游成为与运河发展密切相关的附加产业之一。

---

① Panamá Continúa con su hub Humanitario y Hace Historia al Apoyar con la Vacunación a la Gente de mar de Cualquier Nacionalidad y Registro de Naves que Arribe a sus Aguas，República de Panamá，6 Enero，2022，https：//amp. gob. pa/notas－de－prensa/panama－continua－con－su－hub－humanitario－y－hace－historia－al－apoyar－con－la－vacunacion－a－la－gente－de－mar－de－cualquier－nacionalidad－y－registro－de－naves－que－arribe－a－sus－aguas/，Accessed March 12，2022.

新冠肺炎疫情的发生对巴拿马运河旅游业造成严重冲击。2020年1月，世界卫生组织宣布新冠肺炎疫情为国际关注的突发公共卫生事件，严峻的疫情形势直接影响了国际游客的出游意愿，各国政府采取的疫情防控措施也进一步降低了游客的出游意愿，国际游客数量锐减，世界各国出入境旅游基本陷入低迷甚至停滞状态。在世界旅游业低迷的情况下，巴拿马运河旅游业也难逃疫情影响，运河旅游一时停滞。

进入2021年，随着新冠肺炎疫情进入防控常态化时期，加之新冠肺炎疫苗的广泛推广和接种，在世界经济缓慢复苏的整体背景下，部分国家开始放宽旅行限制，人们的出游意愿开始被唤起，旅游行业也进入试水和复苏阶段。根据联合国世界旅游组织的数据，2021年全球旅游产业较2020年上涨4.0%，2021年美洲地区接待国际游客人次同比上涨17.0%。[①] 为重振受疫情打击的旅游业，巴拿马政府也开始出台政策推动运河旅游的恢复和发展。

2020年11月，巴拿马政府签署新法令，对当月起至2024年通过巴拿马运河且母港在巴拿马的邮轮，逐年退返70%~100%不等的过河费，这成为巴拿马刺激运河旅游的重要举措。[②] 运河区主要旅游景点也逐渐恢复运营和开放。2021年5月，巴拿马运河管理局发布消息称，位于科隆省的阿瓜克拉拉（Agua Clara）游客中心将在严格遵守巴拿马卫生部防疫规定的条件下于当月15日重新开放。阿瓜克拉拉游客中心自2012年开始接待游客，游客在此可以欣赏加通湖（Gatun Lake）、阿瓜克拉拉水闸和巴拿马运河大西洋入口的景色。为应对游客中心的重新开放，巴拿马运河管理局制定了严格的游览规定和卫生保障措施，如游客中心履行各项常规清洁程序，设置安全距离标志，配备酒精消毒凝胶，仅对通过门户网站进行预订的团体提供服务；游客必须遵守运河和当地相关防疫规定，必须佩戴外科口罩，使用布口罩者不被允许入内，预定团队须提前到达以测量体温；等等。巴拿马运河管理局宣称："这是在该中心因

---

① 《世界旅游组织发布2021年世界旅游数据》，中国文化网，2022年2月11日，https：//cn.chinaculture.org/pubinfo/2022/07/23/200001003002001/ef92d909b7cd456e8368a566e64dd2be.html，最后访问日期：2022年3月18日。

② 《巴拿马运河未来四年将向部分邮轮退过河费》，中华人民共和国商务部网站，2020年11月17日，http：//panama.mofcom.gov.cn/article/huiyuan/202012/20201203020489.shtml，最后访问日期：2022年3月18日。

（新冠肺炎疫情）大流行而暂停运营一年后，巴拿马运河为本地和外国游客提供的欣赏跨洋水道的绝佳机会。"[1] 2022年1月，巴拿马《星报》报道，位于巴拿马城的托库门国际机场2021年全年接待游客916万余人次，其中2021年12月的游客接待量比11月增加10万人次。[2] 由于运河区旅游是国际游客赴巴拿马旅游的首要目的地，上述数据在一定程度上是运河区旅游逐渐恢复的反映。

（二）坚持可持续战略，着意长远发展

自新冠肺炎疫情发生以来，巴拿马运河践行可持续发展的行动主要表现为继续推行保护海洋和海洋生物多样性，出台应对气候变化的举措和优化区域水资源管理，保障运河的可持续运营并为全球可持续发展贡献力量。

根据国际海事组织的速度和航行建议，为保护鲸鱼、海豚和其他大型水生生物，2014年巴拿马运河开始实行航道分离计划和船舶减速计划。根据上述计划，通过太平洋和大西洋进出运河的船舶必须停留在被称为分道通航计划（TSS）的指定航行区域内，通过运河太平洋一侧的船只应以不超过10节的速度航行，这减少了进出运河的船舶与迁徙的海洋生物之间的交叉重叠及对海洋生物的惊扰。由于巴拿马湾是迁徙座头鲸的重要越冬地，上述措施显著降低了涉及鲸鱼和其他鲸类动物的交互事件和严重事件发生的可能性，也确保了对通过运河周围水域的船只的控制和海上安全。

2021年8月，巴拿马运河管理局发布公告称将于2021年8月1日至11月30日再次实行上述计划，因为鲸鱼、海豚和其他大型水生生物这一时期在附近进行季节性迁徙。巴拿马运河委托进行的一项研究发现，巴拿马运河分道通航计划还获得了显著的碳减排效果。对船舶自动识别系统（AIS）的速度、位置和航向数据的分析证实，遵守上述建议可使船舶的温室气体和污染气体排放

---

① Centro de Visitantes de Agua Clara Reabre sus Puertas, Canal de Panamá, 12 Mayo, 2021, https://micanaldepanama.com/centro-de-visitantes-de-agua-clara-reabre-sus-puertas/, Accessed March 18, 2022.

② 《2021年巴拿马托库门机场接待旅客数超900万》，中华人民共和国商务部网站，2022年1月13日，http://panama.mofcom.gov.cn/article/jmxw/202201/20220103238347.shtml，最后访问日期：2022年3月18日。

量平均降低 75%，这在 2017～2020 年共减排了超过 2 万吨二氧化碳。巴拿马运河管理局局长巴斯克斯称，"当我们谈论运河的可持续性时，我们会考虑到我们整个生态系统和生物多样性的保护和福祉"，"当我们的行业共同努力优先考虑可持续性时，一个小小的变化可能意味着巨大的不同"①。

自 2013 年起，运河就对自身运营产生的碳排放进行追踪和分析。为落实碳中和计划，2017 年巴拿马运河管理局启用了碳排放计算器，既可以对航运公司每条航线的碳排放进行测量，还可以对运河日常运营产生的碳排放进行分析。巴拿马运河还通过实施节水措施和优化运输来提高运营效率，减少对环境的影响，比如巴拿马海运窗口通过简化通过运河的国际客户的物流文书工作，提高了转运效率并降低了碳排放。新冠肺炎疫情的发生并未中断巴拿马运河的碳中和计划。2021 年 1 月，巴拿马运河管理局宣称，通过为船舶提供更短的路线，2020 年巴拿马运河为全球减少了超过 1300 万吨的二氧化碳排放量。2021 年 4 月，巴拿马运河管理局正式宣布开启脱碳运营进程，以期在 2030 年实现碳中和。巴斯克斯宣称，"这是保障运河长期运营和可持续发展的根本战略"。为实现上述目标，巴拿马运河管理局主要从三方面采取举措。一是减少运河日常运营产生的碳排放，具体措施包括：通过收集数据告知运河运营船队减少对化石燃料的依赖，采用配置替代能源的工具，使用光伏发电和水力能源，确保所有设备和基础设施环境友好并有利于可持续发展。二是鼓励和推动运河客户即航运公司减少碳排放，出台绿色环境表彰计划（Green Connection Environmental Recognition Program），采用动态定价机制，鼓励航运公司采用低碳燃料进行环保运营。2021 年 11 月 30 日，巴斯克斯正式公布运河将实施"绿色船舶分级"制度，向碳排放量大的船舶经营人收取"温室气体排放费"。三是巴拿马运河管理局还致力于运河流域的可持续发展，这主要通过与运河流域地区进行合作的方式展开。其中，环境经济激励计划（Environmental Economic Incentives Program）是运河支持开展的一个核心项目，它通过向当地农民提供从土地所有权到农林经营方面的培训，使他们获得可持续开发、再造

---

① The Panama Canal Resumes Seasonal Measures to Protect Migrating Marine Life, Canal de Panamá, 2 August, 2021, https：//pancanal.com/en/the-panama-canal-resumes-seasonal-measures-to-protect-migrating-marine-life/, Accessed March 19, 2022.

林和土地保护的能力，推进流域内的环境保护和可持续发展。①

此外，巴拿马运河管理局还兼顾运河当前运营需要与水资源的可持续发展，确保200万巴拿马人的用水量及水质。气候变化造成巴拿马地区年降水量减少，而居民用水需求日益上涨，运河船舶流量和耗水量也不断增加，运河地区面临用水不足问题。因此，巴拿马运河加强了其保护水资源和高效利用跨洋水道的措施，比如暂停加通（Gatun）水电站的运转，取消对船闸的水力援助，采用交叉式水闸，减少船舶进出运河时的耗水量，等等。2021年底，巴拿马运河管理局与美国陆军工程兵团签署合同，以实现水资源的优化管理及对居民用水和运河耗水的有效供给。

四　借鉴与启示

通览新冠肺炎疫情发生以来巴拿马运河的发展概况与应对之策，其对其他国家和地区运河的经营和发展，具有重要的借鉴与启示意义。

（一）正确认识自身价值，合理定位发展举措

巴拿马运河采取的所有疫情应对和发展措施及其所产生的良好效果，其关键均在于巴拿马政府及巴拿马运河管理局对运河自身价值的正确认知和合理定位。

作为经过人类创造的工程化河道，运河的功能和价值各有千秋，即使同一条运河的功能和价值在不同历史时期也会发生巨大的变化。相对于世界上其他更为古老的运河，巴拿马运河的历史并不算太过久远。通航100多年来，交通运输功能始终是巴拿马运河最为核心的价值，也是对世界经济和巴拿马人民产生效益的根基。其他诸如港口、贸易、船舶等海事业务都建立在运河的航运功能之上，运河旅游更是依赖运河交通的正常运转。

---

① Panama Canal Begins Transition to Become Carbon Neutral by 2030, Canal de Panamá, 26 April, 2021, https：//pancanal.com/en/panama-canal-begins-transition-to-become-carbon-neutral-by-2030/, Accessed March 13, 2022；《巴拿马运河启动去碳化运营》，人民网，2021年5月13日，http：//hb.people.com.cn/n2/2021/0513/c194063-34722533.html，最后访问日期：2022年3月13日。

鉴于巴拿马运河对于世界航运和贸易的重要性，保障运河的持续通航是巴拿马政府实现运河运转的首要任务，也是巴拿马政府获取稳定财政收入的有效举措。因此，即使是在新冠肺炎疫情冲击最为严重的 2020 年春夏之际，巴拿马运河管理局仍然通过加强疫情防控的手段维持了运河的常规运转。此后，无论是加强运河自身的防疫举措还是联合运河港口助力拉丁美洲地区的疫苗运输，这些措施都既有利于运河和拉美地区的抗疫斗争，又有利于运河的持续通航和长远利益。运河采取的可持续发展战略，更是巴拿马运河管理局在坚信自身价值的基础上采取的长远发展之策。2020 年 2 月起巴拿马运河向通行船舶征收淡水附加费，2021 年 11 月又宣布将视情况征收"温室气体排放费"。在新冠肺炎疫情冲击之下，尽管运河通行费不断上涨，但 2021 年运河通行量和财政收入再创新高。这既是运河价值坚挺的体现，也是巴拿马政府和巴拿马运河管理局正确认识运河价值、采取合理措施的结果。

反观国内外其他诸多运河，不少运河的经营效益并不乐观，其重要因素之一即在于当地主管部门和运营机构对运河的功用、价值和市场目标群体定位不清楚、不确切或不合理。运河价值的经营开发务必建立在对运河功能的合理调研和确切定位之上，这应当是巴拿马运河对其他运河经营管理者的基本启示。

（二）立足民生，牢固树立发展是第一要务的观点

服务于生产发展需要几乎是古今中外所有运河开凿的基本目的之一，即使是某些主要定位于"战略价值"的运河，也无不因其服务于民生的效用而产生更广泛的价值。巴拿马运河曾因其举世瞩目的战略位置而备受关注并引发某些大国的明争暗斗，历经百年风云变幻，运河始终受人关注的是它在世界航运和经贸发展中的地位和作用，是它对区域民众生活和全球经济发展贡献的力量。

巴拿马人民历经长期斗争才收回了运河的管理权，保障和发挥运河的经济价值并使之服务于本国人民的发展需要是管理方的根本任务。新冠肺炎疫情的大流行使运河航运、港口、贸易、旅游等一众产业短时期内受到严重冲击，这直接影响着巴拿马国家的财政收入和民众的生产生活。因此，

巴拿马政府和巴拿马运河管理局根据疫情进展，及时调整应对举措，在疫情早期加强防控，减少运河场地运营人员，联合其他各方支持国际抗疫；在疫情进展缓和后又从本国和民众需要出发，积极出台措施推动运河旅游业的恢复和发展，适时调整运河定价机制，保障运河通航及其对国家经济和民众生存的贡献。可见，立足民生和经济发展成为巴拿马管理运河的基本原则，也应该成为其他运河的经营管理者借鉴和学习的核心要义。

（三）坚持可持续发展，把握经济运营与可持续发展之间的平衡

巴拿马运河的修建、通航和发展历程深刻凸显了人与自然环境的和谐共生关系，巴拿马人民和巴拿马运河管理局对此有着深切的感受和认识。因此，保护生态环境、贯彻和落实可持续发展观成为巴拿马运河管理局践行和追求的一项基本政策。新冠肺炎疫情发生后，巴拿马运河坚持实行可持续发展战略，致力于巴拿马人民和运河发展的长远利益。

尽管新冠肺炎疫情对全球经济造成了猛烈冲击，巴拿马运河管理局并未因谋求一时的利益而摒弃长远的发展，而是根据形势适时调整并坚持贯彻可持续发展观，较好地实现了经济运营和可持续发展之间的平衡。巴拿马运河管理局为保护海洋生物多样性、实现碳中和及优化水资源管理而采取的措施，既着意于促进巴拿马生态环境的保护和运河的长远发展，也维护了运河当前的运营和现实收益。

在世界气候危机加剧、环境保护形势日益严峻和全球环保规则进一步收紧的大趋势下，巴拿马运河对可持续发展战略的坚持和践行应成为其他国家和运河经营管理者的榜样。运河景观、运河收益和生态环境保护应相得益彰，共同效力于人类的长远和谐发展，不应因眼前利益而有损于可持续发展的未来。

参考文献

巴拿马运河管理局网站，https：//pancanal. com/en/news/。
巴拿马海事管理局网站，https：//amp. gob. pa/。

商务部国际贸易经济合作研究院、中国驻巴拿马大使馆经济商务处、商务部对外投资和
　　经济合作司编写《对外投资合作国别（地区）指南：巴拿马（2020 年版）》《对外
　　投资合作国别（地区）指南：巴拿马（2021 年版）》。
中国网·运河，http：//yunhe. china. com. cn/node_ 1007359. htm。
中华人民共和国驻巴拿马共和国大使馆经济商务处网站，http：//panama. mofcom. gov. cn/。
中外文化交流中心、文化和旅游部海外文化设施建设管理中心网站，http：//www. cice. org. cn/。

权威报告·连续出版·独家资源

皮书数据库
ANNUAL REPORT(YEARBOOK)
DATABASE

分析解读当下中国发展变迁的高端智库平台

所获荣誉

- 2020年，入选全国新闻出版深度融合发展创新案例
- 2019年，入选国家新闻出版署数字出版精品遴选推荐计划
- 2016年，入选"十三五"国家重点电子出版物出版规划骨干工程
- 2013年，荣获"中国出版政府奖·网络出版物奖"提名奖
- 连续多年荣获中国数字出版博览会"数字出版·优秀品牌"奖

皮书数据库

"社科数托邦"
微信公众号

成为会员

　　登录网址www.pishu.com.cn访问皮书数据库网站或下载皮书数据库APP，通过手机号码验证或邮箱验证即可成为皮书数据库会员。

会员福利

- 已注册用户购书后可免费获赠100元皮书数据库充值卡。刮开充值卡涂层获取充值密码，登录并进入"会员中心"—"在线充值"—"充值卡充值"，充值成功即可购买和查看数据库内容。
- 会员福利最终解释权归社会科学文献出版社所有。

数据库服务热线：400-008-6695
数据库服务QQ：2475522410
数据库服务邮箱：database@ssap.cn
图书销售热线：010-59367070/7028
图书服务QQ：1265056568
图书服务邮箱：duzhe@ssap.cn

社会科学文献出版社 皮书系列
SOCIAL SCIENCES ACADEMIC PRESS (CHINA)

卡号：194345383357
密码：

S 基本子库
SUB DATABASE

中国社会发展数据库（下设 12 个专题子库）

紧扣人口、政治、外交、法律、教育、医疗卫生、资源环境等 12 个社会发展领域的前沿和热点，全面整合专业著作、智库报告、学术资讯、调研数据等类型资源，帮助用户追踪中国社会发展动态、研究社会发展战略与政策、了解社会热点问题、分析社会发展趋势。

中国经济发展数据库（下设 12 专题子库）

内容涵盖宏观经济、产业经济、工业经济、农业经济、财政金融、房地产经济、城市经济、商业贸易等 12 个重点经济领域，为把握经济运行态势、洞察经济发展规律、研判经济发展趋势、进行经济调控决策提供参考和依据。

中国行业发展数据库（下设 17 个专题子库）

以中国国民经济行业分类为依据，覆盖金融业、旅游业、交通运输业、能源矿产业、制造业等 100 多个行业，跟踪分析国民经济相关行业市场运行状况和政策导向，汇集行业发展前沿资讯，为投资、从业及各种经济决策提供理论支撑和实践指导。

中国区域发展数据库（下设 4 个专题子库）

对中国特定区域内的经济、社会、文化等领域现状与发展情况进行深度分析和预测，涉及省级行政区、城市群、城市、农村等不同维度，研究层级至县及县以下行政区，为学者研究地方经济社会宏观态势、经验模式、发展案例提供支撑，为地方政府决策提供参考。

中国文化传媒数据库（下设 18 个专题子库）

内容覆盖文化产业、新闻传播、电影娱乐、文学艺术、群众文化、图书情报等 18 个重点研究领域，聚焦文化传媒领域发展前沿、热点话题、行业实践，服务用户的教学科研、文化投资、企业规划等需要。

世界经济与国际关系数据库（下设 6 个专题子库）

整合世界经济、国际政治、世界文化与科技、全球性问题、国际组织与国际法、区域研究 6 大领域研究成果，对世界经济形势、国际形势进行连续性深度分析，对年度热点问题进行专题解读，为研判全球发展趋势提供事实和数据支持。

法律声明